每个人都要懂的
保险

全新
升级版

罗春秋◎编著

中国铁道出版社有限公司
CHINA RAILWAY PUBLISHING HOUSE CO., LTD.

内 容 简 介

本书通过案例分析的方式，对各类保险的特点、如何挑选购买、购买时从哪些方面着手以及如何为自己挑选一个可靠的保险代理人、最佳的保险投入比例以及在不同的人生阶段如何购买保险等内容进行了详细的分析与讲解。

本书可以帮助读者了解什么是保险，该如何购买保险，如何实现全面保障与理财兼顾。

本书适合所有读者，无论你是初次了解保险还是已经熟知保险，通过本书你都能了解到你所需要的相关知识。对于需要简单做一个投保规划的初级读者，以及需要制作一个最具价值的保险投资计划的中高级读者，本书都有一定的指导意义。同时，本书还可作为学习理财知识入门的参考资料。

图书在版编目（CIP）数据

每个人都要懂的保险:全新升级版/罗春秋编著. —2 版. —北京：
中国铁道出版社有限公司，2019.6
ISBN 978-7-113-25560-2

Ⅰ.①每⋯ Ⅱ.①罗⋯ Ⅲ.①保险－基本知识 Ⅳ.①F84

中国版本图书馆 CIP 数据核字（2019）第 032910 号

书　　名：**每个人都要懂的保险（全新升级版）**
作　　者：罗春秋　编著

责任编辑：张亚慧	读者热线电话：010-63560056
责任印制：赵星辰	封面设计：MXK DESIGN STUDIO

出版发行：中国铁道出版社有限公司（100054，北京市西城区右安门西街 8 号）
印　　刷：北京铭成印刷有限公司
版　　次：2016 年 1 月第 1 版　　2019 年 6 月第 2 版　　2019 年 6 月第 1 次印刷
开　　本：700 mm×1 000 mm　1/16　印张：19　字数：282 千
书　　号：ISBN 978-7-113-25560-2
定　　价：55.00 元

如今，随着保险市场大门的敞开，无论是城市的社保，还是农村的养老与合作医疗，以及各种健康险、理财险、养老险等，都逐渐由人们眼中的奢侈品变成必需品。

保险市场的产品琳琅满目，让人们眼花缭乱，很多人手握保险产品，签字刷卡后却不知道自己的保险能保什么，作用有多大，会不会购买重复，只是看着大家都蜂拥而上，在合理的开支范围内，于是凑个热闹，或是在保险代理人的介绍下动了心，于是购买了保险。

有没有一本书能告诉你保险该怎么买、怎样买更实惠、哪些该买和哪些暂不考虑买，花钱的同时省钱，甚至可以赚钱，如何避免当今理赔难的困境。这就是作者编写本书的目的。

本书立足于实际，以家庭购买案例为出发点，分析优劣势，对各个不同品种的保险都做了详细的讲解，旨在帮助读者结合实际理解并掌握保险知识。

精彩内容

本书共 12 章，通过案例讲解与知识点分析，对于购买重点及购买技巧，以案例分析的方式呈现给读者。

第 1 章 讲解保险在人们生活中扮演的角色，保险对于男人、女人、老人、小孩所起的作用，以及保险的基本知识，包括保险的法律保障、在银行购买保险时需要注意的事项及如何看懂保险合同等。

第 2 章 讲解如何为自己挑选一个合格且优秀的代理人，代理人与个人的财富直接相关，此外也区别了在银行购买保险与在保险公司购买保险。

第 3 章 讲解如何针对意外进行投资，如何为意外的缺口买一份保障。

第 4 章 讲解如何守住自己的家庭财产，如何为它们上一把锁。

第 5 章 讲解车险如何全面、实惠地购买，以及如何轻松理赔，同时还对常见的理赔纠纷给出了讲解，并介绍了车险新政策的相关内容以及车险网上投保的操作流程。

第 6 章 从单身、中年、老年如何对重大疾病险进行购买做了案例分析与意见建议。

第 7 章 主要对社保的购买及五险一金的购买、计算、理赔和使用方面进行讲解，同时还对城市社保和农村社保做了详细的比较，并且介绍了医保和养老保险的修改，以及如何在网上查询社保信息。

第 8 章 讲解少儿险如何购买，重点考虑哪些方面，比如少儿意外、医疗、少儿重疾及少儿教育等。

第 9 章 主要通过案例形式，分析和讲解年金险和万能险，对于各自的收益及投资风险都做了详细的讲解，同时还对年金险中的个人、联合、终身以及最低保证年金等做了详细的探讨。

第 10 章 主要是对于投资理财险中的分红和投资连结进行讲解，以案例的形式分析，对于其中的收益、费用、风险做了讲解，同时分别与股票、债券、基金做了比较。

第 11 章 体现了对女性的关爱，讲解了单身女性、裸婚女性、丁克女性、全职太太、退休女性以及自由职业女性该如何为自己购买保险。

第 12 章 一个综合篇章，主要讲解如何经典地购买各种保险。

本书特性

语言轻松

本书在创作过程中侧重于使读者在休闲娱乐之时，能轻松阅读。并结合一个个真实详细的案例，讲解各种理论知识，使读者在阅读故事的过程中掌握保险知识。

内容全面

全书内容涉及家庭需要的各种保险，无论是意外险、重疾险还是理财险，只有全面地了解各个险种，才能使读者明白自己最需要的保险是什么，从而不盲目、重复购买。

操作性强

本书通过对不同家庭购买保险的案例进行分析，针对具体的险种推出相应的购买方案，帮助读者根据自身家庭情况购买，不被盲目的保险营销所迷惑，把购买保险的主动权掌握在自己手里，具有很强的可操作性。

读者对象

本书适合所有读者，无论你是初次了解保险还是已经熟知保险，通过本书你都能了解你所需要的相关知识。对于需要简单做投保规划的初级读者，以及需要制作最具价值的保险投资计划的中高级读者，本书都有一定的指导意义。同时，还可作为学习理财知识入门的参考资料。

编　者

2019 年 3 月

目　录

第 1 章

风雨人生路，保险很重要

保险虽步履匆匆，但它不是一个过客，而是一个知己，无论你是男人还是女人、是老人还是小孩，它都一视同仁，在为你遮风挡雨的同时更为你守护财富。

第01项 保险是路人还是知己

保险，这个词不只一次被提起，或是同事，或是广告，或是等车时的一纸宣传单，甚至只是偶然的一次接听电话。在这节奏越来越快的城市，我们一路前行，甚至忘记了最初的期待，而它——保险，一次次与你擦肩而过，它对于你，是知己还是路人？

它不是个路人，它是你生病时昂贵的医药费、意外发生时留给家里的一笔储蓄、自主创业时的一项资本、投资失利时的一份安慰、年老时的一份尊严。所以，这一生，它都将为你遮风挡雨，对你不离不弃。

也许它曾对你说，"我亲爱的朋友，你可以说你不需要我，你再考虑考虑我，你可以让我等待，甚至你可以拒绝我，但是请别在你和你的家人遭受伤害时才想到我，那时，我已无能为力"。

※ 事例故事

小刚是来自偏远山村的大学生，家里那一亩三分地支付不了昂贵的学费，因此父母在小刚走入大学校门时就背井离乡来到大城市，几经波折，在熟人的介绍下，成为别人眼中的农民工。为了减轻父母的负担，以及为弟弟的将来着想，小刚放弃了做一名人民公仆，选择了在一家销售公司做销售。

当家人为他终于在大城市找到一份工作而欣慰时，突来的意外击碎了这小小的欢喜——父亲从高高的铁架子上摔了下来。当小刚一路奔跑来到医院时，看到的是躺在病床上奄奄一息的父亲。

医生问小刚，你父亲买过什么保险，小刚摇摇头。医生说，赶紧缴费，然后才能安排手术。在小刚的跪地恳求下，医院同意先给父亲做手术。小刚借遍了所有的亲戚朋友，凑足5万元，补交了手术费。几天后，医院通知小刚再次欠费，父亲的药按例被停止。

隔壁床的病人也是因意外而送来的，来了几个据说是保险公司的人。只听隔壁床的人指了指小刚的父亲说道，手术没多久，欠费交不上，药都停了好几天。又听人说道，这算工伤啊，可以报保险公司垫付的。那人说，关键是没买任何保险，哪来的垫付……

保险，就是在你遭逢困难时，给你最后的支撑，甚至会是你的一个救生圈。人生路上太多风雨，我们永远无法预料明天是否遇到意外，更无法阻止意外的到来。我们唯一能做的是，在暴风雨来临前做好防备，而保险就是一把最好的保护伞。

※ 知识看板

保险是一种风险转移与损失补偿的手段，投保人根据合同约定，向保险人支付保险费，保险人根据合同约定可能发生的事故及带来的损失承担赔偿保险金的责任。

了解并走近保险，首先要了解其包含的内容。投保人是指购买保险并支付保险费的人，保险人是指各种往保险公司投保的人，被保险人是指保险人指定的保障对象，受益人则是指遭受损失后享有赔偿请求权的人。

如上例，小刚的父亲如果拥有一份保险的话，那么他父亲或者小刚都可以是投保人，向某家保险公司投保。当小刚的父亲发生上述意外时，保险公司会支付相应的赔偿金，这样不仅可以支付前期的手术费，也不会耽误后期的治疗。然而遗憾的是，父亲没有任何保险，连基本的工伤保险都没有，相对来说，经济拮据的家庭要比一般的家庭更需要对于意外、重疾的保障。

保险，不仅仅是你的保护伞，更是你的储蓄罐，或许在人们的理解中，股票、债券、基金、银行存款才是理财之道，却不知道保险亦是一种生财之道，只要你不断浇灌，它亦可成为一棵摇钱树，在你的浇灌下茁壮成长，更可以为你遮挡这人生的风风雨雨。

第02项 单身人士的保护伞

在这节奏极快的城市，单身贵族似乎是一种潮流，失恋也好，离婚也罢，都可高举贵族的旗帜。可是，贵族真的富贵吗？当面对失业、生病或意外时，贵族能否全身而退呢？

※ 事例故事

小李在大学毕业后，进入一家生产汽车零部件的工厂工作，月收入3 500元，和同期毕业的同学相比，在就业如此饱和的都市能有如此的待遇，对于一个实习生来说已经很不错了。

但羡慕的背后却有无数的辛酸事，他每天都加班3~4个小时，每周休息一天，而3 500元的工资则包括了所有的加班费。小李曾对同学说，"再这样下去，我会累死的。"同学也只当他是开玩笑罢了。如往常一样，在持续加班12个小时后，小李倒下去后就再也没有醒来。

23岁，青春的年纪，人生才刚刚开始，小李就这样带着遗憾离开了，留下年迈的父母，他们哭得死去活来……

在我国大中城市，如小李般的单身青年大有人在，大多在20岁以上40岁以下，父母健在，不少还是独生子女，如果他们真像小李这样发生意外后，父母的养老谁来负担呢？

※ 知识看板

有人说，"因为我单身，所以生病也只是我一个人的事；因为我单身，所以没有多大的家庭负担；因为我单身，所以买保险还早"。对于现在的年轻人来说，社会竞争激烈，工作压力越来越大，一些单身者努力工作以争取升职加薪的机会，因此作息时间及饮食都没有规律。

单身人士为什么需要买保险，有以下五大理由：

- 当你有一天离开父母远行时，它会帮你给父母养老。

- 面对高昂的医疗费用，如果你无法承担，也不能拖累年迈的父母。

- 强制储蓄，养成良好的理财习惯。

- 在享受单身的自由与快乐的同时，储备养老金。

- 对单亲孩子的另一份关爱。

为了以上其中之一的理由，你都应该为自己买一把保护伞——保险，不仅能为你遮风挡雨，更能把你对家人的爱延续下去。

※ 知识延伸

不同年龄阶段的人对保险的需求不同，那么20多岁的单身青年该怎样选择适合自己的保险呢？

例如，吴女士，25岁，公司职员，单身，月收入4 000元，公司购买社保，她想为自己购买一份商业险以弥补社保的不足，该怎样购买呢？

25岁，还处于事业的打拼期，正在为未来积蓄财富，没有家庭负累，然而仍面临着无数的风险，比如，交通事故每天以较高的频率在大街小巷上演。首先，吴女士该为自己购买一份意外险，从月收入来看，可以购买缴费较少的意外卡单，和社保中的意外险一起来分担因意外而带来的损失。

其次，我国重大疾病的发病率也越来越高，更趋于年轻化，很多时候，社保对重大疾病的赔付并不能支撑起巨额的医药费。因此，吴女士可以为自己购买一份年缴（8 000~10 000元）的重大疾病保险，从而使重大疾病降临时有钱可医。

当然，有条件的单身人士还可以购买适当的理财险，保障第一，强制储蓄第二，养成良好的理财习惯。

第03项 男人为什么需要买保险

是不是只有单身人士需要保护伞呢？常年为事业打拼的男人更需要这把保护伞。因为作为男人，就算再大的风雨也得为家人撑起一片晴空。

※ 事例故事

王先生在广西做建材生意，年收入在50万元以上，妻子原是一位小学老师，有一个5岁大的孩子，因为家里经济条件逐渐好转，妻子就辞职在家安心地照顾孩子。

曾经有保险代理人找到王先生，经过多次接触，王先生为妻子购买了一份重大疾病保险和养老保险，为孩子购买了一份教育险，而对于自己，王先生没有购买任何保险。

一年后的一天，王先生开车经过工地时，被铁架上掉下的广告牌砸中，车前身被砸得变了形，而王先生的头部也被砸中，被紧急送往医院时，因失血过多，经抢救无效死亡。

王先生除了得到工地的有限赔偿外，再无其他赔偿。欠钱的那些生意伙伴们全都不见了踪影。而他因做生意而外借的债务也未还上，债主们纷纷找上门来，妻子只得变卖房子抵债，她和孩子一下子从衣食无忧沦落到颠沛流离的境地。

作为一个家庭经济支柱的人来说，保住自己就是保住家庭。你的责任就在于你要为家人做好充足的准备，尤其当某一天你不再拥有挣钱能力的时候。

※ 知识看板

太多的案例证明，男人需要保险，它的几大理由更值得你深思。

- 男人是家里的"顶梁柱"，上有父母需要赡养，下有孩子需要照顾。

- 男人的死亡率大于女人，所以男人更需要保护好自己。

- 作为男人，责任感是其存活于世间之本。

人活一世，莫过于对责任的承担、对家人的关爱。作为男人，必须扛起这份责任。不同年龄阶段的男人需要的保险不同。

- 30~40岁，男人最需要意外险和重疾险，此时的男人绝对是家庭的"顶梁柱"，而且正在为事业打拼，可选择一份保费较低的定期寿险并附加一份重疾险。

- 40~50岁，此时的男人一般处于上有老、下有小的阶段，经过打拼，积聚了一定的财富，不仅要考虑意外，而且还要考虑以后的养老，一般可购买分红险或者年金保险类终身保障型的险种。

● 50 岁以上，此时的男人一般生活安逸，即将退休，手里有积蓄，主要关注的是成家立业的孩子，此时对于男人来说，还是大病的高发期，因此，此时就需要商业重疾险的补助医疗，而重疾险应提前购买。

不同的年龄阶段，对保险的侧重点不同，不过相同的是，无论男人在哪个阶段都需要保险，必须保证自己不在任何的风险中倒下，必须为自己的风险做好保障，未雨绸缪，不仅是对自己也是对家人的负责。

※ 知识延伸

曾经有一篇报道写道，马来西亚未婚女子择偶标准之一——男士是否为自己购买保险。在她们看来，如果一个男人不为自己购买保险，只有以下 3 种可能。

● 他可能没钱，没钱是一个严肃的问题。

● 他有钱，但是身体不健康无法通过核保，身体不健康的人，一般人是不愿意嫁的。

● 如果他有钱，身体也健康，仍然未为自己购买保险，证明他没有责任感，这种男人没有女孩子愿意考虑。

由此可知，保险对于女人来说也是一个爱的承诺。无论你是单身人士还是未婚男人，总有一天你会成家立业，你会成为家里的经济支柱，当那一天来临，请记得好好爱自己、爱家人，并把爱延续下去。

第04项　女人的另一个"老公"

走过花季雨季，看过许多风景，在某个路口你总会停下，相信"执子之手，与子偕老"的承诺，找到那个能陪你走到岁月尽头的人。

当某一天，那个你称为"老公"的人留下你，独自远行，从此，你开始一个人的人生，这时，你的另一个"老公"会出现，代替他给你温暖与呵护。

※ 事例故事

　　曾经有一个女人，她有一个深爱自己的丈夫，曾经他告诉她，这一生我都会对你不离不弃。

　　结婚两年后，她发现丈夫越来越晚归，偶尔回来身上还有浓烈的香水味，丈夫没有解释，她也没有追问，她告诉自己他只是应酬而已。

　　又过了一个月，某一天，她的丈夫带回一个漂亮的女人，并告诉她，他倦了，那个女人是他的情人。

　　两个月后，他们去民政局办理了离婚，而男人从此消失在她的世界。

　　她离开了那个伤心之地，一切重新开始，5年后，当她出差再次回来，她找到了那个女人。她问："他呢。"然后那个女人带着她来到一个墓地，指着墓碑说，5年前他就在这里了。那个女人告诉她，她只是他的医生，当年他被查出得了胃癌。

　　女医生告诉她，他早已明白自己的病情，不愿意为他治病而一无所有，更不愿意因为他而耽误她今后的人生，所以在他的恳求下，自己扮演了第三者的角色。

　　临走前，女医生拿出一份合同，她告诉女人，这是他在发现自己病情后用自己所有的储蓄为她购买的一份养老保险，他说他不敢保证她会再遇见一个如他一样对她好的人，就让它代替他的承诺，一生对她不离不弃。

　　看过这个故事，除了感动，不知你是否想过，如果女人的丈夫曾为自己购买过一份至少20万元保障的重大疾病险，是否可以不用担心妻子会因给自己治病而债务累累，是否可以在弥留之际有妻子的陪伴？

※ 知识看板

　　当今社会，大多人整天为升职加薪而奔波，更在房贷、车贷的压力下，如蜗牛般背上了一个重重的壳，而重大疾病就这样悄悄找上这些忙碌的人们。在重大疾病面前，人们并非毫无抵抗能力，而是可以在它来临前做好充足的准备，如购买重大疾病保险。

如上例的男人，他是妻子的保护伞、经济支柱，如果他提前为自己购买了一份重大疾病保险，那么在发现病情时，不用担心巨大的医药费用会给妻子留下债务，更不需要使用那么决绝的方式赶妻子离开。

也许在保险的支撑下，他得的重大疾病会出现一丝转机，再和妻子拥有几年美好的时光。

然而，保险不像便利店的商品，当你有需要时再去购买，当你需要它时，已经失去购买它的资格。例如，上例中的男人生病后属于不可保人群，不能购买重大疾病保险。所以需要在"暴风雨"来临之前做好准备。

第05项 孩子的另一个"家长"

身为人父人母，孩子莫过于这世界上最珍贵的宝贝，你恨不得把世界上最好的东西都给他。风雨人生，你为他撑起一片晴空，看着他微笑的脸庞你似乎就拥有了全世界，可是你能承诺会一直陪他到老吗？

※ 事例故事

一位朋友在一次聚会上，从包里拿出一封信，他说，这是第一次他想当一个孩子的爸爸，信里这样写道：

亲爱的爸爸：

我好想你，妈妈说你去了很遥远的地方，要很久才能回来，可是我好想你，你都不爱我，不要我了吗？

爸爸你知道吗，自从你走后，我们家变了。我们的大房子没了，可以接我上学的大车子没了，妈妈也好久没给我买玩具了，我好久好久都没有去公园骑木马了。

那些叔叔为什么要把我和妈妈从大房子里赶出来呢？妈妈每天用一辆小自行车接我放学、上学。

同学们都笑我，大房间没了，大书桌也没了，我只能在小板凳上写作业，妈妈要很晚才回家，因为她要在隔壁小餐馆给别人洗碗。

爸爸你快回来吧，你回来我和妈妈就能回到以前的样子了，而且我真的好想你，爸爸。

朋友告诉我，孩子的爸爸是个事业刚刚起步的商人，在一次车祸中不幸去世了，除了债务，什么也没给孩子留下。

如小女孩般的故事时常上演，意外和疾病无法控制，但是我们至少可以把它们带来的伤害降到最低。当我们有能力时，倾尽我们的全力把爱给孩子；当我们不幸远去时，也把悲伤带走，把关爱留下。

※ 知识看板

意外保险，就是针对意外的一份投资，它是以被保险人的身体作为保险标的，因保险事故导致的死亡、残疾、医疗费用给付相应保险金的保险。

这里需要指出的是，保险标的是指保险的对象，专指人体，如假肢、假眼、假牙等额外辅助的人体，则不能作为承保对象。那么作为保险事故，有没有什么特别规定呢？

首先是"外来"，即不是由自身疾病引起；其次是"剧烈"，是指被保险人遭受强烈的伤害而非长年累积引起；最后是"偶然"，是指无法预料、不希望发生的事。

※ 知识延伸

很多时候，人们作为一家之主不能仅仅只为意外埋单，特别是自主创业的人，为什么不为自己的财富买一件保护衣呢？如新购的房产。

当你考虑为新房产购买保险时，必须了解房产投保对象，哪种情况下才算是保险事故。

房产保险即以你的房产作为投保对象，除了房屋的一些主要结构，还包括屋内设备，如暖气、煤气、供水以及供电设备等。此外，还包括一些室内装饰物。

房产的保险事故一般指火灾、雪灾、滑坡、泥石流等意外事故或者自然灾害。但需要注意，地震所造成的损失不在赔偿范围内。

第06项 你就是下一个百万富翁

曾有一句话说"宁愿坐在宝马车里哭，也不愿坐在自行车上笑"。有人说这代表理想与现实，有人说成为百万富翁，金钱与美女都在怀中。

※ 事例故事

在美国加州，有个孩子叫大卫，他成绩不好，厌倦了学习，于是有一天他回到家后对父亲说道，"爸爸，我不想上学了，我要出去赚钱，成为百万富翁"。

父亲听后非常震惊，然后告诉他说，"孩子，你不好好上学就上不了好的大学，上不了好的大学就找不到好的工作，找不到好的工作，你怎么能成为富翁呢"？

孩子想了想，觉得父亲说得很对，于是回到学校发奋读书，成绩出色，考进了名牌大学，毕业后找了一份安稳的工作，然后和女友结婚，最后两人一起分期付款买了车子、房子。

两个人加起来有大额的工资单，但是大卫很好奇，每个月的钱为什么都不见了呢？不停地工作，不停地还信用卡，但等待他的只是更多的债务与催款单，百万富翁的梦想似乎离他越来越远。

对如大卫一样的上班族来说，大多拥有同样的困惑，看着每个月自己大额的工资单，但是最终留存下来的却是少之又少，固定收入除了车贷、房贷外，还要照顾父母、养育妻儿，成为百万富翁的梦想似乎真的遥不可及。

※ 知识看板

有人说，百万富翁是因为一日一日的累积；有人说，成为百万富翁是因为有股票的助阵，有人说；成为百万富翁是因为家族的继承。那么对于平凡的众人来说，该如何成为百万富翁呢？

付女士，35 岁，外贸公司职员，她给自己购买了一份保额 30 万元的重大疾病保险，一笔年投入 20 万元的零存整取存款，浮动利率，一份保额 10 万元的意外保险，航空意外 10 倍赔付。

如此例中的付女士，投资回报率按当时 6% 计算，则付女士拥有的身价即是 156 万元，这不是消费，它不会因为你花费就消失不见，它是一种投资，除了你的财富增值外，它还为你提供保障。

或许并没有百万的资金砸在你的脚下，但是你至少可以拥有百万的身价。当你快乐无忧时，它退居一旁，当暴风雨袭来时，它不仅是你的保护伞，更是你隐形的资产。

※ 知识延伸

百万富翁不是梦想，只要你掌握一定的投资理财技巧，并一直坚持下去，若干年后，或许你就是下一个百万富翁。

假如一个 25 岁的青年，从现在开始投资理财，持续到 65 岁退休，每月拿出工资中的 400 元进行投资，假设平均投资回报率为 6%，40 年的总投入是 19.2 万元。如果每月投资 500 元，相同的条件下，则在退休时即可拥有100 万元的财富。

因此，百万富翁的梦想并不是一种空想，只要你养成良好的投资理财习惯，掌握一定的投资技巧，你就是下一个百万富翁。

第07项 资产转移——合理避税

经过多年的打拼，随着时间推移，当你拥有一定的财富，你当然会希望把多年的成果完整地留给子孙后代，而它——遗产税，可能会拿走你的大部分财富，因此你需要降低资产转移带来的风险。

※ 事例故事

犹太人自古以聪慧出名，他们在大多领域都创造过辉煌，特别是那些犹太商人们。

曾经有个犹太商人圭多，他们家族世代都是商人，而且具有强烈的风险意识，对可能出现的风险都做好充分的准备，确保家族生意不会因为突然的变故而陷入危机。

他的祖父花300万元为自己购买了一份3 000万元保额的保险，在他去世不久，保险公司给父亲送来3 000万元。

而父亲更是继承了祖父的做法，只是从中拿出了500万元，保额就变为5 000万元，当父亲也离开时，圭多从保险公司那里领到了5 000万元的保险金，从这5 000万元中未缴分文的遗产税，圭多更是通过这份继承将家族的生意遍布世界。

或许我们并不如犹太人般富有，可以拿出大额的财富为自己购买保险，但是我们可以把我们的财富转移给子孙后代。

※ 知识看板

将自己的财富转移给子孙后代时，就会涉及遗产税的问题，遗产税在我国还没有具体开始实行，只是讨论方案，我国遗产税于2013年开始在深圳试行。

具体何时开始实施征收遗产税，是全国还是重点城市推行，国家则还未公布。不过，拥有积蓄的人们应该纷纷做好施行遗产税后关于财富传承的准备。遗产税是个热门话题，也是个现实的问题，更是富人关注的话题，那么什么是遗产税呢？

遗产税，顾名思义就是对死者留下的财产进行征税。征收范围包括房产、厂房、现金及银行存款等资产。

关于遗产税的几点注意事项如下。

● 属于中国居民的死者在境内、境外的全部财产。

● 继承人拥有的保险金不计入应征税总额。

● 免征税额为 80 万元。

● 计算公式——五级超额累进税率。

了解了遗产税的几项要点后，下面举例说明如何对遗产税进行计算。

按五级累进税率计算，如果王老先生拥有可动产 200 万元，不动产 800 万元，则他共有资产 1 000 万元。

根据公式：应征税额=应征税遗产净额×适用税率-速算扣除数，可知王老先生须交的遗产税为 325 万元，则留给后代子孙的财产就只有 675 万元。

关于五级累进税率的计算公式，如表 1-1 所示。

表 1-1　五级累进税率的计算

级别	应纳税遗产净额（万元）	税率	速算扣除数（万元）
1	不超过 80 的部分	0	0
2	超过 80~200 的部分	20%	5
3	超过 200~500 的部分	30%	25
4	超过 500~1 000 的部分	40%	75
5	超过 1 000 的部分	50%	175

通过犹太人的故事及王老先生遗产税的征收，两者比较明显可知后，要实现财产的完整转移，保险是必不可少的，如何为自己安排一份适当的保险，把财富完整地留给子孙后代是你必须思考的问题，而关于如何选择适合自己的保险，将会在后面的章节详细讲解。

第08项 养儿防老还是养"险"防老

花谢花开，生命之轮回也，每个人终会有走向年迈迟暮的一天，那时不再是职场呼风唤雨的能手，只是一位年迈的，渴望最后安定、家庭和谐美满的老人，实现老有所养、病有所医，而保险则能帮你维持最后的尊严。

※ 事例故事

边远山区的刘大爷，已经80岁高龄，他中年丧妻，含辛茹苦地把儿子和女儿拉扯大，如今儿女也已成家立业，有了各自的生活。

所有人都说，刘大爷该安享晚年了。可是刘大爷没有这个福分，他过着比一般人更苦的生活，他像件物品一样被儿子女儿相互推让，偶遇生病更是连治病买药的钱都没有。

自从妻子去世以后，刘大爷没有再娶，由于家里家外过度劳累，到晚年时浑身是病。看病时他曾问儿子要钱，儿子说，"孩子上学家里紧张，没钱"。找到女儿，女儿则说，"你的房子都给了大哥，所以你该找他要钱"，说完扬长而去。

刘大爷听完，非常气愤，没想到自己疼爱一辈子的孩子会这样对自己，于是在村里人的帮助下，一纸诉状把儿子和女儿告上了法庭。

刘大爷的故事不免让人心酸，俗语有云：养儿防老。可是在当今社会，养儿真的能防老吗？特别是在边远的山村地区，那些与刘大爷一样境况的老人，他们安享晚年了吗？再看看城镇公园里那些唱歌跳舞的老爷爷老奶奶，同样是老人，为什么晚年生活会有如此大的差别呢？

※ 知识看板

那些公园里跳舞的老人，他们几乎都拥有自己的养老保险，不管子女如何对待自己，他们都能通过养老保险领取保险金安享晚年，实现自身的保障也给子女减轻了负担。但是，就像前文提到的，保险不是在想到、用到时才去购买，它不是便利贴。就像刘大爷，等子女已经不赡养自己时才去购买养老保险已经来不及了，应该未雨绸缪，趁着年轻，为自己规划一笔资金，作为将来的养老金。

如果刘大爷在年轻时给自己购买了农村养老保险，那么年老时就可以领取生活费，参加农村医保，去医院看病就不用担心支付不起自己的医药费。

※ 知识延伸

老年人购买养老保险时需要注意如下的问题。

● 越早购买，保费越低，且越容易通过核保。

● 比较多家保险公司产品，选择最适合自己的。

● 选择保险产品时，保障第一，投资第二。

● 看好保险单的保险条款，包括保险责任及免责条款。

无论如何，对养老来说，购买保险要趁早。在年轻时，拿出收入的一部分，作为自己养老金的投资；在年老时，可以通过领取养老金过安稳的日子，而不是担心自己的晚年生活费、医疗费，这不仅是为自己做好准备，也是为子女减轻负担。

第09项 不需要买保险的人

生活中会听到这样的声音，我不需要保险，用买保险的钱可以请朋友吃饭，或者存钱买车买房；我不需要买保险，一保就险；我不需要买保险，人生没那么多的意外。那么是不是所有人都不需要保险呢？

※ 事例故事

曾经在兵营里流行着这样一个游戏——千分之三的游戏，上级军官每年都会召集1000人来进行一个实验，在这1000人中，每个人都能得到一把手枪。

军官告诉所有的士兵，在这1000把手枪里，有3把中有货真价实的子弹，当1000把手枪都发放到士兵手中后，军官就命令全体士兵朝自己的脑袋开枪，士兵们听到军官的命令都愣住了。

接着军官说到，第一，这是命令；第二，政府已经为你买好足够多的保险，保障你死后父母及妻子儿女的生活；第三，如果开枪后存活下来，那么就可以在接下来的一年里免受一些严苛训练，甚至可以回家和家人团聚。这个千分之三的游戏，在军队每一年不停地轮回，有人死去，也有人活下来。

虽然这个故事只是一个传说，但在现实生活中，我们却也在不断重复这个游戏，不过不是3‰，而是7‰。据统计，近年来中国人口的死亡率都在7‰左右。这两个游戏的共同结果都是生或死，可是如果你成为这7‰，你的父母你的妻子儿女都能毫无后顾之忧吗？你也能保障他们以后的生活吗？

※ 知识看板

在这个世界，不需要保险的人归结如下。

● 保证自己和家人永远都不会有意外的人。

● 保证自己永远拥有赚钱能力，能养活家人的人。

● 保证自己永不生病，生病也付得起巨额医药费的人。

● 保证自己离开也可以不管不顾家人的人。

只要你是如上任何一种人，这一生你将不需要任何保险，可是，你能告诉自己你是吗？

※ 知识延伸

人这一生，总有三怕：第一，英年早逝，留下老父幼子；第二，活得太长，却无福安享晚年；第三，关键时刻没钱，生不如死。

英年早逝，梦想飘摇，它意味着人生的停止，规划的结束，甚至家庭收入的中断，而保险却在此时出现，供你的孩子、车子、房子，维持家庭的正常生活秩序。

长寿对于资金充足的人来说是一种额外的幸运，而如果养老金不足，长寿就意味着折磨与负担，没有足够保障晚年生活的养老消费就无法拥有一个幸福的晚年，而保险是可以给你一笔养老金的。

世人不怕生病，就怕无钱可医，特别是如果要救治的那个是老人和孩子，明明可以医治，却支付不起巨额的医药费，真的会把一个人逼上绝境，生不如死。

在人生的帆船上，多一些准备总是好的，当大风大雨来临时，也不会掉进汪洋大海，就算掉进汪洋大海，还有一块浮木，给你最后的救援，而保险就是那块浮木。

第10项 保险的法律保障

有很多人会有这样的困惑，保险是不是个骗子？保险公司会不会破产？保险不去理赔会不会亏本？保费会不会被保险公司乱花？保险有哪些法律保障？

※ 事例故事

小杨的父亲与朋友合开了一家食品公司，他用从公司得到的分红，购买了一份分红险，投保人是父亲，被保险人是母亲，而受益人是小杨，当时一次性缴清，再过5年保险合同到期，预计可以领取80万元。

近两年来，公司生意每况愈下，今年年初，父亲因车祸突然离开人世，公司更是一下子陷入了困境，面临破产的风险。家里存款不多，三室二厅的房子也还在还贷中。

小杨担心，如果银行要求以此份保单收益来偿还债务，那么银行会不会扣留保险合同，他能不能在银行起诉之前到保险公司提前领取。

后来保险专家告诉小杨，这不是你父亲的遗产，万一你父亲公司破产，银行和法院也无权过问，提前领取可以，虽然它的收益高于定期银行存款，但是与定期存款一样，提前支取则会损失较大的利润，专家建议小杨先暂时不领取保单。

对于小杨来说，父亲的突然离世除了给小杨及母亲留下伤痛外，还留下了债务，但是至少他给儿子和妻子留下了一份保障，而银行或法院无权对这份保障进行处置，这就是法律对保险的保障，保险金不作为遗产对债务承担清偿责任。

※ 知识看板

与其他购买的任何一种商品一样，保险法律法规也是对消费者权利的维护，《保险法》具有三大基本内容：保险合同法、保险特别法和保险业法。

保险合同法是保险双方当事人的权利与义务的关系；保险特别法则是指对某一险种的特别规定，如《社保法》；保险业法是国家对保险业进行监督管理的法律法规。

1995 年 10 月 1 日，我国第一部《保险法》开始实施。其中保险法规定，保险公司不允许倒闭，如果公司经营不善面临破产风险，国家允许合并，由中国保监会指定另一家保险公司代理它的业务及售后服务。

保险公司一般不会倒闭，特别是大集团公司，法规规定保险公司成立时须有两亿元人民币的资产，其中 70%交予保监会监管，保险公司一般投资于国债、储蓄或金融证券等，保障盈利，因此保险公司倒闭的可能性不大。

※ 知识延伸

很多人也许会问，如果保险公司破产了，那么购买的保单还有效吗？保单收益能兑现吗？保险法律规定，保险公司的破产清算按如下顺序。

● 优先清偿破产费用和共益债务。

● 所欠职工工资、伤残补助金、职工养老保险及基本医疗保险费用等。

● 赔偿或给付保险金。

● 普通的破产债权。

当有新公司接手时也要维护被保险人、受益人的合法权益。总之，无论保险公司是否破产，在保险法律的强大压力下，都能给予消费者最大利益的维护，因此不用担心保险公司破产后购买的保单会一文不值。

当清算的资产不足以偿付保单利益时，保险公司转让与其他公司时，保险保障基金会给予支撑。

保单持有人为个人时，救助金额不超过转让前的保单利益的 90%，当持有人为机构时，救助金额不超过 80%。因此，一旦保险公司破产，最高可致保单持有人权利损失达 10%，机构权利损失达 20%。

保险公司出售的商品与其他商品不同，它关系着千万用户的生活质量，关系着一个国家社会的稳定，现在我国大集团的保险公司基本由国家投资控股，因此，保险公司一般不会倒闭。

保险不是"骗子"，没有一个国家会为"骗子"埋单，甚至还为"骗子"颁布法律法规。关键是在你购买时，一定要先比较，选好保险产品，看清保险责任及免责条款，了解它的优势与不足，那么当发生理赔纠纷时，你就不会有被骗的感觉。至于买了保险不能理赔会不会亏本，答案是不会，保险与其他消费商品不同。

消费是以成本为代价，而保险则是一种保本产品，就算没有理赔，没有发生任何风险，它的成本仍然在那里，等到合同到期，你仍然可以取回，至于如何领取，将会在后面章节详细介绍。

对于投保人来说，对于养老保险、投资连结保险及健康保险等，一般保费较高而且缴费时间较长，那么对于该类保险的保费，一旦我们每年定期缴纳以后，这笔钱是否安全呢？它会不会被保险公司用于其他用途呢？

要了解这些问题，首先我们就了解什么是保费，保费简单来说就是当我们对于如我们的健康、养老及爱车投保以后，需要定期向保险公司缴纳的费用，不同的险种缴纳的费用不同。

一般保险费的计算公式为：保险费=保险金额×保险费率。每款产品的费率都是由精算师算好后，相关部门审核后制定执行的。当购买保险时，由保险公司对照费率表，根据客户性别、年龄以及保额等来测算出具体的保费。

其中的保险金额一般就是投保的金额，而保险费率则是按保险金额计算的保险费的比例，具体将在第 3 章详细讲解。对于我们缴纳的保费保险公司用来干什么我们不需要关心，我们要关心的是我们投保的对象，比如身体、爱车，一旦遭受灾害和意外事故造成全部或部分损失，保险公司是否能支付相应的保险金。

缴纳保险费是投保人的义务，而请求保险金则是投保人的权利，一旦投保对象在投保的范围内出险，投保人都有要求保险人支付赔偿金的权利，这是受到我国法律保障的。

第11项　银行账户缴纳保费需注意

随着银行账户的功能越来越强大，我们习惯性地会用相应的银行账户来淘宝购物、缴纳水费、电费及电话费等，这些都属于银行的代扣代缴项目。据统计，此类项目已多达 30 多项，它们在给我们带来方便的同时，我们都会担心一个问题——"误扣"。

对于缴纳的保费，一般我们会选择委托银行代扣代缴的方式，那么，保费会不会被误扣呢？

据某报社统计，近年内接到多起"银行账户被误扣"的投诉，而这些投诉多集中于保险领域。不知道这被误扣的人里面是否有你？如果有你，你想不想知道你是怎么被误扣的呢？看下面一个案例。

※ 事例故事

刘女士是一位休闲在家的老太太，今年 50 岁，在 2014 年 3 月，她将手中闲置的 1 万元存到银行账户，此时总计金额为 5 万元。

在银行工作人员的推荐下，她购买了一份保单，但是她当时并不知情，银行人员只是告诉她，这样存款利息更高，于是她的存单变成了保单，直到后来告诉出差归来的儿子，儿子才告诉她被忽悠了，她购买的是保险。而且每年都需要续交保费。

她赶紧找到银行工作人员理论，银行工作人员告诉她，只要更换一个银行账号，保险公司就不会扣缴保费了，而且保单会自动终止。她当即重新在银行开了户，将原来银行卡的 5 万元转到新的账户里。

但没想到的是在今年 3 月，新办的账户又被这家保险公司扣款，银行账户被划走了 8 500 元。此时她又找到银行和保险公司时，双方互相"踢皮球"，直到现在也没给出具体说法。

看了以上的案例，我们都会有个疑问，保险公司怎么可以从顾客银行账户上随意划账呢？银行与保险公司有着怎样的"合作"关系呢？

据了解，一般只要保险公司和银行签订了代扣协议，保险公司即可通过自己的企业网上银行，提出批扣申请，即可将保费从个人账户划走。一般不用银行审核，系统便会自动划账。

如果市民没有办理账户变动短信通知，那么扣款前后，银行均不会发短信提醒或确认，更不可能打电话通知。银行给出的解释是："银行客户这么多，代扣项目也很多，不可能逐一通知到人。"

当然，这就反映了银行和保险公司存在的一些漏洞，对于保险行业一般误导销售较多，所以此种扣费对于我们来说是不公平的，这就要求我们提高保险意识，认识保险与储蓄的区别，同时了解到何种保险该买，何种保险不该买。而当要求提供银行账号时，最好不要提供工资卡或常用卡，而是单独办一张。那么即使发生误扣，账户内无钱，也不会产生多大的损失。

第12项 看懂保险合同

保险和其他购买的任何一种产品不同，它不具有实物的形态，而且产品作用的发挥是在未来的某个时间。所以我们在购买之前，需比购买实物以及可以马上投入使用的产品要更谨慎。

保险产品的代表就是保险合同，与其他的合同一样，它同样具有一定的条款。小伙伴们，你们真的看懂了手中的保险合同了吗？

在保险公司拒绝支付相应的保险金时，你是否能够根据你手中的保险合同请求法院给予法律支持，强制要求保险公司支付呢？看下面一个案例。

※事例故事

在 2017 年 6 月 27 日，张先生在 A 保险公司投保了交强险（机动车交通事故责任强制保险）和商业险，在保险合同中列明，保险期限自 2017 年 6 月 28 日起至 2018 年 6 月 27 日止。另外保险条款还约定了，在一定的情形下驾驶发生意外事故的，保险公司将不负责赔偿责任。

张先生在 2017 年 4 月 10 日初次申领驾驶证，在 2018 年 4 月 8 日，他独自驾驶保险车辆行驶于某高速公路上，发生了追尾的交通事故，造成保险车辆及第三者车辆受损，经鉴定，张先生需要对此次事故负全部责任。

张先生马上向 A 保险公司申请理赔，而 A 保险公司却拒绝赔付，理由是张先生违规驾驶，而保险公司属于免责范围内，由于此次赔付金额较大，于是张先生将该保险公司起诉至法院，请求法院判令 A 保险公司赔偿车辆维修费及拖车费等 5 万元。

最后法院支持了张先生的诉请，理由是虽然张先生违反了《机动车驾驶证申领和使用规定》中驾驶人在实习期间驾车上高速公路应当有人陪同的规定，属于保险合同免责条款中依照规定不允许驾驶保险车辆的情形，但并不属于法律、行政法规中的禁止性规定情形。

而对于该免责条款，A 保险公司虽在保险单明示告知栏中提示投保人阅读，但无证据证明其履行了明确说明义务，故该条款不产生效力，A 保险公司理应承担保险责任。

通过如上的案例说明，有时候保险合同的一个细小的条款，可能会令你得到或者失去一大笔保险金。

对于保险合同中的"责任免除"或"除外责任"部分条款，以及散落在保险合同其他部分的免赔额、免赔率及比例赔付等免责条款，保险人均应当在订立合同时对投保人进行提示。在订立合同时要求保险人对免责条款进行提示和说明。知晓并充分地理解免责条款，避免在保险事故发生时对其是否属于理赔范围发生分歧和纠纷。

※ 知识看板

首先让我们来认识什么是保险合同，在《保险法》的第十条规定中，对保险合同做了相应的定义："保险合同是投保人与保险人约定保险权利义务关系的协议"，而这里的投保人简单理解就是购买保单、支付保费的人，而保险人简单理解就是市场上存在的各种保险公司。

在保险合同中，合同当事人都具有一定的权利和义务。其中，支付保费是投保人的基本义务，而请求赔偿或给付保险金则是被保险人的基本权利；对于保险人来说，收取保费是其基本权利，赔偿或者给付保险金则是其基本义务。

同时我们还要注意，保险合同不仅仅适用于保险法，还适用于合同法、民法通则等，因为保险合同也是民商合同的一种，它的设立、变更或终止是具有保险内容的民事法律关系。

由于保险合同也是一种合同，所以我们就从合同的订立、合同主客体、合同内容、合同效力、合同形式以及合同特征等方面进行说明。

首先是保险合同的订立，一般我们认为满足一定的条件，保险合同就属于有效的订立，如投保人和保险人已经商定好了具体的保险条款，在双方都没有异议的情况下，投保人已经签字，此时保险合同成立。

保险合同已经成立，对于当事的双方都具有一定的法律约束力。但是在我国，保险合同的成立还与投保人是否缴纳了规定的保费等问题密切相关，而根据我国的《保险法》第十三条规定："投保人提出保险要求，经保险人同意承保，保险合同成立。"

根据如上的规定，我们知道保险合同的成立需要满足三大条件：一是投保人提出保险要求；二是保险人同意承保；三是保险人与投保人就合同的条款达成协议。所以判断一份保单是否成立也可以以此为标准。

接下来，我们需要了解的是保险合同的主客体，首先是保险合同的主体，一般可以分为保险合同当事人、保险合同关系人及保险合同辅助人三大类，具体如图 1-1 所示。

保险合同当事人	保险合同当事人一般包括投保人和保险人，投保人一般是指与保险人订立保险合同的人，并按照合同约定负有支付保险费义务的人。保险人则一般是指经营保险业务，与投保人订立保险合同，收取保费，组织保险基金，并在保险事故发生或者保险合同届满后，对被保险人赔偿损失或给付保险金的保险公司。如甲向平安保险购买了一份车险，其中甲为投保人，而平安保险则为保险人。
保险合同关系人	保险合同关系人一般包括被保险人和受益人，其中被保险人是指在保险事故发生时遭受损失、享有保险金的请求权的人，其中被保险人可以是投保人自己，也可以是投保人以外的第三人，当然被保险人也可以是无民事行为能力的人，如父母为无民事行为能力的孩子购买的教育险。受益人一般是指在人身保险合同中在被保险人或者投保人指定的享有保险金请求权的人，其中受益人可以为投保人、被保险人或第三人。
保险合同辅助人	保险合同辅助人一般是指在保险合同的订立中，发挥辅助作用的人，常见的就是各大保险公司的保险代理人。保险代理人严格来讲一般是指根据保险代理合同或授权书向保险人收取报酬，并在规定范围内，以保险人的名义独立经营保险业务的人。其中在我国常见的就是保险经纪人，他们是基于投保人的利益，为投保人和保险人订立合同提供中介服务，并最终收取劳务报酬的人。

图 1-1

当然，在合同中有主体就会有客体，保险合同也一样，那么什么是保险合同的客体呢？

一般投保人或者被保险人对保险合同具有法律上承认的利益，即保险利益被认为是保险合同的载体。

当保险合同已经订立，而我们也了解了其主客体以后，接下来就需要对合同的大概内容具有一定的了解。简单来说，保险合同的内容都是由一系列的保险条款组成，主要包括基本条款和附加条款。

而对于保险条款的认识则一般可以从保险标的、保险金额、保险价值、保险费率、保险风险、保险期限、违约责任以及双方当事人权利与义务等方面去认识，具体如图1-2所示。

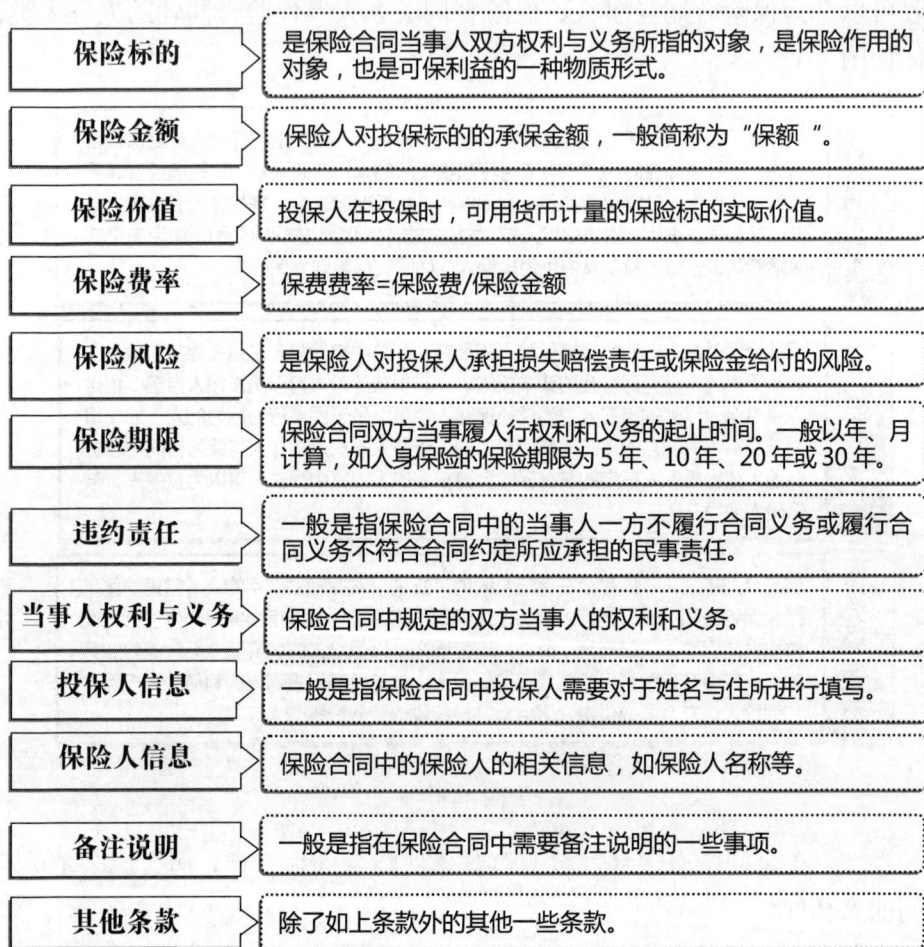

保险标的	是保险合同当事人双方权利与义务所指的对象，是保险作用的对象，也是可保利益的一种物质形式。
保险金额	保险人对投保标的的承保金额，一般简称为"保额"。
保险价值	投保人在投保时，可用货币计量的保险标的实际价值。
保险费率	保费费率=保险费/保险金额
保险风险	是保险人对投保人承担损失赔偿责任或保险金给付的风险。
保险期限	保险合同双方当事履人行权利和义务的起止时间。一般以年、月计算，如人身保险的保险期限为5年、10年、20年或30年。
违约责任	一般是指保险合同中的当事人一方不履行合同义务或履行合同义务不符合合同约定所应承担的民事责任。
当事人权利与义务	保险合同中规定的双方当事人的权利和义务。
投保人信息	一般是指保险合同中投保人需要对于姓名与住所进行填写。
保险人信息	保险合同中的保险人的相关信息，如保险人名称等。
备注说明	一般是指在保险合同中需要备注说明的一些事项。
其他条款	除了如上条款外的其他一些条款。

图 1-2

对于如上的保险条款，投保人在签订合同之前一定要仔细阅读。保险条款是对保险合同的细节解释，如果从整体着眼，一般保险合同由投保单、暂保单、保险单、保险凭证、批单、其他有关文件和附件共同组成，具体如表1-2所示。

表 1-2　保险合同的构成

构成	说明
投保单	投保单是投保人投保的书面证明，是保险合同的组成部分之一，一般由保险人事先按统一的格式印制而成
暂保单	是在签发正式保险单之前的一种临时保险凭证。在正式的保险单交付之前，暂保单与保险单具有同等的法律效力
保险单	保险单简称保单，在保险合同成立后，由保险人向投保人签发的保险合同的正式书面凭证，是保险合同的法定形式。一般保单的内容都较为详细
保险凭证	保险凭证是保险合同的一种简化证明，又可以称之为小保单。与保险单具有同等的法律效力
批单	批单是保险双方当事人协商修改和变更保险单内容的一种单证，也是保险合同变更时最常用的书面单证
其他文件	主要是对保单或保险合同的成立进行补充说明的一些文件

最后，我们来认识保险合同的分类，按照不同的划分标准，可以分为不同的类型，具体如表 1-3 所示。

表 1-3　保险合同的分类

划分标准	保险类型
按保险标的划分	财产保险合同、人身保险合同
按保险标的的分合及变动划分	特定式保险合同、总括式保险合同、流动式保险合同、预约式保险合同
按保险标的的对象划分	个别保险合同、集合保险合同
按保险标的价值在订立合同时是否确定划分	定值保险合同、不定值保险合同
按合同承担风险责任的方式划分	单一风险合同、综合风险合同、一切险合同
按合同的性质划分	补偿性保险合同、给付性保险合同
按保险人的承保方式划分	原保险合同、再保险合同
按是否足额投保划分	足额保险合同、非足额保险合同

在如上的保险合同划分中，一般我们常见的保险合同是财产保险合

同、人身保险合同、补偿性保险合同、给付性保险合同、原保险合同、再保险合同、足额保险合同、非足额保险合同、定值保险合同以及不定值保险合同。

在保险日益发展的今天，随着人们生活水平的提高，人们更多地购买人身保险合同，人身保险合同简单来说是以人的寿命和身体为保险标的，以被保险人的生、死、残疾或疾病险事故的一种保险合同。

在保险合同签订以后，如果因为某种原因需要解除时，我们该如何去做呢？根据《保险法》的规定，保险合同当事人可以在一定条件下解除合同。

与其他合同一样，在法律规定和约定的条件下，具有解除权的一方当事人，可以单方决定解除合同。但如果其中一方任意的不符规定的单方面解除合同，需要承担相应的违约责任及其他法律责任。

当事人单方依法或依约定解除合同时，应当及时通知双方当事人。保险合同一旦解除，需要制成相应的书面文件，作为终止权利义务关系的凭证。当然，除了投保人和保险人自动解除保险合同，一般外力因素也可能导致合同的解除，具体如图 1-3 所示。

当保险合同中约定的保险标的发生部分或全部变更后。

保险人履行了赔偿或给付保险金的责任。

保险合同的约定期限届满。

以死亡为给付保险金条件的人身保险合同，被保险人自杀的。

财产保险的保险标的危险程度增加，而被保险人未按合同约定及时通知保险人。

人身保险合同中的被保险人故意犯罪导致自身伤残或者死亡。

人身保险合同的投保人、受益人故意造成被保险人死亡、伤残或者疾病。

图 1-3

当然除了如上的一些情形外，还可能存在其他《保险法》规定的合同解除的情形，在这里不做详细的讨论，详见《保险法》。

最后，我们在签订保险合同之前，一定要注意一些问题，具体内容如表 1-4 所示。

表1-4　保险合同签订前需要注意的问题

注意问题	说明
慎选保险公司	保险公司的好坏直接决定保险金的支付以及常见的理赔的好坏，所以保险公司的选择至关重要。选择时一定要慎重，可以从公司的规模实力、投资运营能力及理赔服务出发
资格验证	主要是对保险代理人、保险经纪人的资格证明的验证，以免日后出现保险事故后，找不到保险代理人理赔的情形
保险合同种类选择	对于保险公司的不同保险合同，如财产保险和人身保险，一般从自身实际出发，明确自己需要的，而不是保险代理人热衷推荐的
再投资风险	投资者为了获得与预期收益相等的利益，对债券收益带来的临时现金流进行再投资，建议同样的分散投资，长短期配合
看懂保险条款	对于保险合同中的诸多保险条款，一定要逐条看懂，对于不明确的地方可以咨询保险代理人或保险公司客服人员
如实填写保单信息	对于保单上需要投保人填写的相关信息，一定要如实地填写，避免日后出现保险公司以此拒赔的现象

第13项　走出保险购买的误区

需不需要买保险？买哪些保险？怎么买保险？当我们准备买保险时，这些都是需要思考的问题，否则，就极容易走入购买保险的误区。请看下面的案例。

※ 事例故事

例1：刘女士在一家外企做文员，最近姐妹聚会时，她向大家分享了她的理财经验。她说，最近她将一部分资金投资了保险，具有一定的分红性质，比储蓄划算，比股票风险低，具体是这样的：每年交 8 040 元，每三年就返款 9 000 元，连续交 20 年，她告诉姐妹们，其实她也没有多少理财经验，只是手里有了点闲钱，然后听朋友一介绍就购买了。

例2：沈女士在一家银行做柜员，工作稳定，保障齐全，一天同事的姐姐到单位推销保险，由于同事关系，就从大姐手中购买了一份意外险。后来春节回家时，多年不见的表姐也来拜年，在饭桌上向沈女士推荐了几种保险，于是她就给自己和父母又购买了一份养老险，同时还购买了一份投资连结保险，最后她每年的保费总额竟达到了她年收入的25%，朋友问她买那么多保险做什么，有什么保障，除了养老，其他有什么保障她都不知道。

粗看上例的两位投保人或许都没有大问题，但是仔细研究，这里边是存在一定误区的。比如不是人家推荐的保险都需要买，如例1中的刘女士；不是保险越多越好，如例2中的沈女士。

※ 知 识 看 板

当我们购买保险时，五大误区千万不要进，具体如表1-5所示。

表1-5　购买保险的五大误区

误区	说明
轻保障重投资	在保险市场，很多保险产品都具有储蓄和保障双重功能，但更应重视其保障的功用
保费压力大	一般来说，总体保险支出额度应严格控制在其年收入的 10%以内才合适，尤其是单身人士，一般来说在 7%~8%就非常有保障了
先孩子后大人	一个家庭购买保险的原则是：先大人后孩子，先经济支柱后其他成员。对于孩子来说，父母才是真正的支柱，一旦支柱出现意外，孩子将失去保障
买保险不如储蓄	对于经济不宽裕的人来说，保险能解决当意外来临，收入突然中断时的经济问题；而对于有钱人来说，保险能实现保全其已拥有财产的功能
有社保就不买商业保险	社保是保障一个人的最低生活水平和医疗保障，而不同种类的商业保险则可以保证一个人在遭遇不同的困境时，能得到相应的、额度较高的赔偿

第**2**章

为保险代言——保险代理人

如同明星需要一个经纪人，买保险也需要一个经纪人活跃于你与保险之间，那就是保险经纪人和保险代理人。我们最常接触的就是保险代理人，他为保险公司代言。而本章将告诉你，如何挑选一位优秀的保险代理人，并通过他来维护你的最大利益。

◇ 代理人存在的理由
◇ 4种不合格的保险代理人
◇ 人情世故——人情保单
◇ 代理人的谎言——误导销售
◇ 地下保单
◇ 代理人离职——孤儿保单
◇ 代理人为你引荐的四大"名人"
◇ 代理人手中的外套——知情权
◇ 疑难解决——保单遗失以后
◇ 怎样让代理人为你快速理赔
◇ 去银行买保险还是在保险公司购买

第14项 代理人存在的理由

在大街上活跃着这样一群形色匆匆的人，一身职业装束，拥有充满朝气的面孔，而更多的时候，他们却没有得到如其他白领人士般的尊重，但是他们却比白领人士工作更长的时间，他们活跃在店铺、电子大厦及小区，他们就是保险代理人，他们代理的不是华丽的明星，而是一纸合约，一种虚拟的产品。所以他们得到最多的是拒绝。

※ 事例故事

王先生今年38岁，和几个朋友一起投资了钢材生意，最近有一个年轻的小伙子和一个女孩常常来给他推销保险，而他本人对保险不感兴趣，几次都是简单地拒绝。

过了几天，两人又来了，一次、两次、三次……或许是被他们的诚意所打动，于是他给自己和妻子都买了一份意外险，两人一年的保费加起来不到7 000元，但是他和妻子则拥有400万元的保额。

王先生想，人生哪有那么多的意外。过了一个月，在他和朋友谈生意的时候，突然接到电话，妻子开车出去和朋友聚餐，被迎面而来的卡车撞倒，送往医院时失血过多，经抢救无效死亡。当王先生还沉浸在妻子逝去的悲痛中，小伙子和姑娘又来了，而且带来了200万元的保险金。

也许此时200万元对于王先生来说根本不重要，但至少是妻子对他以及对孩子爱的延续，或许可以用来作为孩子将来的教育经费以及将来生意的投资。

※ 知识看板

如上例中的小伙子和女孩子，为什么他们会存在呢？当买保险时真的需要他们吗？也许以下内容会告诉你答案。

● 保险和其他的奢侈品一样，它需要代理人的主动推销。

● 代理人熟悉产品的优缺点，可以为客户量身打造。

- 他们会为客户提供持续的售前、售中和售后服务。

- 代理人可为客户解决购买过程中各种程序的麻烦。

- 随着保险的发展，会需要"一对一"的职业服务。

保险代理人就如同导购员会为我们选到适合自己的"外衣"一样，但与导购员不同的是，他可以是你一辈子的导购员，不会像服装导购员那样，需要因不同的衣服而换不同的导购员。

※ 知识延伸

可是大多数时候，人们不会如同尊重导购员般去尊重保险代理人，所以保险代理人这条路走得艰难，主要是由以下原因导致的。

- 中国保险市场还不成熟，人们保险意识还不高。

- 产品本身的特性——非物质性。

- 初入职场还没能拥有足够的人际关系。

- 初入职场缺乏一定的销售技巧。

- 保险代理人相对其他工种时间较长。

在国外，保险代理人在生活中扮演着重要的角色，如同金融人员一样受到人们的尊重。在英、美、日等国，约有 80%的保险业务都是通过保险代理人完成的。代理人的出现，完善了保险市场，沟通了保险需求，实现了保险公司与客户的双赢。

虽然保险代理人在国内市场发展艰难，但只要坚持，是会成功的，这需要用他们的诚意去打动客户，为客户着想才能赢得客户的尊重与信赖。

第15项 4 种不合格的保险代理人

当你决定购买保险，为自己选择一份最适合的保障时，你可能会需要一个保险代理人，那么你知道怎样的保险代理人才是合格的吗？

※ 事例故事

张先生最近正为家里的一份保单发愁，妻子从保险代理人那里购买了两份保险，两份加起来年缴保费两万多元，而张先生却失业了，家里的收入全靠妻子，但妻子年收入仅仅只有 6 万元。而两张保单占了家庭收入的 1/3。

根据投保原则，保费支出不应超过家庭收入的 10%~20%，不能因保费支出而给家庭带来经济负担。而张先生的保单超过了此标准是如何通过核保的呢？于是张先生拿出保单，发现保单上的年收入 6 万元变成了 16 万元，而妻子和他都没更改过，后来证明是代理人私下更改的。

张先生的代理人就是其中一种不合格的保险代理人，这是一种没有诚信的表现。人无诚信不立，他不仅会失去张先生这个客户，更会在保险市场难以立足，如同狼来了的故事，不会再获得人们的信任。

※ 知识看板

只有合格甚至优秀的代理人才能最大限度地维护你的利益，那么市场中存在哪几种不合格的代理人呢？

● 私自给客户打折，违规操作。

● 个性不稳，容易跳槽。

● 长时间业绩较差。

如果你的保险代理人符合上述条件之一，那么你就应该考量你手中的那份保单的优质度了。保险不是短期消费品，而是长期的保障，所以你需要的是长期的优质服务。

※ 知识延伸

既然保险代理人的好坏将与我们购买的产品直接相关，那么怎样才能为自己选到一位优质的保险代理人呢，优质的代理人都有哪些特点呢？

- 讲诚信、有责任感，会对你及产品负责。

- 他能很好地了解自己产品的优缺点，专业性强。

- 能明确你的需求，从你的家庭出发为你制定一套合适的保险计划。

- 能讲清保险条款，比如免责条款等。

- 能告知你保险公司的最新情况和产品最新消息。

- 会及时提醒你续交保费。

- 协助你做好保险理赔。

从以上可知，当我们选择一位保险代理人来为自己服务时，一定要遵从一定的标准，而上面几点可以作为参考。

保险代理人和我们的会计师一样，要求持证上岗，需要满足如下条件。

- **证书**：获得《保险代理从业人员资格证书》《保险代理从业人员展业证书》或《保险代理从业人员执业证书》。

- **岗前培训**：累计不少于 80 小时，其中法律及职业道德教育不少于12 小时。

- **岗后培训**：累计不少于 36 小时，其中法律及职业道德教育不少于12 小时。

所以不是任何人都可以成为保险代理人的，在我们挑选保险代理人时如上可作为参考，同时保险公司更需要通过证书、岗前和岗后培训提升其代理人的专业性。

第16项 人情世故——人情保单

在当今社会，最离不开的是人情世故，在保险市场也同样如此。因此，无论是初入职场的新人还是一名老将，保单的销售都离不开周围的亲戚朋友，此刻便出现了所谓的人情保单，那么人情保单究竟好不好呢？

※ 事例故事

小李的一个大学同学在保险公司做保险代理人，他同学多次邀请他去其公司参加活动，小李都以工作忙为由拒绝了。

有一次经不住劝说，他去参加了同学公司的产品说明会，同学给他推荐了一份附加意外险的寿险，年缴保费 4 000 多元，因为大家都是同学，于是小李没怎么看条款就付了钱，签了字。

过了一个月，小李在上班途中遭遇了点小意外，去医院治疗花了 300 多元，母亲提醒小李在同学那里买的意外险。于是小李给同学打电话，同学说，会很快到小李家里拿资料，然后拿回公司给他报销药费。

后来同学又说临时有事，这事就拖下去了，这一拖又拖了 20 多天。当初同学说理赔只需要 3 天，最快 1 天就能理赔，但是这次理赔却用了将近一个月，着实让小李寒了心。

当购买人情保单时，一定要考虑清楚，看清保险条款，看清保障范围，看看保险产品适不适合自己，了解所在保险公司理赔的难易程度等。切不可仅仅因为无法拒绝的人情关系而盲目地购买。

※ 知识看板

除了上面例子所说的，人情保单还存在的问题：重复投保，保障还不全面；小额理赔，难以开口；产品不适合，退保浪费钱财。

尽管人情保单存在一些问题，但是现在大多人如果有保险需求还是会找熟人购买，一来觉得熟人介绍会更实惠，二来也可以支持熟人的工作，三来有任何的问题找熟人解决更方便，所以这也是人情保单长期存在的原因。那么是否可以通过人情保单来买到适合自己的产品呢？

※ 知识延伸

人情保单并不是绝对不能购买的，关键是要正确地应对，那么该怎样来选择人情保单呢?

- 资金支配范围内,保障全面的保单。

- 保单所在的保险公司理赔服务好。

- 明确告诉除外责任和保单价值。

人情保单也不是完全不能买,关键是看你怎么买,是出于人情随意买还是从需求出发买。购买人情保单后,一般会怎么办?

- **保留保单**:减额缴清或者停止缴费。

- **延期退保**:不马上退保,继续持有到期日之前选择合适的保险。

- **退保**:考虑多方面的因素后,该保险确实不适合自己就及时止损。

无论是哪一种处理方式,事前考虑比事后补救好,你应该告诉代理人你的保险需求、你可以支配的资金,让你的代理人给你提供一个最适合你的方案而不是人情买单。如果有时间,也可以多了解几家保险公司的保险产品。

第17项 代理人的谎言——误导销售

当你选择保险时,无论你是直接到保险公司还是通过亲戚朋友,有一点都是共同的,那就是一定不要被代理人误导销售,一定要从自身家庭的需求出发,不然不仅该有的保障没有,还浪费了钱财。

※ 事例故事

张先生今年 75 岁,两年前在一家寿险公司购买了一份银保产品,当时张先生刚从银行取出 30 万元银行存款。

银行工作人员请他去喝茶,告诉他可以将这笔钱购买一份人身保险,保险期限为 5 年,它和银行存款差不多,但是比银行存款的利息要高,而且张先生自己是被保险人,可以随时终止保险合同。

张先生没有告诉家人这份保单的存在，直到今年张先生病重交代后事时才想起这份保单，但是保险公司告诉他，这笔钱不能提前支取。

后来张先生的儿子发现，这份保单上保险金的给付条件是以张先生的小儿子的死亡为给付条件的，即小儿子是被保险人，而小儿子根本不知道这件事，更别说在保单上签过字。

看过这个故事，肯定有人好奇为什么保单上的被保险人会变成张先生的小儿子，那是因为，保险公司对很多寿险产品都是有年龄限制的，一般在 65 岁以上是不能购买的，即使有购买的也要家人陪同签字，即使签字了，核保也不容易通过，而如果换成年轻人，则相对容易通过核保。

※ 知识看板

对于什么是保险的误导销售，很多时候很难区别，比如在一个花店，店员告诉你，她们的花最新鲜、包装也最漂亮，你不可能说这就是一种误导销售，也许她们店里的花就是比别家的新鲜、漂亮。

和花店人员一样，也许代理人会告诉你，他为你设计的产品就是最好、最实惠且保障最全面的，那么真的是如此吗？这其中会不会存在误导销售，误导销售又表现在哪些方面呢？

- 欺骗投保人、被保险人或者受益人。

- 隐瞒投保人关于保单的一些具体情况。

- 诱导投保人，不履行如实告知的义务。

因此在购买时，一定要注意是否有以上三个方面。对于理财产品，看看代理人是否过分夸大收益欺骗你，同时也要了解清楚保单的相关条款，包括免责条款及退保的费用扣除等，当然，还要清楚代理人是否诱导你不告知家族病史等情况。

※ 知识延伸

当我们决定购买保险时，难免会遇到误导销售，那么应该如何避免自己被误导销售呢？

- 当在银行网点时，分清是银行理财产品还是保险产品。

- 仔细阅读保险条款，特别是关于红利与免责。

- 犹豫期十天内解除保险合同无损失。

- 当保险公司电话回访保险合同时，看是否与代理人所说的一致。

- 在商业银行购买的保险，保险的后续服务是由保险公司提供的。

- 根据自己年龄阶段及保险需求投保。

随着近年来对保险市场的规范，对于误导销售惩罚的加强，现在误导销售的情况相对减少。避免误导销售的关键点是，你要明确需要什么样的保障，可以支配的资金，然后在代理人给你提供详细计划时，看清楚、问清楚，关于保单、红利、退保以及理赔等内容。

第18项 地下保单

由于中国保险市场、保险品种及理赔等相对发达国家来说要差一些，因此，一些比较有风险意识的人往往会去外国购买保险，但伴随而生的还有一种"地下保单"。

※ 事例故事

刘先生与妻子在浙江一带做水产品生意，生意越来越好，渐渐的，家里有了一些闲置的资金。在一次南下广东的时候，刘先生结识了生意伙伴张某，后来两人又多次合作，张某告诉他地下保单的投资回报率非常高，不过不易买，除非找熟人。

于是在张某的帮助下，刘先生用 20 万美元给自己和妻子各购买了一份寿险。后来一次和妻子外出旅游时，刘先生不小心摔倒受伤，在医院治疗了两个多月，花去了 20 多万元，刘先生就自己的人身意外伤害对保险公司提出索赔，保险公司推脱给张某，而张某突然消失，后经查实，这家保险公司根本不存在。

上例中刘先生的保单就属于地下保单，不仅理赔困难，甚至保单也不翼而飞，就算最终通过法律解决，也只能理赔很小的比例。所以在选择保单时，千万不能随意跟风，更不能只想着高回报而忘记了保险的初衷是保障，不然当风险来临时是不能顺利理赔的。

※ 知识看板

所谓地下保单是指非法境外保单，非大陆地区保险公司未经中国保监会批准、在内地向内地居民销售的保单；境外地区的保险公司派推销人员到内地销售保单或内地人员实施为境外保险公司销售保单的行为。

目前购买地下保单的人群主要是一些高级白领及一些私人企业主，他们年收入较高，资金闲置，于是在亲戚朋友的推荐下跟风购买。那么购买非法的地下保单存在哪些问题呢？

● 如果保单无效，将不受法律保护。

● 签单投保，保险公司可以以保单无效拒赔。

● 因文字差异发生的理赔纠纷，可能不利于投保人。

● 保单的利益存在风险，理赔困难。

※ 知识延伸

那么是不是所有在外国购买的保单都属于地下保单呢？当然不是。

如果去外国旅游、从事商务活动或探亲等，向外国的保险公司购买保险，投保及承保所有的手续都是在外国完成的，那么签署的保单是受法律保护的，不属于非法的地下保单。那么我们该如何识别地下保单呢？

● 仔细鉴别推销员的工作证和资格证。

● 看保费交纳方式。

- 看推销的保险出自何处保险公司。

- 仔细辨别保险合同的格式、文字和内容。

"地下保单"的保险推销员大都没有我国保险从业人员专用的工作证和资格证。而且一般采用现金投保,保险合同格式大都采用境外保险合同格式,文字一般由外文翻译而成,有的甚至直接用外文写成,所以要仔细辨别。

第19项 代理人离职——孤儿保单

保险行业是一个人才流动迅速的行业,当你选择了一位保险代理人来为你服务时,同时你得考虑到,他可能有一天会离开这个行业,那么你从他手里购买的保单是否会变成无人看管的孤儿保单。

※ 事例故事

刘女士已经在保险公司给家人和自己购买了好几份人寿保险,并且都是找的同一个业务员。因为购买的都是分红险、重大疾病险及养老险等,几乎没办理过理赔,同时又因为工作较忙,每年只是按期转账交保费。

最近,刘女士刚给孩子换了一个名字,需要在保单上更改,于是打电话给卖保险的那个业务员,谁知,那个业务员告诉她,他已经离开公司,不再负责她的保单了。

于是刘女士只好打电话到保险公司去询问该怎么办理,以前可以交由业务员代办的事得自己亲自办理,跑来跑去程序还麻烦。

刘女士找到保险公司,保险公司告诉她,因为她的业务员已离职,她的保单已经被送到专管孤儿保单的业务部门了,并承诺会给刘女士再指定一位新的业务员为她服务,刘女士不禁怀疑,如果她的新业务员再次离职了呢?

相信有很多人遇见过上述情况,自己的保险代理人已经为自己服务了很多年,突然离职跳槽了,自己的保单、电话、住址和银行资料等又得交到另外一个陌生人手里,肯定都会有几分不安与怀疑,那么当自己的保单变成孤儿保单时该怎么办呢？

※ 知识看板

孤儿保单，简单来说就是当保险业务员离职后，留下他曾经为客户打理过的保单。不过对这些孤儿保单，保险公司一般不会不管不顾，他们会安排后续的跟进服务，一般包括一下服务。

- **保全服务**：即一般寿险公司会有的保全组（部），集中办理保费续期、红利通知等服务。

- **收展服务**：主要由寿险公司的收展部成员按地域服务孤儿保单客户。

- **全面收展服务**：寿险公司的收展部门按地域服务孤儿保单或全部保单若干年后的客户服务。

当我们的保单变成孤儿保单后，除了保险公司采取的以上措施，我们还应该怎么办呢？

- 到了保单的生效及失效时间节点，盘点保单，同时与业务员联系。

- 及时查收保险公司寄来的缴费通知单、地址变更单等。

- 地址、个人信息变更要通知代理人。

- 保单内容，特别是能影响保费的更改要亲自到保险公司办理。

买保险除了买到保障，还买到一种服务，但是谁也不能保证在同一个工作岗位上工作一辈子，所以孤儿保单无法避免。但是我们至少可以把孤儿保单带来的损失规避掉或者降低到最小。

※ 知识延伸

当代理人离职，自己的保单变成孤儿保单，当出现一些问题时，我们应该如何挽救呢？

赵女士给女儿买了一份教育险，年缴费 6 000 元，一直缴了 4 年，一年前因为工作变动，于是向保险公司提出缓缴一年，保险公司同意她的要求，但是因为后来自己的代理人离职，所以到现在保单还未缴费，她不知道她的保险合同是否有效，是该退保还是补缴。

一般情况下，对分期缴纳保费的保单，保险公司都有一个宽限期，一般为 60 天，宽限期内合同有效。所以要充分利用宽限期进行补救，否则逾期未缴纳保费，保单将无效。

除上述所说，一般在保险合同里，还有一项"保费自动垫缴"，如果你选择了它，那么当过了宽限期，仍未缴纳保费时，就会由保单的现金价值来垫缴保费，维持保单的效力。

此外，当保单失效后，按规定可以在两年内向保险公司申请复效，但失效期间发生的事故是不列入索赔范围的。

最后，与其退保，不如选择减额交清，例如赵女士可以将保单的现金价值作为一次性交清的保费，与退保相比，损失降低，只是保障的金额降低了。即使有再好的办法来拯救保单，也会带来一定的损失，所以一定要未雨绸缪，采取措施，尽量不要让自己的保单变成孤儿保单。当然，最好是做好万全的准备，即使有一天保单变成孤儿保单，也不会给自己带来损失。

第20项 代理人为你引荐的四大"名人"

古有四大才子，同样，在保险业，也有四大"名人"。

※ 事例故事

某公司职员李女士为丈夫投保了一份分红保险，她是投保人，被保险人为丈夫，儿子为受益人，并递交了第一年的保费。

在购买保单的第二年，丈夫因意外去世，她立即通知了保险公司，并代替儿子申请理赔，但保险公司以保单未经丈夫签字，保单无效为由拒绝理赔。

- 有权了解险种说明、投保人须知和索赔细节等。

- 有权查询保险合同订立的原始记录资料。

- 对保单的红利分配、免责以及投资去向等进行询问。

当然，当你行使知情权的时候，有几点也需要注意。第一，投保人可以了解保单的相关情况，但是不包括保险公司的商业秘密；第二，被保险人行使知情权要在诉讼时效内；第三，行使知情权的时候还要注意做下记录，以便以后理赔出现纠纷时保留证明。

※ 知识延伸

投保人除了享受以上的知情内容外，还有一个重要的知情内容就是免责，即在免除责任的范围内，保险事故发生后，保险公司是可以不予理赔的。

李先生是一名卡车司机，在一次倒车时，不小心将五岁的儿子撞倒，导致孩子锁骨及骨盆骨折，送往医院花费近 6 万元。后来他要求保险公司予以赔付，但是保险公司以家庭成员不属于"第三者责任险"的第三人拒绝理赔，对花费的 6 万元医药费，只同意支付在交强险范围内的 1 万元赔付。

为什么李先生不能得到合理的赔付呢？一个重要的原因就是，在第三者责任险免除条款里，家庭成员是不属于第三人的。

不仅李先生，同样的不予理赔、免责条款还出现在其他的险种上，如一些分红险、重大疾病险等，在购买时一定要看清楚保险条款。当然也会存在一些保险代理人故意不讲清楚条款的情况，那么你就要仔细研究，以避免到时出现理赔纠纷。

第22项 疑难解决——保单遗失以后

生活中我们通常会遗失一些东西，不管你愿不愿意，通常不外乎是钱夹、皮包、银行卡或资料文件等，同样，我们的保单也会有遗失的情况，那么遗失以后该怎么办呢？

※ 事例故事

小李最近比较烦恼，因为他准备 10 月份对车子进行年审，以往因为工作太忙都是交给堂弟办理，但是最近堂弟出差了，而他自己不知道需要什么材料，怕到时材料不全跑来跑去麻烦。

后来小李找表哥帮忙，他一个在保险公司工作的同学告诉他，年审时需要准备：自己的身份证原件、交强险保单原件、行驶证以及车船使用税发票等，最后再添上车上的示警三角指示牌，准备好了到最近的检测站去就行。

小李听完以上情况，不知道该怎么办，因为他的保单不小心遗失了。表哥的同学告诉他，交强险保单是年审必备的证件之一，年审时无法提供则无法通过，但是还可以补救，他可以带着身份证、行驶证和商业发票到保险公司重新补办。

保单如我们银行卡一样，那不只是一份合同、一张卡而已，它代表着金钱，更重要的是如交强险类的保单，还是车子年审的主要证件，所以一定要保管好，尽量不要遗失。如果不小心遗失了也不要慌张，它如同银行卡一样可以补办，只是会花费时间。

※ 知识看板

保单遗失后，补办手续也较简单，而且补办方式灵活。

- 打电话给你的保险代理人，让他帮你办理。
- 打保险公司的客服电话，请他们派人过来办理。
- 带着投保人的身份证到保险公司的柜台直接办理。

虽然补办手续简单，但补办完成后，保险公司要核对很多客户的资料，需要花费客户大量的时间和精力，补办保单比办理新保单需要的时间更长。

※ 知识延伸

除了保单遗失，往往我们还会遇到另一个问题，那就是当我们被外派工作后，我们在原来工作的地方购买的保险该怎么办呢？

例如，小刘在来上海之前，在原工作地购买了一份人寿保险，每年都是由父母代缴保费。她想，如果以后理赔或个人信息变更，或者保单遗失了，该怎么办呢？

后来小刘咨询了一个在保险公司工作的同学，同学告诉她，可以在原保险公司申请将保单转移到上海的当地网点机构，同样可以理赔、缴费，这样就免去了异地保险的麻烦。

如上例，小刘将保单进行转移，可以免去异地理赔的种种困难，但是在保单转移中有什么注意事项呢？

- 当四大"名人"中的投保人和被保险人迁往一个变更地时，保费必须为年缴或半年缴。

- 保单有效，并且在有效期内没有拖欠保费，更无借款未还。

- 迁出、迁入手续可委托他人办理，但要准备一定的文件。

- 迁往地有该公司的二级机构，转入地公司也可接受保单转移申请，并有同类或相似险种。

迁移手续不仅花费精力也花费时间，所以在投保时一定要考虑清楚。保险保单迁移一般需要准备保险合同变更申请书、以投保人为户名的个人银行结算账户的存折、保单以及投保人身份证件复印件。

第23项 怎样让代理人为你快速理赔

长年来，人们保险意识淡薄，一个很重要的原因就是保险理赔困难，办理程序复杂，而且最终的理赔效果不是很理想。与其说是保险意识淡薄，不如说是对保险失望，那么有没有办法能够快速有效地理赔呢？

※ 事例故事

唐女士是上海人，在10月份，驾驶自己的汽车在转弯路口时，突然一辆电动车违章横穿马路,她紧急刹车,幸好最终无人受到伤害。

但是车窗玻璃破碎了,原因是放在中控台上的一瓶香水,因为紧急刹车,惯性地飞了起来,砸在了玻璃上。

由于之前购买车险时唐女士购买了玻璃单独破碎险,于是她找到保险公司要求理赔,但保险公司却拒绝赔付,而当初代理人却告诉她可以理赔。

保险公司给她讲解了玻璃破碎险的合同条款,其中有一条规定,由于车自身的物品导致的玻璃破碎,保险公司不予以理赔,所以此次事故的所有损失只能由唐女士自己承担或者要求电瓶车车主负责,可是因为当时无人受伤,那车主也早消失了。

从唐女士的案例看来,理赔被拒的原因是没看清免责条款,此次事故在保险公司的理赔免责范围之外。那么当初在购买保险时,是否因代理人没有告知或者自己没有看清条款,无论哪种原因,都造成了理赔困难甚至是拒赔。

※ 知识看板

很多人不认可保险,其实不是不认可保险本身,而是保险的理赔。买保险很多时候买的是一种服务,一种态度。任何一类产品,只有你认可销售产品的人,你有才可能从他手里购买产品。

保险产品也一样,当你从代理人手里购买保险时,你是认可那个代理人的,既然你已经信任他,就该让他为你快速理赔,然而要实现快速理赔则还需要相互配合。如:购买保单时,看清免责条款;如实告知代理人,不能带病投保;出险时,第一时间通知代理人;让代理人告诉你,需要准备的理赔资料。

保险代理人就像一位服装设计师,为不同的人群设计不同的服装,只是这位设计师要对设计的服装、穿衣的人群负责。

保险是一个双赢的市场,它不仅是代理人的朋友,更是你的朋友,对于如何和这位朋友相交,你和代理人可以探讨,从而实现合作互惠。

第24项 去银行买保险还是在保险公司购买

随着人们保险意识的不断提高，保险已经不是奢侈品，而是作为一种生活的必需品，比如意外险、交强险、养老险，那么去哪里购买保险会比较好呢？是银行还是保险公司？

※ 事例故事

章女士手头最近有一笔闲置资金2万元，存为定期又太少，一天在牌桌上听几位牌友介绍起某保险公司的一种养老保险，于是再三思考之下，决定自己也购买一份，但是随之问题也来了。

回到家她将自己打算购买保险的事情一提，全家人都赞成，但关键是对于在哪里购买的问题产生了分歧，老公说在银行购买比较好，银行比较稳妥，风险较低，而儿子却说，直接去保险公司购买会更好，这样以后办理理赔什么的也比较方便，双方各有说法，章女士不知道该听谁的好。

你是否也遇到过和章女士一样的问题？一般建议还是在保险公司购买最好，主要有如下几点原因。

- 首先，银行出售的各种保险都是来自于保险公司的各种产品，它是一种代理销售的行为，所以购买代理产品还不如直接找生产商家。

- 其次，银行只负责销售各类保险，至于以后的理赔是保险公司的事情，如果在银行购买，一旦有各种问题，很难找到负责人，那么还不如找一家保险公司购买，一旦有任何问题，直接找保险公司负责。

- 最后，银行代理的各种保险产品是有限的，它的种类远远没有保险公司多，意思就是同样的金额，可供选择的较少。

同时，当我们选择保险公司时要注意，选择一家正规的保险公司，这样以后的理赔会更容易，比如人保、平安、太平等。同时在签订保险合同时，一定要注意看清合同条款，理解清楚以后再签字。

第**3**章

意外险——对生命的呵护

漫漫人生路，我们看遍沿途风景，一路前行，然而，我们不知道会不会在某个路口，因突来的意外而不能前行或是后退。那么我们能否在这样的意外中找到出口继续前行呢？如果能，那是什么，本章将告诉你答案。

◇ 买一份关爱——意外险
◇ 如何确定保险责任及给付方式
◇ 保费及保障的起算时间
◇ "信用卡"——意外卡单
◇ 合作共赢——团体意外险
◇ 旅游外衣——旅游意外险
◇ 绿叶的衬托——附加意外险
◇ 意外险网上投保须知
◇ 意外险理赔的几大赔偿要点
◇ 理赔需要准备的材料

第25项 买一份关爱——意外险

每天当你空闲下来打开电视、翻开报纸或登录网页，首先跳进你视线的不外乎是某地的交通事故、伤亡情况等这些常常被我们忽略却不得不面对的现实。

我们不得不承认，意外无处不在，你永远不知道它会在什么时候来拜访你。看着这些故事在别人身边上演，但如果有一天，我们成为故事的主角，那时该怎么做呢？

与其他保险产品一样，意外险是对意外的投资，买来全家的平安，不只是为了保障自己，更是当有一天我们去另外的世界时，能给家人留下一份最后的关爱。

※ 事例故事

李某和唐某是河北省两名留守儿童，今年8岁，在村里上小学，父母常年在外打工，平时由爷爷奶奶照看。由于最近常下暴雨，河水飞涨，紧接着高温，于是学校放假让孩子们回家休息。

爷爷奶奶由于忙地里的农活，于是在放假期间，都让两人自由玩耍。直到两天后，家人发现俩孩子还没回家，起初他们以为孩子去小伙伴家玩耍，可是村子里都问遍了也没见人。

于是爷爷奶奶打电话给学校的老师，老师说还没开学呢。爷爷奶奶四处寻找，直到两天后，在河边下游漂浮出3具尸体，爷爷奶奶当场就昏了过去，因为其中两人就是李某和唐某。原来，3个小孩相约去河边玩耍时意外溺水。

相对于成年人，小孩子对意外的抵抗力更弱，老师不仅要教授知识，更要教授如何应对风险。上例中，如果老师和家长平时能很好地告诉小朋友们如何对意外进行防范，那么这次意外或许是可以避免的。

※ 知识看板

意外伤害保险简称为意外险，是指以意外伤害而致被保险人身故或残疾为给付保险金条件的人身保险，它包括两大方面，即意外和伤害。意外是指被保险人遭受的伤害是无法预见、违背主观愿望的。

伤害，必须包含 3 个要素，第一，外来的致害物，直接给被保险人带来伤害；第二，侵害对象，侵害的是被保险人的身体；第三，致害物以一定的方式侵害被保险人身体的客观事实。意外和伤害两者必须同时发生，才能构成保险事故，两者缺一不可。

生活中那些意外危险概率如同我们去分析彩票的中奖概率，具体如下。

- 外出受伤的概率是 1/3。
- 在家中受伤的概率是 1/80。
- 死于心脏病的概率是 1/340。
- 车祸的概率是 1/12。
- 意外难产的概率是 1/6。
- 突发事件的概率是 1/700。
- 致命武器的概率是 1/260。

从以上来看，这些意外概率虽不大，但如果"中奖"，则不会如中彩票般笑逐颜开，意外险虽然不能避免这些事故，但是至少可以帮助我们将损失降到最低。

第26项 如何确定保险责任及给付方式

在保险索赔里，一个关键的环节就是保险责任的确定。只有发生的事故确定在保险责任范围内才能得到理赔，不然保险公司可以拒赔，那么保险责任是怎么确定的呢？

※ 事例故事

刘先生在购买车险时，为自己的捷达轿车投保了车辆损失险和第三者责任险，在保险期限内，他驾车到公司附近的机动车检测场进行年检。

在检验场内，他与一辆桑塔纳轿车会车时，由于操作不当，导致两车相撞。事故发生后，他立即向保险公司报案，并对车辆的损失提出了索赔请求。对于此次事故是否在责任范围内，保险公司还要进一步认定。

后来保险公司指出，虽然刘先生是在检测场内发生意外事故，造成车辆损失，但当时他的车辆并没有处于一种被检测的状态，而是他在正常驾驶。

因此，对于此次保险责任的认定，不能适用责任免除条款中的"测试"，保险公司对此次事故车辆的损失承担赔偿责任。

在车险的保险条款中，有一条免除责任，即对正在检测的车子发生的意外事故是免责的。

所以如果刘先生的车子当时正在检测，然后发生了意外事故，那么，对所造成的损失保险公司不会进行理赔。

※ 知识看板

保险责任是指保险人承担的一种经济损失补偿或人身保险金给付的责任。一般由合同约定，在事故发生时负赔偿责任。

要注意三点：第一，损害是发生在责任范围之内的；第二，责任发生在保险期限内；第三，责任要在保险金额限度内。

一般包括人身事故赔偿责任和财产保险责任。人身事故赔偿责任一般是指对在保险事故范围内的人身伤害或身故承担经济赔偿或给付保险金的责任。

财产保险一般是指对在事故范围内的损失承担经济赔偿责任，其中主要是机动车交通事故的保险责任。一般包括基本责任、除外责任和特约责任。

● **基本责任**：合同载明承担的赔偿范围。

● **除外责任**：战争、军事、核污染、暴力行为或被保险人的故意行为。

● **特约责任**：一些保险合同中"附加责任""附加险"。

无论是人身保险还是财产保险，对于保险责任都要注意，一定要看清保险条款，而且要注意保险责任的生效时间。保险合同成立，保险责任不一定成立，如一些重大疾病险是要过了观察期才会生效的。

※ 知识延伸

如果一项事故是在保险责任内，那么无论是对于人身伤害还是财产损失，保险公司都会承担相应的给付责任，那么一般是怎样的给付方式呢？

在我国，一般以保险金的给付为赔偿方式，但财产险还存在约定赔偿方式，除了保险金的赔偿外还存在实物赔偿的方式。

当一间工厂发生火灾，里边的机器设备的毁坏属于保险责任范围，经过协商，保险公司承诺对损坏的机器设备进行重置，则是实物赔偿方式。

第27项　保费及保障的起算时间

如同出差入住宾馆，我们入住时需要知道，房间的收费明细、房内设施以及收费起止日期。购买保险也一样，在选购之前，你需要了解清楚保费、保额以及从何时开始起保等。

※ 事例故事

南宁市的李女士有个 5 岁大的儿子，长得胖嘟嘟的，非常可爱。由于自己高龄得子，于是全家对孩子都疼爱有加。

今年 3 月份，孩子上一年级了，于是她决定为他购买一份教育险，在代理人的设计下还搭配了疾病险及意外险。可是，当她交保费时，代理人告诉她公司核保部门要求她多交 25% 的保费，不然无法通过核保。原因是她的儿子体重超标。

对此她感到很不解，认为孩子胖点又怎么了，为什么要多交保费，这简直就是对胖人的歧视。以肥胖作为核保条件以及涉及保费多少，在其他省市还不明显，但是在南宁，这已成为保险公司在审核被保险人身体条件时一定会参照的一个重要指标之一。

以肥胖作为核保的一个条件,更作为保费多少的参考标准,难免有失公平。不过在国外,还是被大众接受的,因为肥胖的发病率明显偏高,对寿险公司来说带来了一定的经济影响,所以才会采用这个指标,国内也是出于同样的考量。不仅在南宁,在广州、南京、重庆及深圳等城市,肥胖也同样作为指标之一。

※ 知识看板

保费也称为保险费,是投保人按保险合同约定向保险公司支付的费用。缴费方式灵活,可在保险公司的柜台、通过银行转账或保险公司网络系统等自由选择交纳。对于保费还要注意以下几个问题。

- **保费**:保费根据保额、费率、职业工种及期限不同而不同。

- **缴费日期**:保险合同中约定的应缴纳保险费的日期。

- **保费逾期**:超过保费缴费日期未缴纳,而且超过宽限期。

- **应收保费**:主要针对保险公司而言,向投保人收取的不同品种的保险金额。

- **未收保费**:保险期限已到,但是保险公司仍未收取的保费。

- **预收保费**:保险公司在保单生效前或者在缴纳续期保费之前向投保人预收的一部分保费。

以上几点就是在缴纳保费时需要注意的问题,不管怎样,在埋单之前,一定要算好、看好,毕竟保费可不是一笔小钱。

※ 知识延伸

保费已交,当然我们就会关注保单的生效日期,对意外险来说,一般保险期限较短,所以更要注意保障期限。

例如,小刘在机场买了一份意外险,后来才发现意外险的责任是在第二天凌晨才开始的,这就意味着飞机都落地了保单还没开始生效。

小刘的例子告诉我们,有些保单的意外险是在今日购买,保障时间却是从第二日才开始的，因此不仅要看清保险条款，更要看清保障开始的时间，免得花了钱又得不到相应的保障。

第28项 "信用卡"——意外卡单

在越来越繁忙的都市，人们都希望能减压，在办公之外如果再看那一条条合同条款、一页页密密麻麻的文字，就会感到非常头疼，这时，一种信用卡式的保险合同，不知道会不会让人轻松点呢？

※ 事例故事

小王今年刚刚大学毕业，找了一份销售的工作，长期奔波在外，还没有购买社保，因为他工作的特殊性，于是在保险公司的同学劝他给自己买一份意外保险。

同学还告诉他，最近公司推出一种新的意外卡单，像信用卡一样，携带还方便，而且缴费便宜，一年只需交100元，受伤医疗最高可达1.6万元，最高航空意外赔付还可达到10万元，最重要的是，一张卡单可保全家。小王想了想，就为自己购买了一张。

一个月后，小王公司组织篮球赛，他在赛场上摔倒，最后医药费共计7 000多元，他向保险公司申请理赔，除去一些不予以理赔的1 000元药物的花费，最后保险公司给予赔付6 000元。

生病、受伤或意外都是我们不愿看到的，但是它仍客观存在，如上例中的小王，本来是娱乐活动，最终却演变成意外，如果没有保险公司6 000元的赔付，那么所有的费用都得自己承担。

※ 知识看板

意外险常见的分为两种：消费型意外险和返还型意外险，消费型意外险的保费为100～1 000元，保额为10万～100万元不等；返还型意外险，保费相对较高，满期会返还相应保费。

意外卡单，就属于消费型的意外险，还是短期意外险，缴费年限较短，而且缴费金额较低。但是同样，理赔保障等相对传统的意外保单则较低，不同公司推出的意外卡单不同，保费、保额和赔付也不尽相同。

对于卡单的投保一般存在两种形式，网络投保和纸质投保。一般现在各大保险公司都采用网络投保，即登录保险公司的系统，填写保单的相关信息，然后保单就被激活了，一般在第二天零时生效。

这种卡单就像信用卡一样受到都市白领的欢迎，因为不定时地出差，不断地购买航空意外险，于是很多人选择这种方便灵活的卡单。

王女士是培训师助理，需要不定时地和培训师出差，于是她为自己购买过几份意外卡单，保障时间不同，最低的是保障 7 天的 20 元一份的卡单，当然也有保障一年的 100 元的卡单，卡单生效的日期都由自己决定，出门前上网一激活就能有保障，而不像传统式需要纸质并到保险公司去办理。

当然，意外卡单不能如其他商品般，实惠就多购买几件。卡单也是保险，不能因为你多拥有几份，当出现意外事故理赔时就能多理赔，它同样遵循保险原则，不能重复投保。不过这样的卡单一般会有年龄限制，在 65 岁以下，所以你是可以给父母投保的，以辅助医保的不足。

※ 知 识 延 伸

对这样的意外卡单，我们是可以用明信片作为礼物送给朋友的，让他的生命多一份保障，何乐而不为呢。但是送人时需要注意以下问题：

● 卡单投保前不记名、不挂失、不退换。

● 投保后不退保、撤保，以及变更被保险人等。

● 填写资料时要准确。

● 异地投保，全国可理赔。

● 不要遗忘第二年的续保。

● 投保完成后，下载电子保单作为法律依据。

卡单送人有好处也有坏处，好处体现在你对对方的关心与呵护，但是也会存在理赔纠纷的问题。当发生的事故在免除责任范围之外，那时，如果没有得到很好的解决，那么除了对保险公司的责怪，你们之间的情谊也会受到一些影响，所以在作为礼物送出之前，还是要慎重考虑。

我们还需要注意，不管是自用还是送人，一般在售的保险卡单均需激活才能生效，未激活的卡单，出险后，保险公司不承担保险责任。

第29项 合作共赢——团体意外险

一撇一捺的相交即为"人"，人与人的交会便有了三人为众的存在。在这个社会，没有人能离开团体而独立存在，所以无论是在大集团还是小企业，无不强调以人为本，合作共赢，倡导一种团队精神。

※ 事例故事

李先生和朋友合开了一家小公司，公司主要是向附近小区的居民提供饮用水，公司员工有10人，4名维修工，1名财务，剩下的都是销售人员。考虑到销售人员长期在外送水奔波，如果购买了意外险，则出现事故时，员工可以得到适当的赔偿，那么也能减轻公司的一些负担。

于是李先生给每位员工购买了每人110元的团体意外伤害险，后来销售人员小文在一次送水外出时，被一横行的面包车撞伤，两腿骨折。

司机将小文就近送医后，就不再出面。最后通过购买的保险，小文向保险公司申请垫付了大部分医药费、住院费，而小文的误工费则无人承担。

如果李先生没有为小文购买过意外险，那么小文的住院费、医疗费都将由公司和小文共同承担，这将是一笔不小的开销。至于小文的误工费，则可以要求对方的保险公司予以理赔，包括剩余的医疗费、住院费等。

※ 知识看板

团体意外险是以两人以上为承保对象，缴费不高，一般为100元左右，包括 10 万元的意外险，1 万元的医疗险等，是公司为员工购买的一种意外伤害保险。

不同保险公司的险种，缴费的金额不同，与个人伤害意外保险相区别。承保的成员也可以是流动的，如小李离开公司后，新成员可以替代小李被承保，前提是要告知保险公司。购买团体险时要注意以下几个问题。

- 团体险的理赔遵循七级伤残赔付原则，建筑工地的八级、九级不在赔付之内。

- 团体险的人员变化率不超过 30%。

- 职业病不在团体险的保障范围。

- 非工作时间发生的责任事故也在责任范围内。

- 被保险人的直系亲属为保险受益人。

注意了购买的问题，紧接着就是对险种的选择。一般团体险可以分为三大类：团体寿险、团体意外伤害和团体健康险。本章主要讲的是团体意外险，一般用来转移单位员工由于一些意外伤害而带来的财务风险。无论哪类团体险，都具有以下特点。

- 性质是集体投保。

- 保额无上限但具有最低保额。

- 保险有效期内可以随时变更人员。

- 保险期间灵活，可按月或年或实际需要投保。

- 办理手续简单，一张保单就可以承保一个集体。

- 如团购一样，团体购买保费可以优惠。

- 一般都可以免除体检。

团体险对企业来说也是风险控制中的一项重要举措，大多数企业目前都将其纳入企业的风险管理中。当然，除了企业购买的团体险，员工还可以给自己购买单独的意外险。

※ 知识延伸

针对个人意外险，大多数人选择购买一份保全自己或家人的个人意外险。如曾经轰动一时的保险赔付最高案例，飞机失事遇难者李先生获得 960 万元的天价赔付。

据了解，李先生生前为自己购买了一份意外与投资兼顾的保险，24 万元保额，一般身故或全残给予赔付 10 倍保额，非航空意外身故或全残赔付 20 倍保额，航空意外赔付 40 倍保额。

当然，对于一般的上班族来说，无法拿出如此大的一笔钱投资到意外保险，可选择与团体险类似的意外保险，如各大保险公司推出的或者银行代理的意外卡单，缴费在 100 元左右，缴费期短，一般为一年，到期可以续保，其中包括住院、医疗和手术等费用，意外身故或全残最高赔付 10 万元。

有些公司产品还可以一张保单保全家，消费者可以根据自己的情况选择购买，因为意外险在各大保险公司的理赔率相当高，所以要选择一家理赔快速的保险公司去购买意外险。

第30项　旅游外衣——旅游意外险

世界那么大，好想去看看。我们一直都在行走甚至奔跑，所以有时候我们会想停下来，看看沿途的风景，然后重新起跑。那么我们会不会被留在原地，再也无法前行了呢？

※ 事例故事

唐女士和刘女士在今年 3 月份，随着广州的一个旅游团在西昌乘船游览泸沽湖时，突然发生沉船意外，船上 9 人，其中两人当场死亡，而她们两人不知所终。

这个旅行团在出发前都统一由旅行社投保了旅游意外险，每人保费 5 元。事后，当场遇难的李女士和温先生的家属，在出事不久就获得了保险公司各 10 万元的身故赔偿金。

由于唐女士和刘女士暂定为失踪，于是未获得赔付，在 6 月份的时候，鉴定组确定她们已无生还的希望，于是紧接着，她们的家属分别向当地法院提出宣告失踪者死亡的申请，法院发出了寻人公告。

3 个月后，仍然无法找到她们的下落，于是法院遂宣告两人死亡。保险公司在接到两人保险受益人的申请赔付后，按公司规定给付了身故保险金。同时，该旅行社也给付了死者家属一定的赔款。

我们去旅行，是因为想给心灵放一个长假，去看看这个世界的美，但是却不想为此却失去了生命。所以无论到哪里，无论干什么，都要小心，别忘了，还有家人在等着我们。

※ 知识看板

旅游意外险，简单来说是指被保险人在出差或者旅游途中遭受的人身伤害或者身故，保险人对此承担赔付责任的保险。旅游保险产品很多，主要包括交通工具意外险和旅游综合意外险。其中，交通工具意外险包括针对航空、火车、轮船等投保的意外险，而旅游综合意外险则包括境外旅游与境内旅游。

如果是休闲的长假旅游，一般应当选择购买旅游综合意外险来增加保障。那么购买时都需要注意哪些问题呢？

● **保费选择**：一般出外旅游的时间越长，保费就会越高。

● **保险公司**：如果出外是攀岩、潜水或探险等高风险运动，一般很多公司不予承保。

● **保额**：保额的大小应考虑出游地的风险大小，如果你是去西藏、新疆等地旅游，最好选择最高保额。

● **险种选择**：一般长期出行可选择"一年期"旅游意外险；节假日出行可选择假日专属险种；全家出游可购买"家庭卡"；短期游可选

择短期意外险；自驾、徒步可购买综合意外伤害保险；出境游可选
择国际紧急救援类保险。

当我们购买旅游意外险时，首先我们需要寻找正规的保险公司，然后选
择适合自己或者家庭的险种，最后根据家庭需求选择合适的保额。

※ 知识延伸

我们可以一个背包、一台照相机、一双旅游鞋就此上路，但是更多时候，
或许我们会选择和家人一起驾车出行，此时，我们该如何为自己及家人买到
合适的保险外衣呢？

- **保险需求**：考虑清楚是在自己原有的意外保险基础上辅助购买，还
  是空白购买。

- **被保险人**：首先考虑选择针对驾驶员的旅游保险，其次才是车上其
  他人员。

- **保险公司**：一般选择财险公司，不仅有旅游意外险，同时它们能提
  供旅游期间家庭财产及随身物品的保障。

- **险种选择**：将意外医疗考虑在内，同时要考虑到旅游景点是否有险
  种的网点机构。

- **免除责任**：对一些高风险性的旅游活动，看清条款，看是否能保障。

- **保费比较**：可比较几家保障范围差不多的保险公司，看它们保费的
  优惠程度，择优购买。

无论是自驾、一个人或团体出行，千万别忘记带上这件出行的外衣，有
了它我们才能轻松上路，保障第一，美景第二。

第31项 绿叶的衬托——附加意外险

除了如信用卡般的卡单式意外险，现实中我们在购买其他险种的同时，

往往会附加一种期限较长的意外险。一是不用担心我们会如忘记卡单般忘记续保而处于保障空窗期；二是避免来去的麻烦，可交由代理人一起打理。但是不是一旦投保后所有的意外都能得到保障呢？

※ 事例故事

孙女士最近的烦心事挺多，除了感情不顺，还有工作的变动，最糟糕的是，前几天，快出门时还被自己家的小狗咬了一口。

伤口不深，但邻居说还是该去打个狂犬疫苗才保险，于是她赶紧到附近的卫生防疫站去注射了蛋白疫苗，药费加上疫苗，花费近 1 000 元。

孙女士想到她的保险代理人曾经告诉她，被"狗咬"这类事件也在意外理赔之类，自己曾经在购买养老险时还顺带投保了意外险和附加意外医疗费用险，于是她找到代理人要求理赔。

但是代理人却告诉她，公司认定，此次事件属于在保险事故范围内，但是孙女士就诊的医院却在公司规定的定点医院之外，因此公司不承担理赔。

如上例中的孙女士，她可能也想不到自己宠爱的小狗有一天会咬自己一口，可是这就是意外，永远在你意料之外。不过她早有准备，在考虑自己养老问题时，为自己购买了意外险及附加医疗费用，所以她可以要求理赔，虽然最终未能如愿，但是只要保险这件外衣还在，就能为她保驾护航。

※ 知识看板

附加险，简单而言是相对于主险来说的，就是附加在主险合同下的附加合同，不可以单独投保，只有当主险已经确定之后才能购买。它以主险的存在为前提，不能脱离，一般所交的保费相对较少，当主险的效力消失时，附加险也失去合同的效力，而附加意外险就是对主险意外险的附加，它适用于一切附加险的原则。

我们通常所说的意外险是一种综合性的产品，各种意外产品主要是对人身故或残疾进行赔付，如果是旅游医疗，则需要投保附加医疗意外险。

　　如果小李为自己购买了一份保额为 20 万元的意外伤害保险，同时附加了一份双倍赔付的意外伤害保险，则当他很不幸地遇上航空意外身故或残疾时可以获得 40 万元的赔付。

　　如果他附加的是意外伤害医疗保险，若他在公交车上因遭遇意外而受伤住院，这时，附加险就会按合同规定相应地对他的住院、医疗、门诊等费用进行理赔。

　　如果说主险是花园的花朵，那么附加险就是花朵身旁的绿叶，不过它不仅衬托花朵的美，更是在必要时能与花朵一起点缀主人的花园。

※ 知 识 延 伸

　　孙女士考虑养老时，考虑到意外险，当我们购买其他险种时也会对附加险加以考虑，但需要注意以下几点。

- 与一些定期、终身性的保险产品搭配，理赔时除了可以获得一般寿险死亡保险金的赔付，还将获得附加意外伤害保险金。

- 健康险可搭配保障全家的附加险，实现一张保单为全家护航。

- 附加意外医疗费用险和一些意外保险的搭配，主要是实现对医疗费用的承担。

- 为孩子购买教育险时注意对孩子重大疾病、意外险的附加。

- 购买车险时，除主险外还可对一些如划痕险、玻璃险及自燃险等附加险进行购买。

　　无论是对意外险的附加还是养老、健康、车险的附加，都是为了多一层保障，当事故发生时，能减轻家庭的负担。

第32项 意外险网上投保须知

不同于传统的纸质投保，现在各大保险公司都拥有网络平台，当消费者购买保险时可通过网络投保，对一些上班族来说更是方便，可以如同网络购物一般，方便、简单，足不出户就可以办理，但是它亦如网络购物一样会出现一些后续问题。

※ 事例故事

刘女士，办公室职员，一个月前，在朋友的推荐下，在网上购买了一份为期一年的意外保险，保费为100元。

前几天她因为睡觉落枕去医院就诊，医生诊断为"落枕，颈背肌筋膜炎，无外伤"，没要求住院，只给开了点西药，连同挂号费总共300元。

过了几天，她去保险公司申请理赔，但是保险公司拒绝理赔。保险公司告诉她，意外伤害理赔一般会以造成伤害的最直接和最接近的原因为依据，而导致落枕的原因有很多，包括睡觉姿势、外界压力，感染风寒等，而导致她落枕的意外伤害因素却不能确定，因此无法据此理赔。

如刘女士这种在网上投保的消费者也很多，但是他们有的最后能理赔，有的却不能理赔，这除了与保险责任相关，还与保险条款相关，所以在网购时一定要注意在线咨询清楚，理解哪些能理赔哪些不能理赔。

※ 知识看板

当你不小心走进各大保险公司的网络平台时，就如同走进了一家超市卖场，各种产品琳琅满目，包括疾病险、意外险、养老险等。

里面还有各种险的具体险种、保险责任、投保规则、投保案例以及索赔方式等，相对来说，意外险投保简单，只需在网上按顺序填写电子投保单即可，但是对于疾病险、养老险等需要体检，则相对麻烦。

当你选择网上投保时一定要注意以下问题。

- 网上投保一般适合保额较少、责任明确的短期保险，如意外保险。

- 方便快捷如信用卡的卡单式投保。

- 缴费方式自选，一般为银行转账，但一定要下载电子保单。

- 填写电子保单时，指定受益人，避免以后的理赔纠纷。

- 网上购买，没有固定的保险代理人，所以理赔可能较麻烦。

- 网上购买同样要明确自己的保险需求，为自己选择一份全面的保障，不同产品组合式购买。

- 对同类产品，可在各大保险公司网络平台去比较，做到不仅保障全面，而且经济实惠。

如果你已准备好，已明确自己的需求，那么你就可以去逛保险超市，以最优惠的价格选下属于自己的产品。

※ 知识延伸

如同淘宝网购一样，意外险我们同样可以在保险公司的官网购买，具体操作如下。首先，我们需要登录保险公司官网，然后找到相应保险品种，这里单击"意外保险"超链接，如图 3-1 所示。

图 3-1

在打开的页面中的需要险种版块中单击"立即报价"按钮，在打开的页面中会要求我们进行报价并且填写相应的投保信息，如保险时间、被保人、人数及职业等，具体如图 3-2 所示。

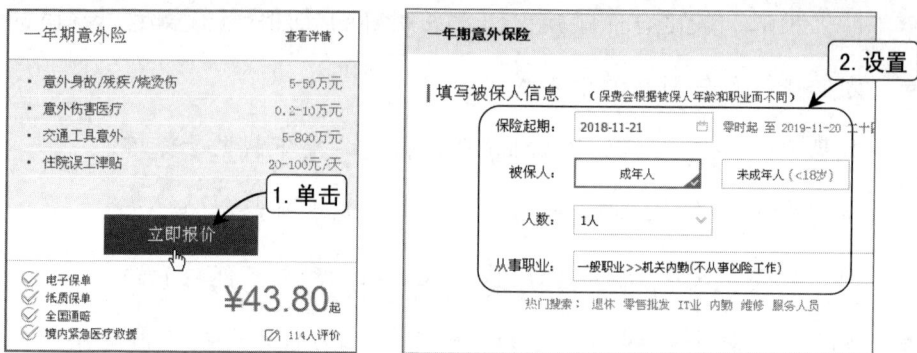

图 3-2

此外，我们还需要对于相应的保额进行选择，如一般意外、交通意外或医疗服务等，此时系统将根据保额自动计算相应的保费，如图 3-3 所示总计保费为 268.7 元，填写完成后可单击"立即投保"按钮，完成投保操作。

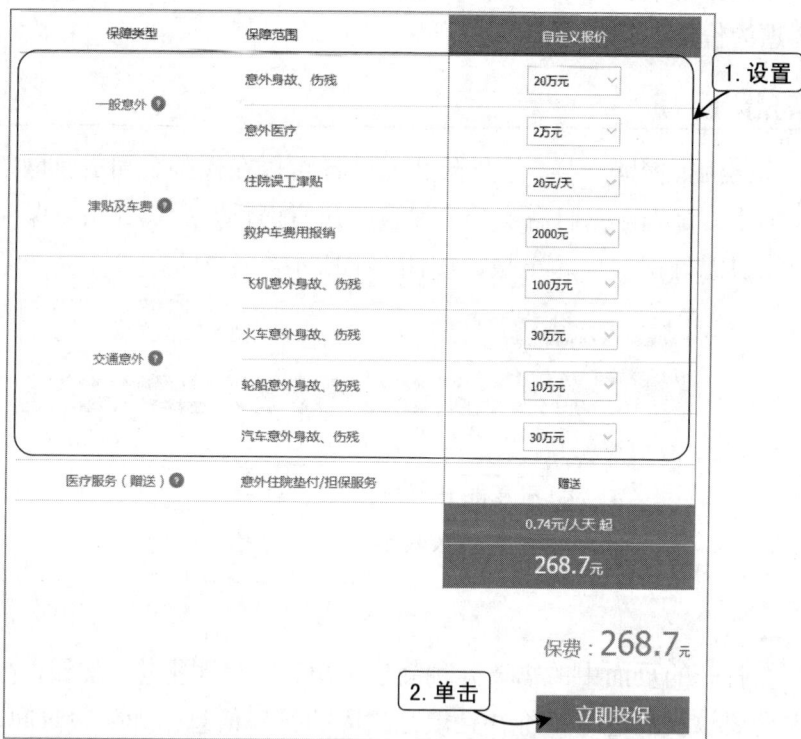

图 3-3

网购保险相对简单，而且办理快速，但是需要注意，在填写之前一定要询问清楚关于险种的相关信息。当你网购时，是没有固定的代理人为你讲解、检查的，所以你自己一定要做到清楚明白，避免以后出现理赔纠纷的情况。

第33项　意外险理赔的几大赔偿要点

在所有的保险品种中，相对来说意外险理赔的概率比较高，一些人能顺利理赔，一些人却无法理赔，那么在理赔中有没有什么方法可寻呢？

※ 事例故事

李老先生年轻时就喜欢旅游，退休后经常随旅行团一起去全国各地旅游，上个月他又报了一个旅行社团，从广州游到四川，预计到四川著名景点九寨沟、黄龙风景区、峨眉山等。

在出发前，他和旅行社签订了合同，旅行代办但是要自己交费的旅游人身意外伤害保险，保险金额为 12 万元。

他随旅游团参观著名景点——黄龙景区时，在参观了一会儿后，突然呼吸急促、面色苍白，最后开始呕吐。旅行团的人觉得他可能发生高原反应了，因为此处海拔在 3 000 米以上。

旅行团立即将他送往最近的医院就诊，直到第二天，他的情况还未好转，于是旅行团将其转到成都某人民医院，经过一个多月的住院治疗，李老先生还是离开了这个世界。

李老先生的儿子找到保险公司要求理赔，但是保险公司以高原反应不在理赔责任之内，拒绝支付。后来李老先生的儿子诉至法院，法院对他们的诉讼也不予支持。

也许很多人都会好奇，李老先生明明购买了意外伤害险，为什么不能得到理赔呢？这就需要我们了解赔偿时的赔偿要点。

※ 知识看板

无论你在哪里，做什么工作，是出行还是休息，由于外界的种种因素，总会有一些意外发生，当意外发生后，当然会要求理赔，那么理赔时要注意哪些要点呢？

- 意外伤害是否在保险责任范围内。

- 意外身故赔偿金及身故处理费用的理赔。

- 意外伤害的治疗费用，包括住院费、手术费、医药费以及床位费等。

- 治疗费用以外的费用，包括交通费、误工费以及食宿费等。

此外我们还需要注意对保险人请求赔偿或者给付保险金的权利，自其知道保险事故发生之日起两年不行使而消失。

※ 知识延伸

当被保险人要求理赔时，保险公司一般根据哪些要点来审核呢？

- 对保险金申请书的审核，包括原因、时间、地点和经过。

- 被保险人在发生保险事故时，职业工种与投保时相比是否变化、危险性是否增大。

- 保险事故是否有故意行为，包括故意、犯罪及酒驾等。

- 是否存在一些常见的道德风险，包括自杀、自残、受益人故意谋害被保险人。

- 一年期身故保险金理赔申请，会重点审核是否带病投保或其他未告知的事项。

- 短期意外身故保险金的申请，会审核死者是否为被保险人本人，是否持有保单，事故是否在保险责任范围内。

以上就是对保险公司理赔审核的简单说明，在实际理赔中，只有掌握了理赔要点和保险公司的审核重点才能顺利实现理赔。

第34项　理赔需要准备的材料

曾经有人说过这样一句话，保险就是"风牛"产品，风一吹就进入保险公司，然而用十头老牛也无法拖出来。

这句话本质上反映的还是理赔困难的问题，无论是对于理财分红还是意外伤害的赔偿，如果理赔材料准备得不够充分，那么是很难"拖"出来的。

※ 事例故事

秦女士，今年35岁，曾经是一名办公职员，后来有了孩子后就在家做起了全职太太，她老公在一家外贸公司担任高级主管，日子过得很温馨。

一次，老公的出差彻底改变了她的生活。因为意外的交通事故，老公受伤住院，出院后也被鉴定为终身二等残疾，此后生活不能自理。

这一切的变故给她的生活带来了巨大的转折，巨额的医疗费用更让她的生活一下子陷入了窘境，突然她想起曾为老公购买过的意外伤害保险，应该可以理赔，但是对于理赔时要注意什么，理赔材料应该如何准备，她都不知道该怎么办。

像秦女士这样不知道如何准备理赔的材料，那么在理赔时可能拖很久都无法理赔，就变成所谓的"风牛"产品了。那么理赔材料到底该如何准备呢？

※ 知识看板

对于理赔材料，一般会存在两大类，一是事故类证明，二是医疗类证明。其中意外身故保险金的理赔需要准备的材料有如下一些。

● 保单的正本及副本。

● 能证明被保险人身份的证件。

● 被委托办理者的身份证明。

● 受益人的身份证明，当有多个受益人时，所有人的证明都需要。

● 受益人与被保险人的关系证明。

● 受益人的银行活期账号。

● 理赔调查授权书。

● 交警部门的意外事故证明、勘查报告或验尸报告等。

● 死亡证明，必须为一定的权威部门出具。

● 火化证明，特殊情况未火化的需要提供相关证明。

● 户口注销证明，在被保险人户口所在地的户籍管理部门处领取。

除了以上因意外身故需要准备材料，那么当被保险人因意外伤害住院，医疗索赔时该准备什么材料呢？除了和意外身故的索赔材料前 7 点相同外，还需如下材料。

● 医院的诊断证明，医院为保险公司的定点医院。

● 住院收据发票原件。

● 住院费用清单明细。

● 交警部门出具的意外事故证明。

只有准备好这些索赔材料，才能在理赔时顺利理赔，不然不仅跑来跑去程序烦琐，还可能不予理赔。也可选择一个保险代理人，那么他会告诉你所有需要准备的理赔材料，你只要准备材料，后续工作交给他即可。

第4章

家庭财产险——另一个保险箱

通过多年的打拼，终于有了车子、房子、票子，当终于可以长舒一口气的时候，一个意外的到来，可能将所有都化为灰烬。那么我们能不能为这些积蓄买一份保障，即使有任何的意外，损失也会降到最低？本章将告诉你买什么，怎么买，以及怎么索赔。

◇ 另一个保险箱——家庭财产险
◇ 固定资产保额如何计算
◇ 流动资产保额及赔款计算
◇ 普通家庭财产保险如何理赔
◇ 投资保障型家庭财产保险
◇ 家庭财产两全保险赔款计算
◇ 重复投保如何理赔
◇ 家庭财产保险如何投保及理赔

第35项 另一个保险箱——家庭财产险

在德国，超过 3/4 的家庭都拥有财产险；而在我国，家庭财产的投保率却不到10%。近年来，我国每年因火灾带来的损失达上百亿元，这一笔笔巨额的数字，使大家不得不开始关注家庭财产险。

※ 事例故事

梁某为自己的两间房屋购买了一份家庭财产保险，保额为 10 万元。同年 5 月，他从外地回来和朋友一起喝酒后就在朋友家住下。

第二天上午 9:00，邻居打电话来说，他家里着火了。他打算回家扑火，朋友劝他说，既然给房子购买了保险，保险公司会理赔的，回去也没用。

于是直到下午 15:00 他才回到家中，发现家中财物几乎被烧光了，随后他才向保险公司报案，后经消防人员和保险公司共同勘查，确定着火原因是家中蚊香燃尽滴落到地毯上，财产损失共计 8 万元。

他要求保险公司给予理赔，保险公司根据调查发现，他在接到邻居电话后没有打 119 报警也没有采取补救措施，违反了保险合同中被保险人应尽的义务，后经法院判决保险公司赔偿损失的 70%，其余由梁某自行承担。

上例中梁某家里的火灾事故，损失相对来说较小，不过正因为他为此购买了家庭财产保险，那么风险被保险公司分担，损失公担。如果他刚发现火灾就马上采取补救措施，报警或者报保险公司，那么自己承担的损失还会小一些。

※ 知识看板

家庭财产保险是家中的另一个保险箱，是对家庭财产的保障，那么在现实生活中应如何购买呢？

章先生最近就遇见一件很纠结的事情，刚和妻子度蜜月回来的他，突然发现家中物品大量被盗，包括 5 件裘皮大衣、两条项链、一套床套、一块手表以及 20 张纪念币等。

在去年，他曾投保了家庭财产险，包括朋友作为新婚贺礼赠送的 5 件裘皮大衣，价值 8.1 万美元，一套床套，价值 1.288 万元，两条项链，价值 3 500 元，虽然上列物品都没有发票，但当时保险公司同意承保。

此外，他还为自己的房屋装修投保保额 2 万元，家用电器 2 万元、服装家具 50 万元、床上用品 1 万元、附加租房费用损失保额 1 万元、现金金银珠宝盗抢险 2 000 元、水管爆裂 2 万元、家用电器用电安全险 2 万元、家用住户第三者责任险 2 万元、盗抢险 53 万元，保险期限为一年，总计缴纳保费 1 463 元。

发现物件被盗后，他马上向保险公司报案，但是保险公司以丢失的财务没有发票或证明，而拒绝给予理赔，于是他将保险公司诉至法院，最后经过法院判决，保险公司一次性支付他 40 万元。

相对来说，家庭财产险的保费并不高，一份保额 10 万元的家庭财产险，平均下来，每天的保费还不到 0.5 元，现在许多财险公司都推出如上例的短期家庭财险产品保障，为消费者旅游或度蜜月时，提供高额的保障。

在购买时还需要注意以下的问题。

● 看清保险责任，不可盲目于保额。

● 考虑财产的现金价值。

● 如实告知财产状况。

● 财产发生变动要告知保险公司。

当购买财产保险时，一定要注意上面的问题，不然以后在保险理赔时，保险公司就可能拒赔，出现一系列的理赔纠纷，而且对损失的承担也会相应减少。

上面说的是室内财产保险，而相对于较贵重的财产可不可以买保险呢？比如女士佩戴的金项链、金戒指之类的物品。

因为道德风险太高及价值的不确定性，大部分保险公司对黄金等贵金属不予承保，但有一些保险公司也将黄金首饰列入承保范围，但一般约定价格投保，一般为 5 000 元，出险时按约定价格理赔，不按市场价值。

※ 知识延伸

在生活中，除了为自己的家庭财产投保外，还有另一类常受关注的财产保险，即所谓的企业财产险。投保对象为工商、建筑、交通、国家机关或社会团体等机构。它主要投保被保险企业自身的财产或者与自己有经济关系利益的财产，或者替别人经营管理的财产。

在企业财产的理赔中要注意以下几大问题。

● 当企业财产危险度增加时要告知保险公司。

● 出险时及时向保险公司报案。

● 事故发生后及时施救并保存现场证据。

● 施救费用可以要求赔偿。

● 索赔资料提供完整。

当我们防灾、防损已经准备得很充分的时候，仍然会存在风险，当发生事故时不仅要将损失降到最小，而且要使理赔能够及时有效的实行。

第36项 固定资产保额如何计算

对现在的人来说，收入来源大部分是工资收入、财产性收入及其他生意收入等，我们不仅要通过一定的方式来增加家庭资产，包括固定资产和无形资产，还得考虑通过一定的方式来保住这些资产不因任何外来的因素而使其遭受损失或贬值，那么我们该如何来为其中的固定资产做保障呢？

※ 事例故事

张女士，今年33岁，单身，从事咨询工作，月收入约10万元，个人总资产为627万元，其中固定资产为380万元；可支配的金融资产为222万元，其中现金和活期存款总额为150万元，定期存款为2万元，债券、股票、基金约为70

万元；其他一些资产为25万元。

她想通过保险代理人购买一份家庭财产险,但是她对几个问题感到很疑惑,比如如何为占家庭资产 61%的固定资产投保,应该保多少;如何为占家庭资产35%的金融资产,以及剩余的4%的资产投保,她想在通过这些资产增值的同时,减少一些意外来临时的损失。

像张女士这样的单身人士,不仅拥有百万的身价,而且还没有家庭的负累。但是单身人士如何保住自己的百万身价,是考虑成为千万身价的同时要考虑的,首先要做的就是为这几百万元的资产保值。

※ 知识看板

在个人家庭或者企业财产中,占据最大比例的就是固定资产,而这些固定资产的流动性相对于股票、基金或债券等金融资产的流动性较弱,因此面临的风险也较大,那么如何来对这部分资产计算保额呢?举例如下:

某企业对自己的财产投保了综合险,其中固定资产的保额为70万元,按原值投保,由于今年雨水较多,于是在6月份,受泥石流的影响,企业的固定资产发生损失,损失金额为50万元,无残值剩下,而出险时,固定资产的市场价值为100万元,那么企业可以得到的赔付为多少呢?

首先,确认损失,上述可知损失为50万元,当有残值剩下时,要扣除残值才能作为赔付的损失金额。

其次,计算比例,固定资产的保额为70万元,出险时价值为100万元,则赔付比例为 70/100×100%=70%。

最后,计算赔款,损失金额=50万元×70%=35万元。

因此该企业可得到的赔款为35万元。

如上例,如果按固定资产的原值投保,当固定资产发生损失,得到的赔付不是原值,也不是出险时的市场价值,而是按损失的一定比例赔付,那么是不是所有的固定资产都是按原值投保的呢?

对于固定资产保险金额的确定,一般有如下4种方法。

- 按原值投保，如上例按原值 70 万元投保。

- 按账面原值加成数确定保险金额，保险在双方协商下，在原值的基础上附加一定的数额，使它接近于重置价。

- 按重置、重建价确定保险金额，即重新购买或重新建造所需要支付的全部费用，按重置价来确定保险金额，可以使被保险的财产损失得到足够的补偿。

- 可按一些评估机构的公估价或评估后的市场价由被保险人确定。一般按原值投保和按重置价投保最常见，具体的确定因企业或家庭的个体情况而异。

以上就是固定资产的 4 种保额确定方式，保额的确定是理赔的基础，当损失发生后，理赔的依据之一便是资产的保额，因此选择一种方式来确定保额至关重要。

※ 知识延伸

当固定资产出险后，一般就会办理理赔，那么赔款该如何要求呢？一般固定资产损失会分为全部损失和部分损失，不同的情况，赔款的计算不一样。当固定资产发生全部损失时，可分为两种情况计算理赔。

- 当保额≥重置或重建价值时，理赔额=重置、重建价值额-应扣残值。

- 当保额＜重置、重建价值，理赔额=保额-应扣残值。

当固定资产发生部分损失时，按承保方式的不同，可分为 3 种情况，其中按原值投保则可分为两种情况。

- 当保额≥重置、重建价值时，理赔额=损失金额-应扣残值。

- 当保额＜重置、重建价值，理赔额=保额×受财产损失的程度。

当按固定资产的原值加成或重置、重建价值投保时，理赔额则小于或等于重置、重建价。

以上就是固定资产理赔额的计算方式，下面举例说明其中一项：

李先生将自己的房屋投保了家庭财产综合险，保额为1万元，在保险期间因火灾造成损失6 000元，投保时的房屋市场价为1.5万元，出险时的房屋市场价为1.2万元，那么李先生可以得到的理赔额为多少呢？

由上可知，李先生是按固定资产原值投保，保额小于重置、重建的情况，则理赔额=10 000×（6 000/12 000）=5 000（元）。

以上例子就是按原值投保的情况下，当发生部分损失时，按财产受损失的程度及保额来计算理赔额。

第37项 流动资产保额及赔款计算

在现实生活中，一般喜欢理财的人，手里都会握着大大小小的股票、证券、基金或存款等，其中既有高风险、高回报的投资，又有低风险、稳收益的理财，无论选择哪一种，它们都属于流动资产，都是为了实现以钱生钱，那么能不能像固定资产一样，为其购买一份保值衣呢？

※ 事例故事

一个食品加工厂，为自己投保了企业财产险，其中固定资产按原值投保，保额为60万元，流动资产按最近账面余额确定为保额30万元，账外财产按市场估价投保，保额为4万元。

投保后一个月，工厂发生火灾，造成机器设备损失15万元，半成品损失10万元，账外财产损失2万元，损失发生后，固定资产价值为80万元，流动资产账面余额为50万元，账外财产价值为3万元。

在保险审核人员现场核对后，确定保险公司应予赔付19.25万元，当时损失为27万元。

如上例损失为27万元，最后赔付的金额却是19.25万元，而且这19.25万元还包括了对固定资产和流动资产总的赔付。对于固定资产的赔付，我们已经知道了该如何计算，那么对于流动资产呢？

※ 知识看板

流动资产保额的计算存在 3 种形式：一是按流动资产最近 12 个月的平均账目余额来确定保额；二是按流动资产最近账目余额确定保额；三是对于已经摊销或不列入账面财产的保额由双方协商，按财产实际价值计算保额。

如上例的确定流动资产保额为 30 万元，就是按最近的账面余额确定的。保额的确定都是为了以后出险时能更好地解决，少一些理赔纠纷，那么对于流动资产的理赔该如何计算呢？按承保方式的不同，流动资产的理赔计算分为 4 种。

当流动资产的承保方式为按最近 12 个月的平均账面余额投保时，则可以按以下的理赔方式。

● 当发生全部损失时，按出险时的账面余额计算赔偿金额。

● 当发生的是部分损失时，按实际损失计算赔偿金额。

当流动资产的承保方式为按最近账面余额投保时，则可按以下的理赔方式。

● 当发生全部损失时，按保额赔偿，如果流动资产的实际损失小于保额时，不能超过实际损失。

● 当发生的是部分损失时，按实际损失计算赔偿金额，如果受损的保额低于出险时的实际价值，损失还要按一定的比例计算。

以上是流动资产的按账面余额投保下的理赔额的计算方式，也是流动资产常用的计算理赔额的方式。通过生活中的实际例子来说明其中之一：

当某一企业投保了财产综合险，其中流动资产的保额为 100 万元，按最近账面余额投保，在保险期内发生事故，损失 80 万元，其中施救费用 50 万元，在出险时流动资产的保险价值为 200 万元，那么可以得到的赔付为 65 万元，因为该流动资产的保险价值高于保额，理赔额＝实际损失×比例＝（80+50）×100/200＝65（万元）。

由上例可知，流动资产按账面余额投保，则适用于第二套公式，又知其发生的实际损失为 80 万元，小于保额 100 万元，相对来说是部分损失，因此适用第二套公式下的部分损失公式，当保额低于出险时的价值时，损失还需要确定一定的比例。

除此之外，如果承保时是按照已经摊销或未列入账面的财产投保，也存在以下两种理赔额的计算。

● 当流动资产全部损失时，按保额赔偿。

● 当发生部分损失时，按实际损失计算。

以上就是流动资产按三种承保方式的不同而存在的三套不同的计算方法，其中第二套计算公式相较于其他的更常用。

第38项 普通家庭财产保险如何理赔

在家庭财产保险中存在一种最基础的投保，普通家庭财产保险，正如御寒的毛衣，没有花哨、没有款式，却能有一份保障，那么我们该如何挑选这件御寒的毛衣呢？

※ 事例故事

张先生最近遇见了烦心的事，事情还得从上个星期说起。上星期楼上邻居在外出时忘记关掉自己的自来水开关，水溢四处，殃及自己家，同时清理下来，花费近万元。经过双方协商，邻居支付他 5 000 元，并立下了书面协议。

后来他的妻子才想起，公司为自己购买了普通家庭财产保险，那么现在是可以向保险公司索赔的，于是他们报案处理。但是当定损人员来现场定损时发现，现场已经被破坏，无法准确地定损。

最后经过协商，保险公司赔付了 8 000 元，由于存在第三者的损失，那么保险公司可以在理赔后行使代位求偿，保险公司找到邻居，但邻居称已经理赔给对方 5 000 元，不再承担赔偿责任，于是产生了理赔纠纷。

如上发生在生活中的小意外，却可能带来一大笔损失，而且理赔时无法实现全额理赔，甚至有些还不能理赔，如上只是协商赔偿部分损失，这也是日常生活中人们常见的处理方式，如果私人协商后再寻求保险公司的赔付就可能出现如上的纠纷，那么能否避免发生这样的纠纷呢？

※ 知识看板

普通家庭财产保险是一种最常见的家庭财产险，承保城乡居民所有的存放在固定地址范围内的各种财产物资。举例说明普通家庭财产保险在生活中的运用：

李女士投保了一份普通家庭财产保险，保额为 10 万元，房屋及室内装潢保额为 5 万元，在保险期内，发生保险事故，房屋及室内装潢部分损失 2 万元，室内财产全部损失 8 万元，出险时房屋及室内装潢价值为 10 万元，经过定损理赔，保险公司赔付李女士 6 万元。

如上，李女士总计投保保额为 10 万元，5 万元的房屋及室内装潢，5 万元的室内财产。当出险时，室内财产损失 8 万元，在保额内全部赔付 5 万元，而对于房屋及室内装潢出险时价值 10 万元，保额为 5 万元，是一种不足额投保的方式，保险公司赔付时一般会采取按比例赔付，按 5 万元/10 万元的比例赔付损失 1 万元，总计为：5 万元+1 万元=6 万元。

在计算时要注意，因为室内财产是一种不固定财产，损失包括当时未投保的及后来新增加的，所以不能按比例赔付，只能按保额限度内的实际损失理赔。

当然，在实际生活中还会存在投保人为了降低损失，而采取一些措施所产生的费用，保险公司对这些施救费用也会进行理赔，一般按实际支出赔付但不能超过保险金额，或者和被保险的财产一起按比例赔付。

※ 知识延伸

除了对家庭的财产进行风险转移外，还存在一种对公共设施进行风险转移的保险，即公众责任保险，举例说明如下：

某物业公司给旗下的所有小区都投保了公众责任险，年缴保费 2 万多元，某天晚上，刘奶奶在下楼梯时不小心摔倒，造成盆骨骨折，需住院治疗，后经检查发现楼梯口路灯损坏，且未安放任何提示语，于是保险公司赔付医保报销外的 3 万元，超过了当初的投保金额。

通过上例可知，公众责任保险主要承保第三人在一些公众场所所遭受的财产损失或人身伤害，并对其进行经济赔偿的保险，而对于它的赔偿则存在几种规定。首先，规定了每次事故的赔偿限额；其次，规定了累计赔付限额；最后，规定了财产损失的免赔额。

第39项　投资保障型家庭财产保险

有没有一种家庭财产保险，不但可以保障，而且还可以是一种投资理财？如果有，该怎么选？保费怎么交？

※ 事例故事

金女士最近有点纠结，就在前几天，当她打算将手里闲置的 3 万元存入银行时，银行人员给她推销了一款保险，告诉她这也是存款，利息外还加0.5% 的收益，此外还对家庭财产进行保险，比如室内财产、盗抢、火灾等进行保障，期限很短，仅为一年。

当时在收益较高以及多层保障的诱惑下，金女士就给自己购买了一份保险，但当时自己也没仔细看合同，只看见合同上面的投资保险的标题。

回到家后，她自己在网上了解咨询了这款产品，但是到最后她还是不太明白，不知道自己购买的这份保险是否划算，是否可靠。她在犹豫自己要不要去退保，如果退保会不会亏本，如果不退，利息能不能保证，想来想去还是不知道怎么办。

像上例中金女士这样在银行存款时被推荐购买保险的人很多，包括各种重疾险、分红险以及意外险等，当然还有家庭财产险的推荐，那么这些产品到底好不好呢？自己首先要有一个判断，不能盲目地购买。

※ 知识看板

投资保障型家庭财产保险，除了保障外还可以实现一种理财，一般投保人按份购买，缴纳保险投资金，如果投保人缴纳 2 000 元，购买一份保额为 1 万元的投资保障型家财险。被保险人在保险期限内不仅拥有 1 万元的保障，而且期满后，无论期内是否发生过保险理赔，在领取投资金 2 000 元的基础上，还有保险公司给予的投资收益，具体举例说明：

吴先生投保了某保险公司的一份投资型的家庭财产保险，保额为 10 万元，缴纳保险投资金 2 万元，保险期限为 3 年，每年分红 500 元，在 3 年里发生过一次赔款 2 万元，吴先生想知道自己在保险期满的时候可以得到的多少支付额，于是打电话给自己的代理人，代理人告诉他，可以得到的理赔额为 2.15 万元。

如上例中吴先生在发生赔款 2 万元后，保单继续有效，满期后还是要退还自己的保费 2 万元，以及 3 年的累计红利 1 500 元，总计为 2.15 万元。

当我们决定投保投资型家庭财产险时，一定要注意以下几个问题。

● 保险期限一般在 2~5 年，但也存在短期一年的。

● 随银行的利率同步调整利息，分段计息，无论在保险期内是否发生过理赔，满期本金和投资受益将会一起支付。

● 一次性缴纳费用较高，而且相对资金的流动性不强。

● 保费确定是在家庭里的，在一段时期内不着急用的、一定数量的闲置资金，一般不建议退保，退保时，会有一定的经济损失。

简单来说，投资型的家庭财产险，所交的保费一部分为风险投资，一部分作为投资资金。风险投资部分用来作为损失发生时的理赔，而投资部分则是保险公司运用各种投资实现自己的投资收益，而投保人就相当于股东，可以享受保险公司的投资收益或分红。

※ 知识延伸

相对于城市中的家庭财产险，在新农村建设的制度下，对于农民来说，自己的家庭财产就是农作物，那么能不能对农民的这些财产进行保障呢？

农业保险又称为"两业保险"，因为它包括种植业和养殖业保险，是对两者因自然灾害或意外事故造成的经济损失所承担的一种财产保险。

农业保险是特色型的保险，它具有以下特色。

- 不同地区承保条件不同。

- 考虑作物生长的季节性。

- 保障全面、长期并连续。

- 国家的政策性保险。

在农业生产中需要有保障来转嫁风险，我国农村经济发展水平各地不平衡，而且农民的缴费能力较低，国家近年来大力扶持农村建设，特别是三农建设，同时也关注对农作物的保障。

2013 年，国家对农业保险做出了调整，增加了补贴区域，调增了补贴比例，给农户提供保障，共抗风险。

那么当农作物受损后，理赔程序是怎么样的呢？

- 农户向村级协保员报告受灾情况。

- 协保员现场初审，确认保险责任。

- 协保员以村委单位填写损失清单。

- 协保员上报并在 48 小时内复查。

只有完成这一系列手续才能进行下一步的理赔，而农业保险是特色的保险，那么它的赔付标准也与其他的不同。具体是怎样赔付的呢？

- 30%的起赔点。

- 损失率<30%，免赔。

- 30%<损失率<70%，按比例赔偿。

- 损失率>70%时，全赔。

- 计算公式为：赔偿金额=各生长期的保险金额×损失率×受损面积。

掌握了农作物的理赔计算，那么农户就可对农作物的损失作出大概估计，从而少些理赔纠纷，而且也少些负担与压力，降低了自身的损失，同时为来年的农作物生产做好准备。

第40项 家庭财产两全保险赔款计算

相对于普通的家庭财产的投保，在对家庭财产投保时，还存在一种特殊的形式，即家庭财产两全保险。那么，什么是家庭财产两全保险呢？

※ 事例故事

张某在 2012 年 6 月投保了一份家庭财产两全保险，保额为 1 万元，家中财产价值为 3 万元。

7 月份，由于特大暴风雨，邻居家未关窗户，室内压力增大导致双层的预制板墙体滑倒，使自己家靠墙的组合家具倒塌，32 英寸的彩电和一台录像机损坏，损失达 9 000 元。

随后他向保险公司报案，经过核查，保险公司以当天风力未达到 8 级而且隔墙是石膏预制板为由拒绝理赔。而他则认为此次事故应该适用保单的条款，空中物体坠落或外来建筑物或其他固定的物体倒塌，在保险责任范围内，双方无法一致协商，最后他将保险公司诉至法院。

在现实中购买家庭财险却不能理赔的例子很多,而保险公司拒绝的理由却在你意料之外。从意义上来说,家庭两全保险就应该是一份综合全面的保险,但是为什么在购买后还存在理赔难的问题呢? 到底该如何购买家庭财产两全保险呢?

※ 知识看板

家庭两全保险,简单来说是一种当损失发生后可以起到经济补偿的作用,但同时还有一个区别于其他财产险的功能,就是到期还本。

家庭财产两全保险在投保时缴纳的不仅仅是保费,它还是一份保险储金,如果购买一份保额为1万元的家庭财产两全保险,保险储金为1 000元,保险公司将保险储金的利息作为保险费,当合同期满,无论是否发生理赔,保险公司将如数退还全部的保险储金,那么家庭财产两全保险在现实中是怎样理赔的呢? 举例如下:

章女士投保了一份家庭财产两全保险,保额为 2 万元,保险期限为 5 年,在购买后的半年后,由于雷雨袭击,她家遭受巨大损失,获得赔付为 2 万元,一年后,她家室内发生火灾,损失 3 万元,最后得到 2 万元的赔付。

以上体现了家庭财产两全保险储蓄金的作用,由上可知第一年的保险金额为 2 万元,无论在第一年有没有理赔,第二年都重新恢复保额 2 万元,第一年赔付了 2 万元损失,第二年,也可以在重新恢复的保额范围内赔付。

为了更好地实现以后的理赔,那么在投保时就需要注意以下几个问题。

- 当投保人的家庭大部分财产出现了买卖或新增时,一定要到保险公司进行保单的更改。

- 对一些无法确定价值的财产,如古玩、字画、玉器等不能投保。

- 不超额投保和重复投保，对于超额的部分一般不会给予理赔，而对于重复投保一般也是按比例赔偿，一般按原值投保最适合。

以上即是家庭财产两全保险投保时的几项要点，它的理赔一般采用的是第一危险责任赔偿的方式，第一危险赔偿方式把保险价值分为两部分：与保额相等的部分为第一损失；另一部分为超过保额的部分，为第二危险责任，第二损失。保险公司一般只会对第一损失负责，且损失金额在保额范围内。

※ 知 识 延 伸

在现实中我们为室内财产投保时，是投保普通家庭财产保险好还是家庭财产两全保险好呢？它们之间有什么区别呢？

- **保费缴纳**：普通家庭财产保险采取保费缴纳方式，而家庭财产两全保险是以保险储金的方式缴纳，一次性缴纳，储金的利息作为保费。

- **保险期限**：普通财险一般保险期限为一年，而家庭两全保险一般以一年为单位，最长期限 10 年，在 10 年内只要不提取保险储金，一般自动续保。

- **退保**：普通家庭财产保险一般中途不能退保，当合同到期，所缴纳的保费一般不会退还，续保要重新办理相关的投保手续，而家庭财产两全保险是一种长期保险，到期无论是否发生理赔，都将如数退还全部的保险储金。

以上就是几点两者之间比较明显的差别，然而在现实生活中一般将两者联合使用。

张先生向甲保险公司投保普通家庭财产保险，保额为 5 万元，房屋和室内装潢保额 3 万元，向乙保险公司投保家庭财产两全保险，保额为 5 万元，房屋和室内装潢的保额为 2 万元，在投保半年后发生一次事故，使房屋和室内装潢损失 2 万元，室内财产损失 2 万元，而当时出险时房屋和室内装潢价值为 10 万元。

张先生分别向甲、乙保险公司要求理赔，最后两大保险公司经过定损，乙公司分别理赔：2 万元×2 万元/（2 万元+3 万元）=0.8 万元，1 万元×2 万元/（2 万元+3 万元）=0.4 万元，总计 1.2 万元；甲公司分别理赔：2 万元×3 万元/（2 万元+3 万元）=1.2 万元，1 万元×3 万元/（2 万元+3 万元）=0.6 万元，总计 1.8 万元。

通过例子可知，室内财产损失 2 万元全额赔付，而对于房屋和室内装潢，出险时价值为 10 万元，而两家投保的总额为 5 万元，为不足额投保，因此只能按比例赔付，损失为 2 万元，只能按 2 万元的一定比例赔付，为 1 万元，而两家分担各自的比例。

无论你在投保时选择的是普通家庭投保还是家庭两全投保，除了关注保费、保障内容，还要关注保险条款，弄清楚不可理赔的事项，避免以后的理赔纠纷。

第41项 重复投保如何理赔

很多时候，对于某一事物，因为某种巧合会使人们重复拥有，当你节省好几个月终于买回橱窗里那件惦记已久的花裙子时，而你的爱人送你的一份生日礼物，和你手中的花裙子却一模一样。没关系，因为喜欢，可以拥有两份惊喜。

在实际生活中，对于无论是家庭还是企业的财产重复投保后，是不是仍能拥有同样的惊喜呢？

※ 事例故事

李先生于 2017 年 1 月在当地的财险公司投保了财产综合险及附加盗抢险，保额为 5 000 元，保险期限为 2017 年 1 月至 2018 年 1 月，承保公司为甲保险公司。

而妻子所在的单位，在 2017 年 3 月为全体员工投保了相同的保险，保额为 3 000 元，保险期限也为 1 年，承保公司为乙保险公司。

2018 年 5 月，李先生和妻子外出旅行，回家后发现家中发生盗窃，损失达 2 万元，其中现金存折 7 000 元，金银首饰 3 000 元，字画 3 000 元，西装 7 000 元，于是他向保险公司报案并索赔。

在理赔过程中，乙保险公司认为李先生已经向甲保险公司投保，而妻子投保时重复投保，妻子的保险合同无效，所以乙公司拒绝理赔。

甲保险公司经过审核，对金银首饰、字画、现金存折等不保财产的排除外，以保额的全额赔付，即向李先生赔付 5 000 元。

上例中的李先生和妻子都为家庭财产险投保，但是最后却只能得到一份理赔，那么是不是在重复投保后，不管交了多少保费，出险后重复的部分都是不能理赔的呢？

※ 知识看板

对于如上的重复投保的情况，一般存在 3 种理赔方式。

- **按保额比例责任分摊**：将各大保险公司的保险金额加总作为基数，然后求出每家应分担的比例，按比例分担理赔额，如上甲保险公司承担的理赔额为 7 000 × [5 000/（3 000+5 000）]=4 375（元）；乙保险公司为 7 000 × 3 000/（3 000+5 000）=2 625（元）。

- **按赔偿金额责任分担**：按照在没有重复投保的情况下，单位应负担的赔偿金额作为基数加总得出比例，按比例分摊相应的赔款。甲保险公司的理赔额为：7 000 × [5 000/（5 000+2 000）]=4 999.99（元）；乙公司的理赔额为：7 000 × [2 000/（5 000+2 000）]=2 000（元）。

- **按照出单的先后顺序赔付**：先出单的保险公司首先赔付，当实际损失超过赔付额时，超过部分由第二家保险公司赔付，如上在损失为 7 000 元的前提下，甲公司最高赔付额为 5 000 元，剩余 2 000 元由乙公司赔付。

以上就是在重复理赔情况下的几种理赔方式，由此可知，甲、乙两家保险公司的处理都存在一定的问题，乙公司不能拒绝理赔，而应和甲公司协商决定理赔额，除去不可理赔的财产，20 000-（7 000+3 000+3 000）=7 000（元）是可以得到赔付的，那么可以选择以上3种的任意一种理赔。

为此，对于重复投保的情况，当重复投保的保额之和超过保险价值，理赔额不得超过保险价值，如甲、乙保险公司的保额之和为8 000元，大于保险价值7 000元，在实际赔付时，不得超过7 000元。

如上只有当2017年3月至2018年1月为重复投保期间，可按上面3种方式投保，而在2018年1月至2018年3月和2018年1月至2018年3月则分别为甲、乙保险公司的单独承保时间，在这两个期间发生的保险事故，甲、乙保险公司单独负责，只有在重复投保期间才运用分摊的方式确定理赔额。

第42项 家庭财产保险如何投保及理赔

在我们为家庭财产保险投保或者理赔时有没有什么窍门呢？如何做到实惠投保的同时最后能快速理赔呢？

※ 事例故事

张女士在某保险公司投保了家庭财产综合保险并同时附加了现金、首饰盗抢保险，双方约定保额为1.2万元，其中现金为1 200元，保险期限为2017年6月1日～2018年5月31日。

在2018年3月22日，张女士外出回来发现家中被盗，丢失的物品有一部照相机、现金1 000元，若干珍贵邮票、高级皮鞋两双，楼下停放的自行车一辆，共计损失1万元。随后她即向保险公司报案，保险公司经过核查，数码照相机为当年购买，不扣除相关折旧，全额赔偿，根据条款对现金予以全额赔偿，在限额范围内，共赔付6 000元。

而对于丢失的高级皮鞋和楼下的自行车则根据条款"坐落于保单所载明地址内的家庭

财产，在保险标的范围内"，理赔的保险财产必须放置在保险地址室内，楼道和楼下不算作室内财产，因此不予理赔。

相信现实中如张女士般仅因为一个地址的填写或者因为室内财产的放置位置不同就将损失一大部分理赔款的例子很多，还有的投保者甚至还被拒绝理赔，那么在现实中我们能不能在投保时采取一些措施或者关注一些注意事项来避免理赔时的损失呢？

※ 知识看板

首先在对家庭财产进行投保时，应如何对家庭财产进行投保资源的配置呢？对于房屋建筑或附属设备、室内装修等，一般采用按比例赔偿方式，要想拥有充分的保障，一般按重置或重新建造的价值投保。如一栋房屋价值20万元，如果非足额投保10万元，损失时按1/2比例赔偿，最多可赔付10万元，而如果按20万元投保，则可以得到全额赔偿。

但对于家用电器、床上用品、家具以及服装等一般按第一危险赔偿方式，无论是足额还是全额投保，在出险后一般按实际损失来赔偿。

同时，在注意以上投保时，对于财产的一些状况要做到如实相告，且财产有变化时也要及时告知保险公司。

对于家庭财产保险，除了投保，还有一个重要的问题就是出险后的理赔，那么在出险后我们应该怎么做呢？

- 当被保险人要求理赔时要提供保险单、损失清单和保险要求的其他保险凭证。

- 财产损失在责任范围内的，一般按出险时的实际价值进行计算，最高不能超过保额。

- 当财产为部分损失的，在理赔后合同继续有效，但金额相应减少，减少金额保险公司会出具批单批注。

- 当财产损失由第三者赔偿的，被保险人可以向保险公司或者第三者索赔，但不能重复理赔，也可以要求保险公司向第三者代位求偿。

- 当有两家以上的保险公司对同一财产承保时，可以向各保险公司按比例要求赔付。

- 家庭财产的索赔期限为自知道保险事故之日起不超过两年。

- 在出险定损时，一般保险公司会按一定的方式定损，如果投保时，保额高于实际价值，一般超出的部分是不会予以理赔的。

- 保险公司对于因降低损失而产生的抢救费用是会理赔的。

在理赔时，一定要按照保险公司的理赔要求准备相关材料，才能为实现顺利理赔打下基础。

※ 知识延伸

家庭财产险该如何网上投保呢？简单介绍如下。首先登录保险公司官网的网上商城，在保险分类中找到要购买的保险类型，单击对应的超链接，如PICC 人寿保险下的"家庭财产综合保险"，在打开的页面中单击"立即投保"按钮，如图 4-1 所示。

图 4-1

紧接着我们就需要进行相应信息的填写，如城市、保障日期及保障结束日期，如图 4-2 所示。

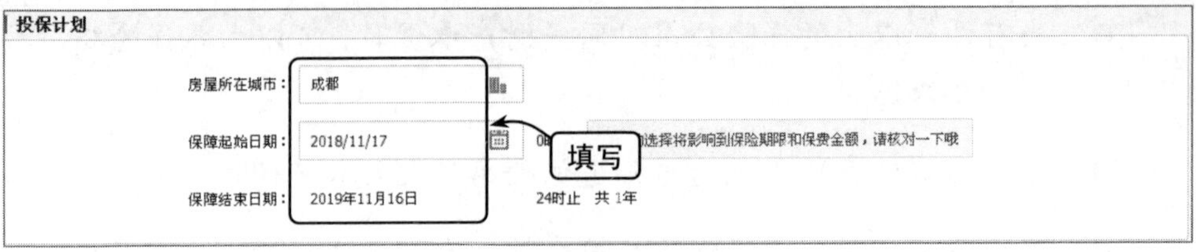

图 4-2

此外我们还需要对于家庭财产险的主险和附加险进行确认，如房屋及附属设施、室内装潢以及室内财产损失进行确认，如图 4-3 所示。确认完成后可斟酌购买。

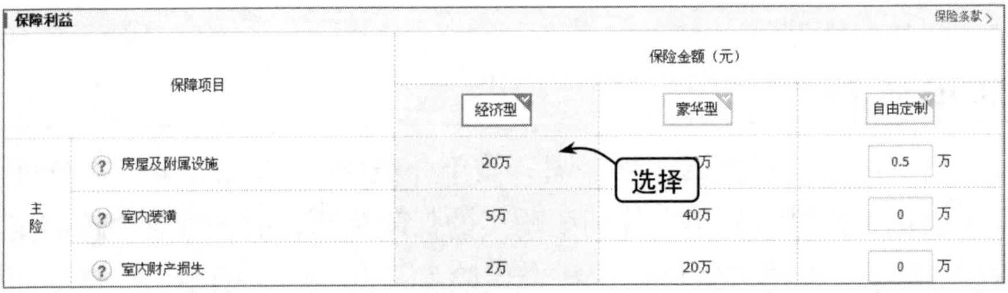

图 4-3

此外，我们需要了解一些投保须知，包括保额、理赔及支付方式等，具体如图 4-4 所示。

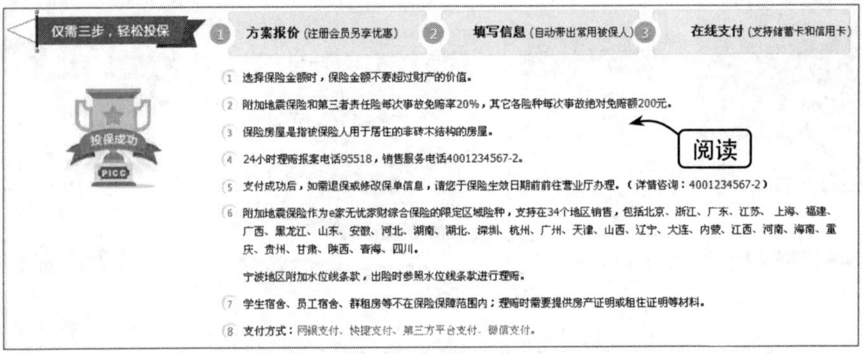

图 4-4

在购买后，一旦出险我们首先要电话告知保险公司，申请理赔，并且明确哪些财产可以理赔的，哪些财产不能理赔。

第**5**章

车险——有车一族的精选

　　大大小小的交通事故，每天都在上演，于是车险就在最后跳出来书写结局。可是关于车险你到底了解多少？全险到底有多全？什么是免赔率？车险怎样能快速理赔？如果你的答案是否定的，那么本章值得你往下读。

　　◇　全险的种类
　　◇　几种购险方案
　　◇　在4S店还是电销中心买车险
　　◇　二手车按哪种价格投保
　　◇　第三者责任险
　　◇　盗抢险可以理赔的范围
　　◇　后视镜单独损坏能不能理赔
　　◇　朋友借车撞人后如何理赔
　　◇　代位求偿
　　◇　车险怎样快速理赔
　　◇　车险新政策
　　◇　车险网上投保

第43项 全险的种类

车险分为两大部分，交强险和商业险。其中交强险是由国家强制购买，购买的保险公司自由选择，全国实行统一的费率。另一部分就是商业险，当意外袭来，可弥补造成的经济损失，很多人在为爱车购买保险时，都会有疑问，到底什么是全险？全险保得全不全？

※ 事例故事

李女士最近和朋友分享了一个经验，她说在今年3月份的时候，自己购买了一辆新车，但是在为新车投保时，发现计算全保的价格太高了，于是就只为自己的车投保了交强险。

原本她觉得这样就挺好，直到上个月她发现自己的爱车莫名地多了些划痕，但因为爱惜，所以自己开车都非常小心，在开车过程中也从来没刮花过。

后来，她觉得是因为自己居住的地方没有专门停车场，也没有人看守，被一些小孩子刮花了，最后她只得自己开车到4S店进行修理。

这样的情况不断发生，几次修理下来，费用还是不低。又过了一个月，不知道是谁，将爱车的保险杆撞了一下，已经变形了。于是她又去4S店修理，又是一笔费用。于是她后悔了，她想，如果自己购买了全险，这些是不是就可以理赔？不用每次都自己付费了。

后来车险人员告诉她，像她这样的新手，技术不是很熟练而且居住环境复杂，最好购买全险。这样也可以为以后的事故维修减少一些麻烦和费用。

也许现实生活中，像李女士这样的人很多，不知道在给爱车买保险时该怎么选择，哪些该买、哪些不该买都不清楚。如果一次性买全险的话，费用又有点高，而且买的险种未必都能用上，最后就在4S店或者保险代理人的推销下，稀里糊涂就买了，至于买了什么不是很清楚，直到出险理赔被拒。

※ 知识看板

对于为汽车购买车险来说，全险并不完全绝对，而且不同的保险公司对全险的规定也不同。一般全险险种包括交强险、第三者责任险、车损险、不计免赔险、车上人员险、盗抢险、划痕险、玻璃险、自然险以及不计免赔等。

当然还有其他几十种险种，但是一般购买保险时都不做考虑，因为风险概率太低。

- **交强险**：是指购买保险的机动车发生了保险事故，对被保险人以外的受害人的损失在责任限额内赔偿的强制性责任保险。

- **交强险赔偿限额**：被保险机动车在此次事故中有责任的，死亡赔偿限额 11 万元，医疗费用限额 1 万元，财产损失限额 2 000 元；被保险的机动车不负有责任的，死亡赔偿限额 1.1 万元，医疗费用赔偿限额 1 000 元，财产损失赔偿限额 100 元。

- **车辆损失险**：保险车辆在保险责任范围内发生的保险事故，造成车辆本身损失，保险公司给付的赔偿，一般保额是以车辆的价值确定。包括碰撞、火灾、雷击等，注意购买时看清免除责任，保额确定一般按新车购置价、保险车辆的实际价值或保险车辆的新车购置价协商确定。

- **第三者责任险**：简单来说就是因意外事故导致第三者身亡或财产损失，由保险公司承担相应的经济赔偿的保险。

- **不计免赔险**：车主把本应由自己负责的 5%～20% 的赔偿责任再次转移给保险公司，一般车主会对车辆损失险和第三者责任险投保不计免赔险，来使自己承担的风险最小化。

- **车上人员险**：是针对乘车人员的保险，不同的公司规定的起点不同。

- **盗抢险**：当被保险车辆被盗、抢劫后，经公安机关两个月都未查明下落，保险公司负责赔偿保险车辆丢失后所受到的损坏，车上的一些需要修理的

零部件所产生的合理费用也在赔偿范围之内。

- **附加玻璃单独破碎险**：是指在车辆使用过程中，被保险车辆的玻璃单独破碎，保险公司按实际损失赔偿的保险。

- **附加自燃险**：被保险的车辆在实际使用中，因自身原因起火燃烧，对给车带来的损失承担赔偿责任，以及为减少车辆损失而采取必要合理的施救费用也给予赔偿的保险。

- **附加车身划痕险**：因他人恶意行为造成车辆出现人为划痕，按实际损失计算赔偿的保险。

以上几种也不是完全的全险，只是人们习惯称之为全险，所以很多人会误认为给爱车上了全险，所有的事故都能够得到理赔。不同的保险公司对全险的险种规定是不同的，所以市场上的全险不一定相同，无论怎样，在投保时你一定要明确自己的车子需要什么样的保险。

如上例中的李女士，她是一名新手，而且居住环境复杂，除了交强险还需要购买车损险、盗抢险、玻璃险以及划痕险等，以确保爱车在出现损失时能获得理赔。

当然对于新车，可以不用选择自燃险，因为新车自燃的概率很低，自燃险就发挥不到作用。

由于车辆种类及投保渠道不同等，不同的4S店或者保险公司电销中心，对保费都有影响，所以保费具体多少，因车而异。

※ 知识延伸

并不是所有的全险都能理赔，以下几种情形为保险公司不会理赔的一些情况。

- 一般被保车辆在收费停车场或者修理厂被盗，因为风险的承担已从保险公司转移，一般保险公司会拒绝理赔。

- 驾驶员故意行为，如驾驶员超重强行高架桥发生的保险事故。

- 被盗车辆的车内物品损失，如车内车主的一些金银首饰、银行卡或钱包等。

- 车辆伤者为自家人，不在第三者责任范围内。

- 被保车辆无驾照行驶、未参加年检等情况下出险所带来的损失。

- 其他一些在责任免除范围内的情形。

从成本控制上来说，并不是所有的车子都需要全险，那样成本较高，而实现的价值也不是最大化，但是如果不考虑成本问题，那么可以考虑为车子上全险，保障更全面。无论怎样购买，最主要的是理赔，所以选择一家售后理赔服务较好的保险公司也是关键。

第44项　几种购险方案

上一节我们讨论了全险，然而现实中并不是所有人都购买了全险，不同的家庭、车辆情况等都会影响最后的购险，那么到底该怎样为自己的爱车选择最适合的车险方案呢？

※ 事例故事

前几天王先生换掉了原来价值12万元的旧车，换了一辆30万元的新车。原本是一件值得开心的事。可是这几天王先生又有点纠结，因为换新车就意味着得给新车换新险，但是对于如何选购他一无所知，他本来想照着旧车买过的保险购买，但是朋友告诉他，两个车之间购买的保险是不一样的，对于具体险种也可能不一样。

王先生这下更纠结了，因为他以前的车辆除了交强险，其他险他都不知道具体内容，只是在买车时，觉得还在接受范围内就签字埋单。而这次换车时没有当场购买车险，是因为他觉得全险超出了他的预期，所以他犹豫了一下，还没签字，想自己多比较几家公司后再购买。

如上例因为车价的不同、驾龄的长短都会影响最终的保费，因此王先生也不能只考虑交强险，除非是驾龄已达到5年以上、驾车熟练、理智沉稳的老手，否则还是应该购买盗抢险、第三者责任险以及不计免赔险等，为爱车提供全面的保障。

※ 知识看板

当我们车险快到期、新购车时或者在平时的工作生活中，都会接到来自不同保险公司关于车险的报价，交强险的费率由国家规定，基本上每家公司是一样的，保费高低主要看出险次数，如果前一年都未出险，那么下一年保费可以优惠 10%，不同的公司报价不一样主要针对的是交强险的辅助险、商业险，不同保险公司优惠的折扣不同，车主可以根据自己的情况选择购买。以下是可供参考的几种购买方案。

（1）基本型

交强险+车辆损失险+第三者责任险+玻璃单独破碎险。这是一种最基本的组合，对车辆的损失、对方伤者的损失及玻璃换新费用等都能起到赔付的作用，是最基本的车险。此类组合适用家庭对车险的规划金额较少，关注车辆耗损费用和伤人赔付，举例如下：

汤女士是一位老车主了，有着 10 年的车龄，今年车险的购买方案如下：交强险 1 050 元，商业险中车损险，保费为 1 700 元，第三者责任险，保额 20 万元，保费 1 120 元，玻璃单独破碎险（国产），保费为 140 元，总计 4 010 元。那么汤女士今年的商业车险花费为 4 010 元。

（2）经济型

交强险+车辆损失险＋第三者责任险＋玻璃单独破碎险+车上责任险＋全车盗抢险。这些险种对于一个人新手车主来说，特别重要，这样不仅能减轻车辆损失，更能在出险时，对车、车上的人员提供全面保障，做到经济又实惠，举例如下：

张先生给自己换上了一辆新车，因此除了基本险种，还投保了车上人员及盗抢险，具体如下：交强险，保费为 1 050 元；车损险，保费为 1 200 元；第三者责任险，保额为 15 万元，保费为 742 元；玻璃单独破碎险（国产），保费为 146 元；车上人员责任险，保额为 1 万元，5 人参保，保费为 105 元；盗抢险，保费为 480 元。那么张先生今年的保费总计 3 723 元。

（3）完全方案

交强险+车辆损失险+第三者责任险+盗抢险+玻璃单独破碎险+不计免赔险+车身划痕险+涉水损失险等，除了新车车主会购买全险外，一些二手车车主也会考虑自燃险，对增加设备的还要考虑设备损失险、无过失责任险等，尽量做到保障全面。

吴先生为自己的爱车上了全险，具体如下：交强险，1 050 元；车损险，2 323 元；第三者责任险，保额为 15 万元，保费为 1 060 元；车上人员责任险，保额为 1 万元，5 人参保，保费为 105 元；盗抢险，780 元；玻璃单独破碎险（国产），保费为 300 元；车身划痕险，300 元；涉水损失险，150 元；不计免赔，760 元。那么吴先生总计保费为 6 828 元。因为吴先生是该保险公司的老客户了，于是公司给了一个 8 折的优惠价，为 5 462 元。

目前各大保险公司车险的保费根据驾驶年龄、是否指定驾驶员、在省内还是省外，综合考虑下来确定价格及价格优惠。选择车险公司时，尽量选择服务网点多、定损快以及理赔手续办理快速的大公司，根据车险的不同情况，一般在 2 000~6 000 元，都在合理范围内。

在保费交纳中有一个无赔款优待的制度，如小王去年就在平安投保了车险，如果去年他都未出过任何险，那么今年他按去年的险种续保时，是可以享受无赔款优待制度的，并且可以享受优待比例 10%。

这体现了享受这种制度必须要满足的 3 个条件：保险期限已满一年、在这一年内无任何的赔款、对上一年所选险种的续保。如果小王今年也满足这 3 个条件，明年可继续享受优待比例，且可在今年优待比例的基础上增加 10%，但保费最高的优待比例不超过 30%。

保费不在高低，关键在于是否适合你的爱车。

第45项 在 4S 店还是电销中心买车险

一般车主都会在 4S 店直接购买车险，因为当时心情好，与大笔车费相比，车险显得微不足道，而且也简单方便，在销售人员的说服下，一般就签字埋单。在第二年车险该续保的时候，就会有各大寿险公司的电销中心给车主电话，为车主保价，劝车主购买他们的车险，那么到底在哪里购买好呢？

※ 事例故事

唐女士在买车的第二年，车险需要续保时，就放弃了在 4S 店续保，在一家保险公司的电销中心购买，相对来说，保费较低，原本她觉得这样挺好。

直到有一次车出了事故，她把车开到维修厂，修理工一听是某公司的电话车险，便对她说，他们不愿意修理这家公司电话车险的客户车，修理工告诉她，拿定损来说，别家公司投保车险可能定在 800 元，那么他们公司车险可能定在 600 元，电销中心让利了客户，但是也得保证盈利，于是就压缩中间环节的成本。

修理工还告诉她，等到下次事故一起，保险公司定损高点时才来修理，那样双方都不吃亏。她想，她那么爱自己的车，怎么舍得再出一次事故，电销车险便宜是便宜，但是为什么理赔这么难呢？

像上例中唐女士这样，因为电销价格优惠便在那里购买车险，但是最后维修或者理赔时，却很难。很多时候，保费打折，服务也会打折的。

※ 知识看板

对于在 4S 店购买的车险，一般 4S 店也是代理保险的车险，4S 店会分别代理 1~2 家大型和小型保险公司，以满足不同客户的需求，而 4S 店从中赚取提成。关于售后，一些服务由 4S 店和保险公司一起负责，在定损时，保险公司也会给 4S 店一些回馈，在4S 店购买，价格相对来说会贵点，但是理赔服务会更好一些。

在 4S 店购买车险和电话销售相比，有时价格相近，有时却会有很大的差别，车险销售一般分为电销和直销。

电销即电话车险销售，直销就是大保险公司直接销售。相对于直销，电销价格会低 5%~10%，在 4S 店可以买直销也可以买电销，一般买车险时，会给车主直销价，如果车主最后有疑问，商量下来，才会给你电销价。

对于电销中心或 4S 店购买的车险，各有利弊，比较如下。

- **价格**：电销中心优于 4S 店，电销中心更为便宜，而且价格透明、公开。

- **售后理赔**：4S 店代理各大保险公司，因此一旦车辆出现事故，可以把车放在 4S 店，修车、理赔一条龙服务；而在电销中心购买时，理赔、修理得自己亲自办理，一般容易出现理赔纠纷。

- **选择的保险公司**：在 4S 店购买只能选择和它们有合作关系的保险公司，而电销中心可以有多家选择。在 4S 店购买的车主得亲自去店里办理，而电销中心则有专门的人员上门服务。

- **赠品**：有些 4S 店为吸引顾客，会给车主赠送保养券之类的商品，对于一些喜欢保养车子的车主来说，很有吸引力。

以上就是在 4S 店购买和电销中心购买车险的利与弊，根据自己的情况确定购买，但无论在哪里购买，都应该选择一些大的保险公司，因为售后理赔相应会更好，不仅理赔纠纷少，理赔还迅速。

※ 知识延伸

除了以上两种方式，还存在一种车险的购买方式，就是通过各大保险公司的代理人直接购买，但也存在优点与缺点。具体如下。

- 价格会比 4S 店更优惠，服务更好，对于维修、理赔有专门的人员为你服务，适合一些对理赔流程不了解的车主。

- 直接在保险公司购买，无须担心价格和具体的险种是否可靠，以后的理赔也有保障。

- 会比车险的电销价格高一些，在柜台办理最低优惠是 7 折。

● 办理需要一定的程序，需要现场办理缴费，可能对一些工作繁忙者会带来一些麻烦。

如果选择保险公司购买，最好选择一些较大的公司，服务、理赔都会更可靠。一些代理人也会通过电话的形式给车主电话，然而这些并不是各大公司的电销中心的电话，电销车险的号码一般是"955××"和"400××××"的形式，而不是你接听到的一般电话号码的形式。

第46项 二手车按哪种价格投保

无论是在 4S 店还是电销中心购买保险，在计算保费时，都会涉及保额的计算，那么新车和二手车的投保价格有什么不同呢？

※ 事例故事

去年 10 月，小袁从朋友手中购得一辆二手车，花费 15 万元，他还为车辆投保了车损险、第三者责任险、盗抢险、自燃险及不计免赔等，并且在投保的时候，以新车购置价 35 万元作为保额，总计缴纳保费 5 500 元。

今年 6 月，小袁将车开回老家后，晚上车辆自燃，全部被毁，他立即向保险公司报案，要求按保额赔偿，即 35 万元，但是保险公司经过现场勘查，定损后，决定只按购车的价格 15 万元赔偿相关损失。

他认为自己是按 35 万元的价格投保和缴纳保费的，保险公司应当按 35 万元赔付，双方协商不下，于是小袁将保险公司诉至法院，后经法院判决，保险公司按新车的购置价减去折旧金额赔付承担责任，最终赔付 25 万元。

很多像小袁这样的二手车车主会选择按新车的购置价格投保，缴纳的保费也在可承受的范围内，希望出险后能得到和新车一样的理赔，但是往往在实际理赔中是不是一样的。

※ 知识看板

对于新购的二手车，是按新车购置价投保好，还是按二手车的购买价格投保好呢？如果按二手车购买价格投保，那么在出险时是不能得到足够理赔的，如果按新车购置价投保，缴纳的保费较多，但是理赔时也不会按保额赔付。那么到底该如何确定保额呢？是不是会出现高保低赔的情况呢？

什么是高保低赔

保险公司在车辆承保时，按照新车购置价来确定车损的保额，并收取相应的保费，但是一旦出险，造成全额损失时，则按车辆出险前的实际价值赔付，不按投保的保额赔付。

上述的高保低赔，在新保险法出来之后，就不再继续使用，车主可以自由选择投保。

但是通常，一般作为二手车的车主，可能对车的情况，包括保险情况不是很明白，不知道在购置后该如何买险。有的车主直接按原车主购买情况一样购买，因为方便，还有就是按新车投保，保得多也赔得多，购买旧车赔付的却是新车价。

其实《保险法》规定保额不能超过实际价值，超过部分无效，即如上例中以 15 万元购买，按新车保额购买，一旦出险，是不能赔付 35 万元的，只能赔付 25 万元。它不按新车价格赔付也不按二手车价格赔付，而是按车辆的实际价值，即新车价减去折旧额的价值。

因此，为二手车投保时，保额的确定应按车辆的实际价格投保，这样就不会出现理赔纠纷。如购买一辆 20 万元的新车，两年后，车主以 15 万元的价格转让，新车主如果全额投保，那么保额不应该是 20 万元或 15 万元，而应该按车辆的实际价值 18 万元投保。

对于一些年代较久的车辆，市场上没有更新的零部件，保险公司则会特殊对待。

※ 知识延伸

购买二手车时除了保额的确定需要注意，还应注意办理车险的过户和险种是否齐全。

在购买二手车时，除了考查车辆的各项功能指标，还要注意向原车主索要保单，并且到保险公司去办理过户，进行保单的更改。

唐先生给自己购买了一辆黑色二手车，并向原来的车主索要了保单，原车主给车辆上的是全险，当一次出险后，他找到保险公司理赔时，理赔人员告诉他，他没有理赔权，原车主才是领取保险金的人，因为保单上的姓名是原车主。

车险过户，意味着二手车车主可以接着享有此车的保险保障，直到保险期满，而且如果这一年都没有出险，那么在下一年度投保时，可以享受10%的无赔款优待。

车辆保险过户时，如果过户的保单不是全险，新车主还应该检查自己的二手车投保的险种是否全面，具体如下。

- 交强险和车损险是必备的。

- 第三者责任险一定要有，一般私家车投保保额为10万元。

- 玻璃破碎险，现在玻璃国产和非国产的区别很大，价格也差很多。

- 如果购买的二手车使用年限较久，还应该购买自燃险。

- 购买的新车在5年内，最好再添置划痕险。

- 如果新购买后车主还添置了保险杆、DV等，还应该投保新增设备损失险，以确保一旦出险时，保险公司除了对原车损失进行赔付外，还能负责新增设备的维修费用。

以上就是购买二手车时，关于保险应做的，具体怎么做，交多少保费，不同公司有不同的价格，不偏袒任何一家，根据自己的具体情况自己做主。

第47项 第三者责任险

大大小小的交通事故每天都在不停地上演，有些结局惨烈让身处事故外的我们都看得胆战心惊，除了一辆辆破败的车辆，还有那些在车轮下逝去的生命。所以在现实生活中，人们不仅对事故车辆的损失负有责任，对第三者也存在责任，所以便有了第三者责任险。

事例故事

章先生养了一条贵宾犬"多多"，这天他吃完晚饭后，带着"多多"到楼下散步，突然迎面开来一辆汽车，车速不快，当时他牢牢地牵住了绳子，但是由于"多多"躲闪不及，它的左前脚被车子的左前轮压伤。

章先生赶紧抱起"多多"到宠物医院，然后立即向保险公司报案，后经检查，"多多"是软组织受伤，治疗了十几天，终于康复。不断地治疗、换药，花费了章先生一大笔钱，总计 4 500 元。

"多多"回家后，章先生便向保险公司请求赔偿，他准备了赔偿所需要的单据，包括狗证、交警给的事故证明、X 光片、病历卡、医药清单及用药清单等，于是最终获得理赔 4 500 元。

案例中最终能理赔是因为章先生遛狗在人行道上，而且第一时间报案，宠物属于主人的个人财产，所以可以在第三者责任险的财产损失范围内进行赔付。宠物与小孩子一样，不具备独立的管理，主人应该履行保护责任，不仅是对小狗的保护，更是为了以后理赔能够顺利进行。

※ 知识看板

第三者责任险，是被保险人或驾驶员在车辆使用中，出险后，使第三者身故或财产损失而承担经济赔偿责任的保险。一般在交强险中也存在对财产损失和医疗费用的赔偿，但是赔偿较低，于是一些人就通过购买第三者责任险来补充。

2018 年第三者责任险新规规定，当保险车辆发生第三者责任事故时，应当依据中国现行《道路交通事故处理办法》规定的赔偿范围、项目和标准以及保险合同的规定处理。且需要根据保险单载明的责任限额核定赔偿金额，当被保险人按事故责任比例应负的赔偿金额超过责任限额时：赔款=责任限额×（1-免赔率）；当被保险人按事故责任比例应负的赔偿金额低于责任限额时：赔款=应负赔偿金额×（1-免赔率）；自行承诺或支付的赔偿金额。

2018 年第三者责任险按车型不同费率不同：6 座以下家庭自用汽车：5 万元保额费率由 744 元下调至 673 元，下调 9.54%；10 万元保额费率由 1 041 元下调至 972 元；15 万元保额费率由 1 175 元下调至 1 108 元；20 万元保额费率由 1 264 元下调至 1 204 元。

第三者责任险可以把保额确定在 30 万元，并搭配每一事故的最高人身保额 60 万元及财物损失保额 20 万元，年保费约 2 500 元，可以包含一般车祸事故的风险。

一般国内重大车祸的和解金多为 40 多万元，扣除强制险，死亡则最高每人为 11 万元的赔偿，其他的由第三者责任险来承担，那么购买第三者责任险每人 30 万元的保额是合理的。

而第三者责任险中，购买财物损失的保费最贵，若车主想提高保额至 500 万元，又想降低成本，那么可取消财物损失保费，并且将保费控制在 3 000 元以内。

对于第三者车险的购买一般分为两种情况，一是驾驶年龄较长，车主要用来短途的上下班，车主购买 20 万元的保额，基本能赔付一些日常短途行驶的事故损失；二是对于新手或者经常跑长途的驾驶车主，一般购买 50 万元以上的第三者险和不计免赔险会更有保障。

※知识延伸

对于第三者责任险的档次，保额差别几十万元，但是保费也就相差几百元，所以车主在购买第三者责任险时，应考虑自己的实际情况。举例如下：

一辆雅阁"亲吻"劳斯莱斯，开始估计为 200 万元的修理费，后来实际修复35万元，虽然雅阁的车主购买了全保，但是自己仍然支付了19万元的维修费，原来，雅阁车主购买了20万元的第三者责任险，但是他没有为第三者责任险购买不计免赔，所以20万元的责任险是会取掉一部分的，即保险公司只支付16万元，剩余的修理费用就得自己支付。

现在大多数人都知道，豪车不能撞，撞一下，不管谁撞了它，修理费都将是一笔巨额资金，但是谁能保证行驶中不会撞上豪车呢？特别是在当今豪车越来越常见的情况下。如上例，如果雅阁车主第三者责任险买在50万元，再买不计免赔险，保费只多500元，那么雅阁车主的19万元是不用自己支付的，会由保险公司来支付。

第48项 盗抢险可以理赔的范围

现在很多东西容易丢，最常见的莫过于钱包、银行卡，钱包丢了就丢了，银行卡丢了，可以补办。可是如果大一点的东西丢了，比如你的爱车，可就意味着几十万元没有了，所以要为爱车买一份保障，就是盗抢险。

※ 事例故事

王先生的爱车，在5月份被盗。在车被盗后他就去保险公司办理理赔，保险公司人员告诉他，要等到3个月后，公安机关确定已经无法找回时，才能办理理赔。

8月份，他再次到保险公司要求理赔，理赔人员告诉他，保险公司受理理赔，但只能按15万元的80%进行理赔，他不同意，因为当时是按20万元的保额购买的，并交纳了相应的保费。

理赔人员告诉他，盗抢险只能赔付80%，他们公司的盗抢险都规定，被盗后的车辆损失，保额高于实际价值的，以出险时的实际价值计算赔偿，两者相等时，才能按保额赔付。

而且在盗抢险里还存在20%的免赔率，所以，20万元的保额只能按出

险时车的价值 15 万元计算，最终他可以得到的理赔额为 12 万元。

盗抢险理赔时，投保几十万元的盗抢险，却只能理赔一部分的车主很多，所以在理赔时都会产生纠纷，各大保险公司的条款中都有规定，车辆被盗后，车辆损失按出险时的实际价值和保额孰高孰低来赔偿，而且车辆的盗抢险还存在绝对免赔率 20%，即使购买了不计免赔险，也只能理赔 80%。

※ 知识看板

盗抢险就是保险公司对被保险车辆被盗窃、被抢劫或被抢夺后给车辆带来的损失或在此之间车上的零部件、附属设备需要修复的合理费用给付赔偿金的保险。

在被保险车辆被盗抢 60 天之后，保险公司会按照保险合同的有关规定，按实际的保险金额对出险时被保险车辆的实际价值进行赔偿，从而减少车主的经济损失与负担。

一般盗抢险保险费=基本保险费+保险金额×费率，但是不同的保险公司可能存在细节上的不同。另外，在投保盗抢险时还应注意以下问题。

● 不同的保险公司对赔偿时间的鉴定不同，有的财险公司为满 60 天未查明下落，而有些财险公司则界定为满三个月未查明下落。

● 在申请理赔时，车主必须提供相应的凭证，如行驶证、购车的原始发票、车辆购置税证明等。如果其中凭证有缺失，保险公司会增加一定的免赔率，不同的公司增加的免赔率不一样，有的财险公司规定缺少一项增加 1%的免赔率，有的财险公司规定每缺一项，增加 0.5%的免赔率。

上例就是投保时需要注意的事项，那么一旦出险，理赔时需要准备什么凭证呢？具体如下所示。

● 两把车钥匙。

● 原始购车发票。

- 保单复印件。

- 驾驶证正副本的复印件、行驶证及副卡原件。

- 公安机关 3 个月未寻到车辆的证明。

- 私家车主身份证复印件。

- 填写出险通知书，通知书上需要车主的私章。

- 赔款通知书上银行账号并由被保险人签字。

- 停车场收据原件或停车场的其他证明。

- 如果是由他人代理，还需出具提供被保险人的委托书。

- 失窃车辆牌证的注销登记表。

- 权益证明书。

购买了全车盗抢险及其的不计免赔，发生盗抢后按 100%赔付；未买不计免赔按 80%赔付。但被保险人未能提供机动车行驶证、购车原始发票或车辆购置附加费凭证等，每缺少一项，增加 0.5%的免赔率；缺少车钥匙的增加 5%的免赔率。

※ 知 识 延 伸

盗抢险理赔一般需要完成 3 个步骤，具体如下。

- 在车辆被盗后 24 小时内向当地公安机关报案，48 小时内向保险公司报案。

- 发布寻车启示，并保存日期，一般 3 个月后到当地公安机关开具未破案证明，同时要到车管部门办理失窃车辆牌证注销登记。

- 尽快收集索赔资料，一般在 15 天内申请，保险公司一般在 3 个月后受理。

以上就是车辆被盗后你需要做的事情，当然在理赔时，会涉及损失的计算。如被盗车辆里面的物品——笔记本电脑、现金及钱包等丢失，能不能理赔呢？

某天李先生正准备送儿子上学，在他准备启动车子时，儿子指向后备箱，他下车一看，发现自己的后备箱被撬开了，里面的一台笔记本电脑被盗。因为购买了盗抢险，于是他立即向保险公司报案，但是保险公司审核后告诉他，不能理赔。他不明白，笔记本电脑放在车里，丢失了就属于车辆损失，怎么不能理赔呢？

如前面所讲，盗抢险理赔的范围是车辆被盗、被抢劫或被抢夺后的全车损失或者车上附属设备、零部件需要修复的费用。

而对车上的零部件、附属设备等都是免除责任的，李先生的车没有丢失，车锁也在除外责任范围内，车内的现金、笔记本电脑都不在承保范围内，所以保险公司是可以不予理赔的。

第49项 后视镜单独损坏能不能理赔

对于一些新手车主来说，可能和爱车之间还不够默契，于是一不小心，难免会出现意外，伤害到自己的爱车。

例如，最常见的倒车时的意外，造成后视镜的损坏之类。后视镜可是我们行驶时重要的指明灯，它能帮助我们避免大大小小的意外，因此它一旦损坏，我们不可能置之不理。

※ 事例故事

李女士在一个月前为自己购买了一辆轿车，但一场突来的意外打破了她拥有爱车的幸福。

一天，她正准备倒车进入车位，只注意看着右边，而忽略了左边。由于空间不够，于是左边的后视镜就撞在了车库的石柱子上，碎了一地。

在伤心之余，她打电话到保险公司咨询，可是公司的理赔人员却告诉她，倒车时的后车镜损坏是在免赔范围内的，因此保险公司拒绝理赔。

她将车子开到 4S 店维修，维修人员告诉她，换一个后视镜价格大概在 2 万元以上，自己当初买车时就花了 40 多万元，保险接近 1 万元，如今又得出修理费 2 万元，这成本未免太大了。

维修人员告诉她，后视镜单独损坏是不会理赔的，但是如果车辆其他部位有损坏是可以理赔的。

于是她又事故重演，这次左侧的车门受到波及，她再次报案，保险人员到现场勘查。定损后，她再次去维修，花去 4 万元，保险公司也全额赔付了这 4 万元。

也许很多人都存在一样的疑问，为什么后视镜单独损坏后不能理赔，而在车门也损坏后却还能理赔呢？这和车险条款中单独损坏免责范围相关。

※ 知 识 看 板

对于倒车时后视镜损坏的理赔问题，要看你的保险合同，有的保险公司规定可以理赔，但是现在大多数保险公司都不会承保。

从风险角度考虑，后视镜，还有轮胎等，在日常生活中，由于损坏频率较高，而且原因不容易查明，所以一般保险公司就拒绝承保或将其排除在理赔范围之外。

但是如果像李女士这样再制造一起事故来获得理赔，这是一种骗保行为，如果保险公司追究，她将负法律责任，因此车主在购买车险时，一定要将理赔条款看清楚。

不同的保险公司采用的车险条款不同，那么在理赔时也存在一些差别，如今的车险条款存在 A、B、C 这 3 种版本，那么，就意味着选择的保险条款是不同的。这 3 类条款都有优劣，具体比较如下。

● 一般来说，3 类条款的价格相差不大，但车险 B 款价格会更优惠，A 款价格相对高些。

- 对后视镜、大灯及尾灯等单独破碎只有 B 款是在免责范围之内的，而在 A、C 款里没有规定，一般是可以理赔的。

- B 款的车损险理赔里不包括后视镜、车灯、轮胎、车身划痕以及非天窗玻璃，它们的理赔需要投保相应的附加险种，但很多车主往往误认为这些是在车损险理赔范围内的。

- 在一些天灾面前，C 款的理赔相对范围更广，A 款相对来说范围狭窄些，B 款相对 A 款增加了暴风和龙卷风，C 款相对 B 款又增加了台风、雪灾、沙尘暴等，对一些处在自然灾害发生频率较高的地区的车主，可以投保 C 款，这样可以更好地得到理赔。

- 对于单独的玻璃破碎的赔偿，A 款不能理赔，B、C 款只赔偿单独的天窗玻璃损坏。

- 在免除条款里有一条，当被保险机动车不承担事故责任时，B、C 款对机动车的损失不予理赔。

- A 款里没有此条，相对来说 A 款就更能维护车主的利益，因为当事故责任一方为行人或非机动车时，我国法律规定无过错的机动车一方也要承担相应的赔偿责任。

综上所述，不同的车险条款理赔也会不同，简单来说，买车险也就是买理赔，那么无论选择哪款，都应该从自己的爱车出发，根据自己的实际需要，做到价格优惠而且保障全面。在购买前可以比较不同的保险公司的理赔、价格及维修等方面的不同，在购买中一定要谨慎，看清保险条款再签字。

第50项 朋友借车撞人后如何理赔

在这纷扰的都市，总会有那么几个能与你共担风雨的朋友，但很多时候，你们的友情也在接受现实的考验。比如你将自己的爱车借与朋友，他却不小心发生了意外，更不小心地撞了人，那么接下来你该怎么做？

※ 事例故事

李先生在一周前将自己的一辆白色轿车借给朋友应急，本以为一切还好，谁知朋友一个电话打来说，他不小心撞伤了人。

原来朋友在将车开回停车场时，踩油门倒车，但由于光线太暗，没有看清后面的人影，于是将一位清洁员撞伤，他已将伤者送往医院，没有生命危险，但是需要住院治疗，总共花费可能需要5万元。

朋友告诉他，他不是购买过车险吗，保险公司应该可以理赔，所以叫他打电话向保险公司报案。而李先生却不知道该怎么办，他也不知道保险公司会不会理赔，毕竟当时他不在事故现场。

像上例这样因为借车给朋友而发生理赔，车主不知道接下来该怎么办的情况不少。如果李先生的朋友也拥有合法的驾驶证，那么保险公司是会理赔的，在第三者受伤的情况下，保险公司会派遣人员对伤者进行探视和回访。

当交警部门的事故认定书出具后，会划分承担的比例，如上例，一般是全责，只要提供完整的保险公司要求的理赔材料就能实现理赔了。

※ 知识看板

上例虽然最后能实现和平解决，但难免在友情之间划了一道印痕，当朋友下次再向自己借车时，李先生可能就会显得为难了。

虽然这次保险公司能承担责任，但实际上还是他自己在承担责任，只是把责任转移到了保险公司而已。如果伤者的医药费超出理赔范围，那么超出部分的承担难免会带来纠纷。再者，如果他的朋友没有合法驾照，他也将承担连带责任和相关的法律责任。

在《侵权责任法》里规定，将车辆租借他人时，当机动车的使用人和所有人不是同一人时，由保险公司在交强险限额内赔偿，不足的部分由使用人承担，如果所有人在事故中也存在责任，则也要承担相应的责任。而对于车主是否要承担责任，则分为以下几种情形。

- 使用者和所有者是否存在雇佣关系，如果是，并且司机在履行职务时发生事故，则车主负全责，司机不负责。

- 所有者明知使用者无驾驶资格，应当发现无驾驶资格而没有发现，都将承担相应的赔偿责任。

- 所有者明知机动车具有一些故障却没有向使用者说明，所有者承担赔偿责任。

不承担责任的情形如下。

- 如果是雇佣之外的其他关系，如朋友、家人等，所有者一般不承担责任，由使用者承担。

- 如果使用者已被告知存在故障却还坚持使用，出现事故时，使用者承担相应的赔偿责任。

当车主把车出借时，还存在一定的检查义务。认定为过错的情形如下。

- 出借的车辆不符合安全要求，如刹车不灵、制动性不好。

- 出借不能正常行驶的车辆，如一些即将报废的车辆。

- 将车辆出借给无驾驶证或拥有的驾驶证与所借的车型不符的人。

- 将车辆出借给一些如醉驾、重疾或极度疲惫等不符合安全驾驶要求的人。

无论如何，在维系友情的同时，一定不要忘记自己应履行的义务。只有做好如上的借前告知义务，那么才能在一旦朋友开车出现事故时，避免出现纠纷，这样，既维系了友情，又降低了自身损失。

第51项 代位求偿

豪车很多时候就像水晶娃娃，虽然不会一碰就碎，就算是"亲吻"，后果也是严重的，但是豪车不可能整天放在家里，总是会出门的。

如果一不小心我们就"亲吻"了豪车，需要一大笔维修费用，而此时却无力支付赔偿，该怎么办呢？

※ 事例故事

谭先生上个星期开车回家时，在转弯处与一辆宾利发生碰撞。

最后由交警确定责任事故，确定谭先生负全责，最后维修费用达到了30万元，即使在全险的条件下，保险公司也只能赔付20万元，双方对赔偿问题还未能协商下来。

这时他一个在保险公司的朋友告诉他，一般这样的情况都会先在交强险范围里赔付，剩余部分则由出险方来支付。

像他这种30万元的维修费用，保险公司只能赔付20万元，还多出10万元，自己的保险不能全面覆盖事故风险。

可以申请保险公司代位求偿，即对方的保险公司可以要求自己的保险公司先支付，然后对方的保险公司代位向他所投保的保险公司追偿。

如上例中谭先生的情况，现实中也常见，撞了豪车，面对天文的理赔数字，虽然投保了全险，但还是需要自己支付一笔大额资金埋单。

※ 知识看板

在2018年车险新政策中，新增了代位求偿权，当发生交通事故时，对方需付全责，如果对方没有足够的能力赔偿，车主可用自己的保险申请先行赔付，之后的追偿由保险公司负责。

保险代位求偿权，简单来说是指保险公司享有的，代位行使被保险人对在保险事故中负有赔偿责任的第三方的索赔求偿权。

如果自己在保险事故中是无责的，如上例的宾利车主，而事故方又无法拿出钱来理赔，那么是不是就不能理赔了呢？

事实证明是可以理赔的，可以将自己的追债权转移给自己投保的保险公司。让它先行支付赔款，然后向事故方的保险公司追偿，但是在行使代位求偿时要注意以下几点。

- 保险公司的求偿金额只能在赔偿限额内，超出的部分归被保险人。

- 被保险人的求偿权是第一位的，然后保险公司才能行使求偿权。

- 未经保险公司同意，不能向责任第三方达成放弃追偿的决定。

- 当保险公司行使追偿权时，被保险人有义务向保险公司提供追偿所需要的资料。

那么在哪些情况下不能行使代位求偿权呢？

- 保险公司与无责车主方的保险合同不成立或者已经无效。

- 被保险人受损的部分属于免除责任，不具备代位求偿的权利。

- 保险公司代位行使的权利与保险责任不一致，在承担玻璃单独破碎险的情况下，保险公司代位行使盗抢险追偿。

- 保险公司未对车主方进行赔付，不具有行使代位求偿的权利。

对于代位求偿来说，对于无责一方的车主是比较有利的，并且能很好地解决索赔难的问题。但在行使此项权力时，一定要注意哪些情况下是没有行使权的。

※ 知识延伸

在代位求偿时，除了修理费用外，常见的还会涉及医疗费用的理赔。那么医疗费用是如何理赔的呢？理赔时又该注意哪些事项呢？

- 伤者方主张的医药费一般是在伤者住院结束后，便于保险公司及责任人一次性支付。但也存在伤者无法在住院期间支付药费，主张提前支付的情况。

- 交强险的医疗费最高赔付为 1 万元，包括实际医疗费、后续治疗费、营养费及伙食补助费等。如果车主只购买过交强险，那么保险公司对超出的部分不承担责任。

- 在购买商业险的前提下，对于超过交强险赔付的部分，由责任方申请保险公司赔付。

- 当伤方或责任方主张赔付时，需要提供诊断证明、处方、药费清单、相关单据、住院病历复印件以及住院的药费明细单等。

- 对进口药、自费药、伤情外的用药及超期住院的费用，都在免赔的责任范围之内。

- 当伤者伤情严重需要转院治疗时，须经出诊医院的认可并开出证明，保险公司会对其合理性进行审查，但是如果医院认可确实需要转院，那么可以没有转院证明。

以上就是对于医药费用的一些理赔说明及注意事项，当出险时，损失在很小的范围内，可以双方协商，不报案给保险公司。

但是如果有人员受伤甚至身故时，必须得报案给保险公司和报警，伤员住院时或出院后，根据相关理赔材料按双方的责任承担比例，按比例赔付。交强险在限额内支付，如果双方还有异议的，可以上诉至法院，请求法院判决。

第52项　车险怎样快速理赔

很多车主也许都会遇到买险容易理赔难的局面，或是理赔材料欠缺一部分，或是此次的理赔事故是在免责范围内的，或是保险公司受理了理赔，但理赔下来花费很长时间。车主都应该知道怎样才能实现快速理赔。

※ 事例故事

新手车主唐女士，在今年 8 月份，由于驾驶经验不足，加上当时下雨太大路面湿滑，在转弯处不小心与前车追尾，造成前车尾部有轻微的刮痕，幸好无人受伤。

而她以前也无理赔经验，于是在报警后，就向自己的保险代理人打了电话，告诉他事故地点。

经交警鉴定，她负有全责，20 分钟后，代理人所在的保险公司的定损人员也赶到了现场。

经过勘查，符合公司的"闪赔"要求，无人受伤，且双方无异议，定损员还以 4S 店的标准核定赔偿金额为 2 000 元，她只需要向定损员现场提供身份证、银行卡、驾驶证及行驶证等基本材料即可，在一个小时后，她就得到了保险公司的理赔支付。

如上例，唐女士就实现了快速理赔，一些保险公司为了吸引客户、留住客户，就会出现一些"闪赔"，如对 5 000 元以下的、没有人员伤害的案件，报案后即在 24 小时内赔付，如果延迟将会受到保额的 10~100 倍的罚款，这就是为什么她能在报案 1 小时后就实现了理赔。

※ 知识看板

车主要想实现快速理赔也不是不可能，关键是得掌握一些理赔流程，按流程准备好材料，那样就能快得多。那么理赔程序是怎样的呢？

● 出险后及时向保险公司报案，一般各大保险公司具体时间规定为 48 小时内，而且要保护好现场，避免损失继续扩大。

● 协助定损员的现场勘查，一般在报案后，保险公司都会派遣定损员来现场勘查定损。

● 定损员确定损失，确定包括修理费用、方式、地点，如有人员伤亡，一般还须经保险公司确定赔偿金额。

● 被保险人提供相关证明和材料给定损员或交到保险公司，包括保单、损失清单、费用清单、相关发票、车辆行驶证、驾驶证、交警的事故认定书、调解书等。当然，不同的

保险公司可能细节要求会有所不同，具体可以向保险公司的客服部或保险代理人咨询需要准备的相关材料。

● 当事故双方无法协商，一方上诉至法院后，被保险人要书面通知保险公司。

以上就是车险事故发生后的一些理赔程序，当然，其中可能还会有些意外情况，比如事故双方协商可能需要一段时间。在双方无法协商一致的情况下，首先可到交警部门协商，多次协商不成的，其中一方可上诉至法院，等待法院判决，保险公司按法院判决给予赔偿。

如果是被保险人和保险公司之间出现争议的，被保险人和保险公司应协商解决，协商不成的，被保险人可提交保单上载明的仲裁委员会仲裁，当保单未写明仲裁机构或仲裁协议也不能达成时，可向法院起诉。

了解了理赔程序，那么准备理赔时，我们需要注意以下几个问题。

● 出险后一定要保护好现场，不然影响责任的确定，如出险后，将事故车辆开出一段距离，现场路过的车辆破坏了现场，那么定损员将无法确定责任，车主将无法得到理赔。

● 车子在定损前不要擅自修理事故车辆，定损单上的价格是作为理赔唯一有效的单据，自己修车的单据是不能作为理赔单据的。

● 驾驶证、行驶证未审核、未及时年检，保险公司是会拒赔的。一般一些保险公司会开通一些业务，提醒车主两证的有效期限。

● 双方损失金额在 2 000 元以下，经协商采取"互碰自赔"的，带齐相关资料可到保险公司理赔，大大缩短理赔时间。如果损失金额总计不能确定，可请其中一方的保险公司定损，实际损失超出 2 000元后，超出部分损失由保险公司按责任给付。

"一天内赔付"虽然大多保险公司难以做到，但是也不是不可能，只要做好以上理赔程序，准备好相关材料，以及关注注意事项，并配合好理赔人员的工作，"一天内赔付"，甚至"一小时内赔付"也是可以实现的。

※ 知识延伸

在旅游期间游玩却遭遇事故的案例很多，很多车主都不知道车辆出现事故后该如何解决。当发生异地理赔时，车主需要注意以下内容。

- 异地出险更要及时报案，保险公司会提醒车主需要准备的理赔材料，不然等到日后理赔再到异地补办会很麻烦。而且报案时间的早晚也会影响理赔。

- 在负有责任的一方事故车辆逃逸，且无法找到的情况下，保险公司适用 30%的绝对免赔率。

- 配合投保的保险公司就近网点工作人员的勘查、定损，以便能够快速理赔。

- 注意定损人员的核价、核损，如需修理要到投保公司指定的就近地点修理。

- 在准备好需要的理赔材料后，提交到当地的保险公司网点，由当地的工作人员办理相关理赔手续。

- 保险公司的理赔人员在收到材料后，开始办理审查、理算、核赔等程序。

- 车主可到就近的网点去领取赔款或由自己提供的银行账号获得理赔款。

现在的一些集团保险公司的网点几乎遍布全国，所以如果车主在异地出险，都可以在当地办理理赔。

如果理赔材料准备齐全，就能实现快速理赔，从而不影响出游的心情，就能更好地亲近自然，感受大自然的气息，放松疲惫的心灵。

第53项 车险新政策知多少

我们知道如果车主的行车记录良好，就可获得对折甚至更多车险折扣；

如果在事故中没有责任，保险人就不需要因为第三者没有赔偿能力而赔偿。

我们常说，一切跟党走。而对于有车一族来说，一切跟着政策走，对于车主们来说，最大的事莫过于车险新政策的颁布，新车险落地以来，车险发生了哪些变化？消费者车险支出是否大幅下降？

※ 事例故事

章先生是宝马 3 系轿车的车主，他于 4 年前购买了该系列车一辆。当然和大家一样，章先生也为自己的爱车购买了相应的保险，除了交强险还包括车船使用税、第三者责任险、车损险等基本的商业险，总体的保险费用为5 400 多元。

而在 5 月 20 日，他在新政策下购买了今年的新车险，总计费用 5 100元，比去年省了 300 元。按照目前的保险费率办法，如果上一年没出险，则当年购险时可以打折，如果连续几年没有出险，则享受的折扣会逐年增多，据说最低可以达到 4 折甚至更低。

而章先生他去年没有出险，因此今年的保险费率打了一些折扣，在第一次购买保险时，保险公司的人员就告诉他，保费是随着出险的次数增加而增加的，简单理解就是如果头一年出险，同样的投保范围，那么第二年的保险费用就会比第一年缴纳得更多。

对于新车险，他是基本满意的，他认为对于很多车主来说，在新政策以前，稍微有点刮蹭，车主就敢用保险去维修。但现在如果出现点小刮小蹭，他可能会选择自己花几百元维修，否则走保险的话，来年保费就会大幅增加，如果超过了修车的支出，就不值得，从另一个角度看，也是国家为了督促车主小心驾驶，尽量不出险，人人做到文明安全驾驶。

通过上例我们知道，在新车险政策下，对于一些车主来说是有益的，那么新车险政策，到底有哪些内容呢？

● 按车辆实际价值计算保费，同价不同款汽车保费不同。

● 新规定扩大了保险责任范围。

- 出险越少，驾驶习惯好，保费越低。

- 增加"代位求偿"权。

那么在新政策下，该如何设置投保方案呢？一般对于各类险种，可分为必买和可买两部分，简单介绍如下。

- **机动车交强险**：上一个年度未发生有责任道路交通事故优惠 10%，上两个年度未发生有责任道路交通事故优惠 20%，上三个及以上年度未发生有责任道路交通事故优惠 30%。上一个年度发生一次有责任不涉及死亡的道路交通事故无优惠，上一个年度发生两次及两次以上有责任道路交通事故增加 10%，上一个年度发生有责任道路交通死亡事故增加 30%。

- **机动车损失保险**：6 座以下 0~1 年基础保费 630 元，费率 1.50%，1~4 年基础保费 594 元，费率 1.41%。6~10 座 0~1 年基础保费 756 元，费率 1.50%，1~4 年基础保费 713 元，费率 1.41%。

- **全车盗抢损失险**：6 座以下客车基本保费 120 元，费率 0.49%，6~10 座客车基本保费 140 元，费率 0.44%，10 座及以上客车基本保费 140 元，费率 0.44%。

具体购买车险情况，一般可参考第 44 项介绍的几种购险方案内容进行选购，当然还可以咨询相关的保险公司的保险代理人，要求其为你做一套性价比较高的投保方案。

第54项 车险网上投保

车险能否如同购买人寿险一样，在网上进行投保呢？当然可以，具体操作如下。

首先，用户可以在网上查看保险的报价，如进入平安车险的在线报价计算器页面，如图 5-1 所示，在其中先输入相关的信息，如行使城市、车牌号、车价等，输入完成后单击"快速报价"按钮进行车险费用预测。

图 5-1

在打开的页面中即可得到系统测算的相应报价，如图 5-2 所示，该款车的保险为 1 5987 元，其中交强险为 950 元。

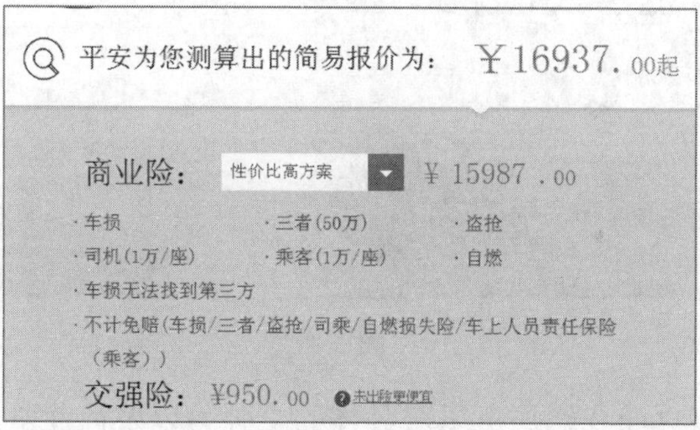

图 5-2

同时，我们还可以直接在平安保险的首页的"保险购买"页面中进行车险了解，进行车险的组合购买，如私家车险+驾驶人意外险及私家车险+综合意外险。其中价格为 1 000 元以上，主要有医疗补贴、住院补贴、意外住院补贴、意外伤害身故、残疾和烧烫伤等的赔付金额，并且免费配送纸质保单、电子保单及理赔查询，可单击"去看看"按钮对该款车险进行详细了解。

在进入的页面中填写相关信息，如行驶城市、车牌号码，以及选择驾驶人意外险，如图 5-3 所示。

图 5-3

紧接着我们将进入购买页面，我们可以对于综合险的种类进行确认，如基本型、大众型或豪华型，如图 5-4 所示。我们可以根据家庭需要购买。

图 5-4

同时，在该页面我们还可以对具体的交强险以及商业险进行了解，并且系统对于每一险种的购买率还进行了计算，如图 5-5 所示。

险种名称	保障项目	介绍	购买率
交强险	分为死亡伤残、医疗费用、财产损失三种责任限额	全称"机动车交通事故责任强制保险"，发生车险事故时，可赔第三者人员伤亡和财产损失，不管本车及本车人员的损伤。交强险最高赔偿限额12.2万，分为死亡伤残、医疗费用、财产损失三种限额情况:死亡伤残最高赔偿限度为11万元；医疗费用最高额度为1万元。路上豪车越来越多，踏一下都肉疼，交强险赔偿额度有限，商业险补充非常必要。	100%
基本险种	车辆损失险	车子发生碰撞，赔偿自己车辆损失的费用。比如车子撞坏了护拦或别人车，自己车子受损	90.58%
	商业第三者责任险	发生车险事故时，赔偿对第三方造成的人身及财产损失。比如不小心撞坏了别人车，造成对方车辆损伤，车上人员伤亡专家建议至少保100万，追200万	99.66%
	全车盗抢险	赔偿全车被盗窃、抢劫、抢夺造成的车辆损失。比如车子放在露天停车场被盗	45.54%

图 5-5

除了常见的交强险、基本险种，还有附加的险种以及购买率，具体如图
5-6 所示。

附加险种	车身划痕损失险	负责无碰撞痕迹的车身表面油漆单独划伤的损失。 比如车子停放期间，被人用钥匙、小刀等尖锐物恶意划伤	12.50%
	涉水行驶损失险	赔偿车辆因遭遇水淹或因涉水行驶造成发动机损坏的损失。 比如在积水路面涉水行驶，在水中启动造成发动机损坏	23.30%
	倒车镜、车灯单独损坏险	赔偿车辆使用过程中，非人为造成的倒车镜、车灯单独损坏的损失。 比如车子在拐弯或者倒车过程中，倒车镜刮到墙上撞坏了	27.50%

图 5-6

当然在该页面除了对险种的介绍，还对一年期的驾驶人意外险进行了保
额、保障范围及保障项目的介绍，具体如图 5-7 所示。

产品特点：
1 保障最全面，一年期内的所有意外都保（包括交通工具意外、旅行意外等等）；
2 一年内不限报销次数的意外医疗保障，最高2万元；
3 投保年龄范围广，可保1-65周岁，适合为全家老小一起投保。

险种介绍：

保障项目	可达最高保额	保障范围
意外伤害身故、残疾和烧烫伤：	￥40万元	被保险人不幸遭受意外伤害事故导致身故、残疾或烧烫伤的，我们将按照基该给付保险金，未成年人搭乘飞机意外时火的身故保险金额最高不超过10万元。
意外住院和门急诊	￥2万元	被保险人不幸遭受意外伤害事故进行治疗，我们将依据条款，按照当地社会医疗保险主管部门规定可报销的、必要的、合理的医疗费用超过人民币100元的部分给付医疗保险金。
医疗误工津贴	￥100元/天	被保险人不幸遭受意外伤害事故在医院住院治疗，我们将按照保险单载明的误工津贴日额给付误工津贴保险金。累计给付天数以90天为限。
住院护理津贴	￥100元/天	被保险人不幸遭受意外伤害事故在医院住院治疗，经医师诊断被保险人必须实施特级或一级护理的，我们将按照保险单载明的住院护理津贴日额给付住院护理津贴保险金。累计给付天数以90天为限。

图 5-7

当然，投保是我们最为关心的问题，除了保费，接下来便是理赔的问题，
对于理赔相关知识的了解，同样可以在该页面进行，如图 5-8 所示。

理赔无忧服务
- 7×24小时 车险理赔报案电话95511；
- 万元以下，报案到赔款，3天到账；
- 结案支付，赔款限时到账，极限式压缩赔款支付时效；
- 全国通赔，单证齐全可就地理赔；
- 上门代收理赔资料，足不出户，赔款到家。

我要理赔
- 了解理赔救援
- 理赔网点查询
- 常见索赔单证下载

标准理赔流程 >>更多
1 95511报案　2 事故勘察　3 确认损失修复方案　4 修车店修车　5 提交理赔资料　6 领取赔款

图 5-8

在图 5-8 中，我们可以了解到，理赔的报案电话、理赔标准流程、理赔

金额到账时间以及理赔资料等。标准的理赔流程一般包括拨打 95511 报案、事故勘察、确认损失修复方案、修车、提交理赔资料、领取赔款。其中标准的理赔流程又可以分为车损快速理赔和人伤快速理赔，具体理赔流程如下。

要想实现车损快速理赔，一般可以分 4 个步骤，具体如下。

1.拨打 95511 报案。发生事故后立即拨打 95511-9 报案，理赔专员将根据车主的出险情况，安排救助。

2.事故勘察。查勘员为车主提供 7×24 小时现场事故勘察服务，确认事故保险责任、损失情况及费用，并推荐损失修复方案。

3.确认损失修复方案。选择受损财产的修复方式，包括车辆维修厂选择等；符合快赔条件的客户可走快速理赔通道，4 步搞定。

4.领取赔款。理赔资料经审核后，案件结案。平安通过银行转账，将赔款支付给车主，完成理赔。符合一定条件的车主，可享受赔款即时到账。

要想实现人伤快速理赔，一般可以分 6 个步骤，具体如下。

1.拨打 95511 报案。发生事故后立即拨打 95511-9 报案，理赔专员将根据车主的出险情况，安排救助。

2.医院查勘。医疗查勘员为车主提供医院查勘服务，了解住院伤者的伤情及预后情况。

3.人伤治疗。受伤人员在医院接受伤情治疗。

4.协谈调解。为您提供 7×24 小时医疗专家贴心在线咨询服务和 5×8 小时职场调解，及定期到外部调节点（交警队、仲裁中心等）了解服务详情。

5.提交理赔资料。提交理赔单证进行审核，确认损失赔偿情况。

6.领取赔款。理赔资料经审核后，案件结案。平安通过银行转账，将赔款支付给车主，完成理赔。

如果我们需要对车险进行更为详细地了解，如图 5-9 所示，在其中单击相应的超链接即可。

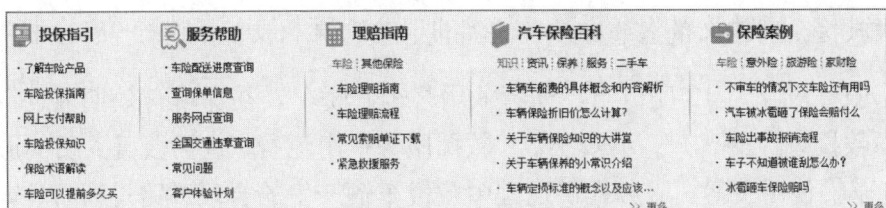

图 5-9

一般在购买相应的保单时,我们还可以参考该保险公司可以提供的一些增值服务,如图 5-10 所示,直接在"服务大厅"下拉列表中选择"增值服务"选项查询增值服务类型。

图 5-10

在打开的页面中可提供如现场抢修、拖车牵引等服务,如图 5-11 所示,只要拨打相应的救援电话,如 95511,但是还需要满足一定的条件。

图 5-11

对于该增值服务,一般需要满足一定的服务条件,如全国城市中心区100 公里以内、施救车辆所能通行和到达的区域,不包括交通特殊管制地段(高架、高速、隧道等,以交管部门规定为准),地域范围包括我国行政版图内救援公司覆盖的各省市（不含香港、澳门和台湾）。

服务对象为 12 座以下，非营业用客车、轿车，在保单有效期内且符合故障救援条件的客户，不限次数；救援服务费用免费，包括救援人员的服务费、车辆使用费等。服务提供过程中救援车辆产生的合理过路过桥费、客户需更换零配件等物料费用由客户承担。

当然，对于车险不是很了解的车主，一般在购买前，可以对于具体的险种进行一定的了解，如图 5-12 所示，直接在"车险"下拉列表中选择"了解车险"选项进行车险相关知识了解。

图 5-12

我们可以对具体的险种进行了解，如车辆损失险、三者险、盗抢险以及座位险等，如图 5-13 所示。一般系统还会根据购买的情况，进行相应的推荐。

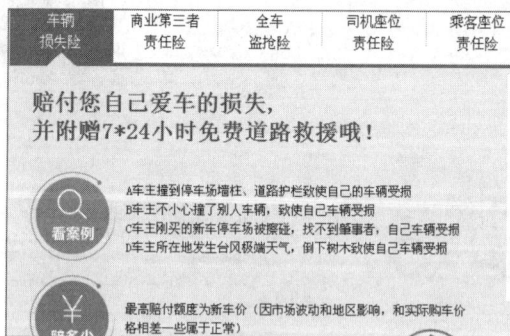

图 5-13

此外，对于购买的流程，一般可以分三步走，分别是投保信息填写、精准报价、支付保费，并且报价时间很快，如图 5-14 所示。

图 5-14

此外，对于在官网购买的保险，我们可以像查看淘宝评价一样进行查看，如图 5-15 所示。

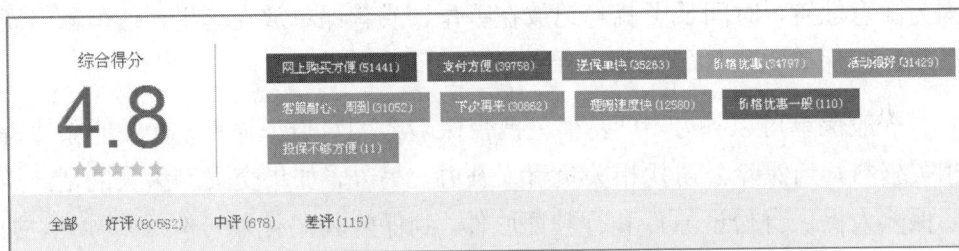

图 5-15

当然，除了如上，在该平台我们还可以进行相关专业知识学习，如在官网首页的"发现"下拉列表中选择"车险百科"选项即可对相关车险知识进行学习。

图 5-16

紧接着，我们将进入如图 5-17 所示的页面，对于车险理赔、查看与定损、交通事故常识等进行了解。此时，我们将看到问答式的帖子，如"看见这 3 种罚单放心撕掉，不用扣分交罚款"，作为一种经验分享。

图 5-17

我们购买的车险，保险公司一般会给购买者一份保单，对于该保单可能因为随意放置，时间长了就忘记放在哪里，或者保单放在车里，当车辆出现事故后，保单也损坏了，那么保单丢失后该怎么办呢？

一般保单可以补办。只要车主携带保险人的身份证原件、行驶证原件等相关资料，到保险公司找相关负责人补办。另外，如果交强险丢失的话，需要保险人提供身份证原件和行驶证原件，到保险公司补办一份保险抄件，加盖保险公司业务章。当然如果是在 4S 店购买的保险，可以让 4S 店销售复印一份。如果是在出险车辆出事故才发现保单不见了怎么办？可以联系保险公司，及时补单就好。

第6章

重大疾病保险——为你的健康埋单

生病并不可怕，可怕的是生病后无法支付巨额的医药费，除了我们自己或家人，谁还可以为我们的医药费埋单呢？当然有，那就是你的朋友——保险家族的重大疾病保险。本章将告诉你如何让它为你的健康埋单。

◇ 承保对象——25类重大疾病
◇ 单身青年，如何保
◇ 如何为宝贝选一件保护衣
◇ 中年人，如何保
◇ 老年人，需不需要保
◇ 组合重大疾病险
◇ 保险金如何给付
◇ 承保、拒保、续保
◇ 投保重疾险需要注意的问题
◇ 案例分析——不同重疾险

第55项 承保对象——25类重大疾病

无论是年轻人还是老年人，都不希望重大疾病来临。对年轻人来说，正是拼搏的季节，突来的疾病不仅会影响自己的工作，而且巨大的医药费可能会花掉大部分积蓄，甚至会给家人带来负担；而对老年人来说，则要忍受病痛的折磨。

作为保险家族的成员，它与众不同，它不是当你生命终结时才会为你埋单，而是在你生命危难之际，努力挽救你。那么它是不是对所有的重大疾病都埋单呢？

※ 事例故事

刘某，32岁，公司职员，在社保之外，为妻子和自己又分别购买了一份定期重大疾病保险，保险期限为20年。

一年后，妻子在出差途中遭遇车祸，后住院治疗，痊愈出院。回到家中的妻子，发现身上多处出现红斑并低烧不退，到医院初步诊断为患上艾滋病，而刘某也做了相应诊断，却未发现携带艾滋病毒，而他们夫妻恩爱，相处和谐，排除了性感染的可能。

后来妻子因此死亡，刘某突然联想到妻子车祸后治疗的医院。在与医院交涉未果的情况下，刘某将医院告上法院，法院调查发现刘某妻子因输血感染艾滋病毒并导致死亡，判定医院负赔偿责任。同时，保险公司审查通过后，根据重大疾病险承保的种类也给予了相应的赔付。

如上例，也许很多人都会觉得艾滋病就是一种无法理赔的险种，但是像刘某妻子这种情况却是可以进行理赔的，这就与重大疾病险的承保对象相关，那么它们包括怎样的内容呢？

※ 知识看板

不同的保险公司承保的重大疾病不同，但是总体上都会包含25类重大疾病，只有了解清楚承保对象，在理赔时才能顺利地进行理赔。具体介绍如下。

- 可治疗的良性脑肿瘤。

- 恶性肿瘤，但是不包括一些早期性的恶性肿瘤。

- 急性心肌梗塞。

- 严重的再生障碍性贫血。

- 烧伤度为Ⅲ级。

- 急性重症肝炎。

- 非酗酒、滥用药物引起的深度昏迷。

- 非药物引起的慢性肝功能衰竭。

- 需通过手术治疗的慢性肾功能衰竭尿毒症。

- 异地移植手术：重大器官、造血干细胞等。

- 开胸的心脏瓣膜手术。

- 开胸治疗的冠状动脉搭桥手术。

- 开胸、开腹的主动脉手术。

- 心力衰竭——原发性肺动脉高压。

- 双耳失聪——承担的年龄期限双方可协商。

- 双目失明——承保的年龄也可协商。

- 完全丧失自我生活能力的阿尔茨海默症。

- 完全丧失自主生活能力的帕金森症。

- 完全丧失自主生活能力的运动神经元病。

- 完全丧失语言能力。

- 永久性的功能障碍——脑中风。

- 永久性瘫痪。

● 永久性功能障碍的脑损伤。

● 脑炎、脑膜炎后遗症。

● 全残——多肢体缺失或失去功能。

不同的寿险公司对重大疾病的种类规定不同，其中 6 种疾病发病率高达 90%，即恶性肿瘤、急性心肌梗塞、脑中风后遗症、重大器官移植术或造血干细胞移植术、冠状动脉搭桥术和终末期肾病。

※ 知识延伸

重大疾病保险，简单来说就是被保险人发生在合同约定范围内的重大疾病后给付保险金的保险。保险金的支付一方面用来支付医疗费用，另一方面用来作为被保险人患病后的经济保障，它的保障数字化，确诊即给付。

小王投保了一份保额为 30 万元的重疾险，年缴保费 6 000 元，一旦他在保险公司的定点医院确诊，不管他已经缴费一年还是两年，保险公司都会按照约定的保额 30 万元进行理赔。

重大疾病保险不仅是对生命负责，更能维持一个家庭的稳定，那么重大疾病保险到底是谁第一个提出来的呢？

重疾险发起的第一人

有一位南非的心脏外科医生，他挽救了很多人的生命，但是那些病人最后因为庞大的医疗费用仍然生不如死。于是他想到，治愈的根本在于有一种保险产品能帮助那些重大疾病患者治疗后能存活下来，在他的发起下，1982 年，第一种重疾险出现在了南非的市场上。

重疾险一经推出，便风靡整个市场，从南非逐渐扩展到世界，在保险领域推动着一股新的热潮，让人们更加关注自身、关注家人。一开始这只是富人的专利，随着社会的发展，它渐渐地已经不再区分等级，而是看个人为自己设定多少保额。那么重大疾病在我国有哪些分类呢？具体如下。

● **定期保险**：保障期限确定，20 岁购买保障 30 年，则 50 岁到期，如到期未理赔是不会退还保费的。

● **终身保险**：保障到被保险人死亡或者极限年龄，如 100 周岁等。

● **额外给付险**：养老保险的附加险，一般是消费型险种，不能理赔保费不会退还。

● **提前给付险**：寿险的附加险，一般会有"提前给付"字样，确诊即支付。

● **独立支付险**：重大疾病为主险，死亡和重大疾病不能同时赔付。

● **比例给付险**：当被保险人发生合同规定的重大疾病时，按比例支付。

● **回购式选择型保险**：在我国罕见的重疾险，当保险公司给付保险金后，在特定的时间还存活，则公司会买回原保险金额的一定比例，来增加死亡保障。

随着人们生活水平的提高，人们关注的不再是温饱问题，而是更注重精神的享受。不仅包括中年时的事业有成，享受生活，也包括在未来能安享晚年，活得潇洒。而这一切的根本在于拥有健康的身体，就算面对重大疾病，也能获得治愈，这样才能去享受。

第56项 单身青年，如何保

很多都市青年都会说，我还年轻，我可以加班、可以熬夜，我熬得起、受得住，因为我身体强壮，所以我不需要重大疾病保险。可是，真的是因为年轻就不需要了吗？疾病的来临还分年龄吗？

※ 事例故事

文文今年 16 岁，就读于广西一所技工学校，是一个非常善良的孩子，今年 6 月实习期间，突然感觉四肢无力，脖颈不能转动，起初还以为是疲劳过度造成，直到第二天开始视线模糊，吞咽困难，大家才赶紧将她送往附近和医院就医。

经过医生初步诊断，怀疑是重症肌无力，由于病情严重，再次转入市区医院，专家确诊为格林巴利综合征，短短几天时间花费近3万元，还欠下2万多元的债务。

由于父亲去世得早，家里只有母亲一人，母亲含泪把文文带回家中，找了县城一位老中医治疗，每天为她开偏方，可她的病情却仍在一天天加重，到现在每日已不能正常饮食。

如上例中文文一样因为无法支付巨额药费的孩子有很多，疾病并不可怕，可怕的是明明可以医治却因为无钱治疗而放弃，可是放弃的不是橱窗里无法买到的花裙子，而是一条鲜活的生命。

※ 知识看板

人生匆匆不应留有太多遗憾，有一种甘霖会滋润那干枯的生命——重大疾病保险，一种针对重大疾病的投资。单身青年购买重大疾病保险的理由如下。

- 父母的晚年，还需要我们照顾。

- 面对高昂的医疗费用，确保能支付。

- 如果你是家里的经济支柱，你不能因疾病而倒下。

- 对生命负责，当疾病来临时不放弃。

无论你正当年轻还是年华已渐渐老去，无论你强壮还是体弱，疾病都一视同仁，所有人都希望一生平安度过，但是人生注定是一条不平路，你要做好足够的准备以应对不知何时会来的风雨。那么该如何为自己做准备呢？举例说明：

小李，男，1995年出生，单身，2017年大学本科毕业，一直在一家药品企业工作，收入每年以10%的幅度增长，父母都是退休工人，自己的收入完全不用负担家用，最近同事的一场大病使他意识到要给自己购买一份重大疾病保险，那么他该如何购买呢？

作为像小李一样的年轻人，刚在社会上立足，事业和家庭都还在起步阶段，不仅要照顾自己，还要照顾年迈的父母，收入不是很高，存款不是很多，如果不幸遇上重大疾病，无论是对自身还是家人，都将是一个严重的打击。

针对他这种情况，一般来说可以拿出年收入的 10%来为自己投保，他的工作性质比较稳定，所以首先考虑重大疾病保险，至于保险期限，因为年轻，所以选择终身型较为划算。对具体险种及保险公司、代理人等的选择可根据具体情况来定。

第57项　如何给宝贝选一件保护衣

因为相爱，所以才有爱的结晶，从他到世界的那一刻起，他就将是你生命中的宝贝，爱宝贝的方式有很多，玩具、假日旅行、零花钱等，很多父母却是给孩子买了一件外衣——重疾险。

※ 事例故事

今年 6 月，王妈妈发现 3 岁的女儿突然不再蹦蹦跳跳了，开始时没在意，后来觉得可能是孩子身体哪里出现了问题，于是带她到当地的儿童医院检查，医生诊断为不排除左卵巢索间质肿瘤。医生建议化疗或切除，她担心化疗会对女儿的身体产生严重的副作用，于是选择了切除左卵巢肿瘤。

手术及后期治疗的花费让家里的经济顿时陷入困境，这时王妈妈想起曾经给孩子购买过的少儿重疾险，于是她到保险公司要求理赔，而理赔人员却说，"恭喜你，孩子的肿瘤是良性的，但是因此很遗憾，我们不能为她理赔。"

王妈妈却感觉疑惑，这罕见的肿瘤难道不属于重大疾病吗？为什么不能理赔呢？

上例中的王妈妈不能得到理赔，这与第一小节中提到的 25 类重大疾病相关，而且也与自己投保的保险公司有关，不同的保险公司对重大疾病的承保对象会有差别，而疾病能不能承保则直接影响到理赔。

据调查显示白血病、脑神经系统肿瘤、淋巴瘤这 3 种恶性肿瘤在儿童中最为常见，其中白血病位居我国儿童恶性肿瘤发病率前列，15 岁以下儿童发病率约为十万分之三，占该年龄段所有恶性肿瘤患者的 35%。

※ 知识看板

针对少儿的重大疾病险，主要是保障儿童在保险期限内发生的重大疾病，经保险公司指定的医疗机构确诊后，可按双方当时的合同约定，申请理赔，经保险公司调查审核无误后给付相应的保险金。

疾病不是老人的专利，也会找上孩子，所以我们需要给孩子也买一份保护衣，那么给孩子选购保护衣时应注意什么呢？

- 注意看清条款中对重点疾病的释义。

- 看清保单的保费豁免功能，看清是豁免大人还是孩子。

- 看清保险公司规定的医院，定点就医。

- 注意看清除外责任。

- 保额的确定，一般考虑保额递增性。

- 保障期限，考虑时间较长的。年龄越大，体检越不容易通过。

- 注意履行如实告知义务。

少儿重疾险不仅体现了一种风险的转移，更体现了父母对孩子的关爱，通过小额的投入，给孩子买一件"大衣"遮风挡雨，让它和父母一起守护孩子的未来，让孩子平安、健康一世。

第58项 中年人，如何保

从一无所有到成家立业，人到中年，那份责任感难免更强，无论是对下一代还是对父母，而你已不再像以前那样年轻。一些疾病可能会在这个时候来临，但你不能因生病从此倒下，更不能在生病后还让家里负债累累，所以你需要一个"兄弟"来为你分担。

※ 事例故事

唐女士是内蒙古的一位中学数学教师，从小和父母生活在大草原上，已经35岁了，但是身体从未出现过任何疾病。因为学校给她购买过社保，所以她也没考虑其他的商业险，直到上个月，她的一个同事在医院被诊断为恶性肿瘤，不到两个月就突然离世。

事后唐女士了解到，她同事为了不拖累家人，一直隐瞒病情拖至恶性，住进医院后也没能留住生命，只留下了20多万元的债务。

这件事使她意识到了生命的脆弱，更意识到了重疾险的重要性，如果同事当初拥有重疾险，那么那些债务是可以分担一部分的。于是她找到保险代理人，想为自己购买一份重大疾病保险。

唐女士同事的故事不免让人唏嘘，这个世界流行一句话："没啥别没钱，有啥别有病。"可种种大病、怪病却充斥在人们的生活中，昂贵的医药费更像个巨大的黑洞，一场大病甚至能使一个家庭支离破碎。

※ 知识看板

中年人购买重大疾病保险需要注意哪些呢？

- 缴费时间较短的保险，有利于节约保费，至于保额，高总比低好。

- 保额应该逐年递增，才能避免通货膨胀带来的负面影响。

- 对在投保前已患有疾病而未告知投保人的，保险公司不会理赔。

- 超出合同范围的重大疾病险种，保险公司也不会理赔。

- 先完善社保再考虑商业重疾险。

除了注意事项外，我们该如何为自己购买呢？具体如下。

- 选择缴费时间较短的保险，节约保费，同时尽量使保额最高。

- 选择保额逐年递增的。

- 如实告知保险公司，不能带病投保。

- 看清不在重大疾病范围内的

疾病，以及一些除外责任。

● 选择综合实力强大、全国网点分布较多且财务稳健的保险公司。

● 只有合同中规定的一些重大疾病，才能获得保险公司的赔偿。

● 选择病种时，选择对家庭威胁性较大的疾病投保，不盲目投保。

● 根据家庭的经济收入状况来选择投保的重疾险，现在一般重疾险的缴费都较高。

人到中年，正是"多事之秋"，疾病来临时不仅要考虑减少医疗费用所带来的负担，还要考虑到保持家庭收入的稳定，不仅是因为未知的死亡，更是在面对死亡时，要活下去。

第59项 老年人，需不需要保

随着年华逐渐老去，身体衰老，疾病更是来得容易，而且自己一人生病，将会引起全家恐慌。更重要的是退休养老，已经不再有年轻时的高工资，一旦生病就将给子女或者自己的养老储蓄带来危机。

当然还有社保、医保，但若真有重大疾病，却只能报销很小一部分，于是有部分老人想，可不可以购买一份重大疾病保险呢？

※ 事例故事

小唐，家住陕西农村，2008 年大学毕业以后，在一家大型企业工作，由于工作勤奋，很快在城里按揭购买了自己的房子，于是他把母亲接到了城里，让母亲享享清福，安度晚年。

直到有一次，母亲肚子疼得厉害，小唐赶忙送进医院，医生最后诊断为阑尾炎，于是做了手术，虽然只是个小手术，花费不多，但是当医生问有没有医保时，小唐才意识到母亲什么保险都没有。

他一直以为母亲靠自己就好，可是，如果母亲这次是场大病，那么自己也是承担不了的，哪有那么多钱来交医药费呢？

于是小唐找到一家保险公司的代理人，要求给母亲买份重大疾病险，代理人告诉他，他母亲已经63岁了，年纪大了，一般核保不能过，而且这时候购买缴费还贵。

相信现实中也有很多子女，在父母突然生病时会想到给父母买一件保护衣，可是那时候已经来不及了，一般重疾险过了55岁就没有必要买了。

※ 知识看板

超过55岁购买保险此时保费高，而且因为体检不能过关，还会被保险公司拒保，此时可以购买城镇医疗保险或者农村医疗保险，具体以自己的户口而定。

如果非要购买，那么可以购买意外医疗，主要对因意外引起的生病、住院、手术等费用起到赔偿作用。

根据年龄阶段的不同，对保险的购买规划也不同，在30岁之前，因为处于创业期，储蓄不多，对疾病险的购买可选择意外险的附加医疗。但是保障不高，突遇重大疾病则不能解决问题，可以先购买社保稍微规避疾病风险，因为年轻时遭遇重大疾病的概率要稍小一些。

在30~40岁，自己有了一定的储蓄，可以考虑给自己在购买社保的基础上选择一份商业重疾险，一旦有任何意外，不仅能给自己提供保障，还能避免给家庭带来负担。在40~45岁，不仅要考虑重大疾病，也要考虑养老，这时可以选择养老、重疾兼顾的保险。

此时购买重疾险，保费会相对较高，所以说重疾险越年轻购买越划算，因此在年轻时一定要做好财务规划。

※ 知识延伸

对于一些保险公司的保险产品是存在一些附加险的，但保额不是很高，而且疾病险种也会有所限制。如某保险公司有一款理财产品，与银行存款相同，每年利息生息，但不同的是它还起到保障的作用。它还附加一份重大疾病保险，不需要体检，这对一些错过购买年龄的老人来说，也是一种弥补。

对于 60 岁的老人们，重点还是在养老上，有些老人会把所有的积蓄存到银行，而这款理财产品是将钱存在保险公司。相对来说，存于保险公司的钱是强制储蓄，不像存于银行的钱，在面对突发状况时可根据需要随时取出来。

积蓄如果是用来养老，动荡性比较大，也不适宜银行的定期存款，因为定期存款临时取出的话会损失一大部分利息，所以最好的养老是在年龄限制之前购买一份养老险。

无论是子女为父母、老人或是为自己投保，都要注意以下几个问题。

- **投保年龄**：现在大多公司推出的养老保险一般在 50~60 岁。

- **商业养老险补助社保**：保证将来的生活质量。

- **险种选择**：一般选择带分红的养老险。

- **养老金领取方式**：以月、季或者年的方式领取养老金。

无论最终选择购买养老险还是银行储蓄，在 60 岁以上的年龄，一般都不建议再购买重疾险。

如果有多余的储蓄，可以给自己的子女买一份合适的保险，无论是意外还是重大疾病险，只有子女身体健康、一切安好才是最好的依靠。

第60项 组合重大疾病险

橱窗里的花裙子，每一件都色彩缤纷，不同的款式、不同的风格点缀出不同的美，重疾险就如同那橱窗里的花裙子。

唯一不同的是，如果经济允许，你可以买走所有的花裙子，但是重疾险重复购买却没有任何意义，保障并不会增加。

※ 事例故事

秦女士今年 32 岁，在一家外贸公司做翻译，月收入 6 000 元，公司给她购买了社保。秦女士的儿子今年 4 岁了，因为种种原因，秦女士离异后，孩子跟着自己生活。最近有好几家保险公司的代理人找到自己，为自己设计保险产品，诸如爱情保险、教育险、重疾险之类的，她都没有考虑。

直到上个星期，自己因为胃肠炎住进了医院，孩子一看见她就放声大哭。这才使她意识到，如果自己从此倒下去了，孩子怎么办呢？还好这次不是什么大病，如果万一是大病呢？自己和孩子能承受吗？

于是她找到一位代理人，要求他给自己设计一份重疾险，同时给孩子购买了一份教育险，之后她感觉自己踏实多了，无论是她还是孩子都有了保障。

母爱的伟大在于无论她在哪里，做什么，都在思念着自己的孩子，更为孩子规划好未来的一切。如上例的单身母亲更是如此，无论何时都不能倒下，不能丢下孩子一人面对残酷与无情，那么该如何为自己选购一份合适的重疾险呢？

※ 知识看板

买水果和买花裙子，依据的标准肯定不一样，同样的也适用于购买重疾险，对如何选择重疾险，总结如下几点。

- 选择性价比高的主险及附加险搭配。

- 选择保费均衡型的长期险种。

- 理赔方式一般选择现金理赔。

- 富裕型家庭，缴费能力 > 1 万元，重疾险的投保金额 > 1 万元。

- 经济型家庭，缴费能力 < 5 000 元，组合式的养老保险 + 附加重大疾病 + 意外伤害。当将来缴费能力增加，要单独购买重大疾病保险。

小明肚子饿了，于是他抓起买的馒头就吃，一下子吃了 3 个。于是他对朋友说，早知道吃第三个就能稳饱，干吗还去吃前两个啊。

可是朋友却说，如果没有前两个的积累，就算吃第三个也不会饱，这就和购买重大疾病险是同样的道理。

第61项 保险金如何给付

人生难免会有不幸，无论是疾病还是意外，既然已经购买了保险这件外衣，那么当风雨来临，就该让它遮风挡雨，就该领取保险金，那么保险金是如何领取的呢？

※ 事例故事

吴先生是四川资阳人，38岁，在2017年为自己和妻子都购买了一份重大疾病保险，每年缴纳保费总计2 000多元，保额为1万元，如遇重大疾病时，保险公司会给付两倍保额的保险金。

在2018年，单位组织体检，吴先生被检测为"慢性肾功能衰竭"，他向保险公司报案，并随后接受了换肾手术，出院后他向保险公司申请理赔，保险公司经过核查给付了合同约定的相应保险金。

如上例，若购买过重大疾病保险，那么一旦重疾来临就是理赔的时候了，就需要领取保险金来支付医药费。

※ 知识看板

保险金，简单来说就是当发生保险合同约定的理赔事项时，保险公司支付给被保险人或受益人的金额。不同的险种具体理赔的规定也不同，举例说明如下：

李先生在为自己购买一款重大疾病险后，初次患上合同规定中的30类重大疾病之一，他可以领取10万元重大疾病保险金。如果不幸身故，保险公司将给付20万元的身故保障金，在保险期内如果因意外导致残疾，按残疾程度，保险公司将给付1~10万元的保险金，同时可报销1万元医药费。

保险金的给付会根据被保险人购买的具体险种来分析，一般包括疾病保险金和身故保险金。疾病保险分为初次和再次，因疾病导致身故的，可按合同的规定理赔。重大疾病保险金的给付方式，一般可分为以下 3 种。

- **直接给付类**：保险金额确定，一旦确诊，保险公司按合同规定一次性给付保险金。

- **报销类**：保险公司按照被保险人实际支出的各项医疗费用按比例进行报销。

- **津贴类**：保险公司按照被保险人住院的实际天数按天补贴，如一些保险中的住院医疗补贴。

无论最后是怎样的给付，各大保险公司一般都遵循一定的原则。当保险理赔时，理赔员会审核给付条件。看此次理赔是保额的全额给付还是按比例给付，不同的保险公司规定不同，一般保险公司会按保额的不同比例给付。

当然，有些险种是会全额给付的，这就要求投保人在购买时阅读好保险条款，看清给付方式。

※ 知 识 延 伸

当然，最理想的状态是已经到保险期限，无论是 20 年、30 年还是终身，都未发生任何重大疾病，那么就会有满期金的退还，主要关注满期金的给付时间和给付金额。

满期金的给付时间，不同的保险公司规定不同，有的条款里规定只有被保险人身故时才给付满期金，有的则规定无论是否身故，被保险人只要达到一定的年龄，如 65 岁，就会返回满期金。

满期金的给付金额，在不同的保险公司也是不同的，一些保险公司规定满期金是按保额给付，一些则规定无息返还投保人所交的保险费，具体情况会在条款里注明，细看条款，一般消费者是可以选择的。

如果投保时还年轻，选择按保额返还会对自身更有利，如果投保时年龄偏大，那么，可以要求公司以返还保费的方式退还满期金，因为前一小节有提到，越晚购买重疾险，消费者要支付的保费就越高。

第62项 承保、拒保、续保

保险超市的产品不像商场的卖品，只要付现或刷卡就可以提回家，当你已在保险超市选好后，还需要一定的审核手续，审核通过，它才属于你，否则它就会回到货架上。

※ 事例故事

李女士在2017年为自己购买了一份重大疾病保险，年缴保费3 000元，直到3月份，准备再次续保的时候，老公问她买过什么保险，因为当时自己购买保险的时候没有告诉老公，所以李女士回答说重疾险。

老公说，那你以前得过慢性胰腺炎的事情有没有如实告知保险公司，有没有在保险合同上写清楚，于是她赶紧到保险公司去补充告知。

但是让她没有想到的是，隔了几天她竟然收到保险公司寄来的拒保通知书，交的钱也没有退回来，当时因为是在一个朋友手里购买的保单，但是现在朋友辞职了，于是她和老公找到保险公司赔偿损失，但是保险公司一直未予解决。

如上例中的李女士，由于当时未告知曾经的疾病，导致最后又去追加告知时，却被拒保了，保障中断，而且所交的保费也不能退还，保险公司还不予以解决，这就是亏本的生意了。

※ 知识看板

重大疾病的承保主要是在规定的险种里投保，如实告知、不带病投保等审核通过，就会承保。但是也不是说所有的带病者都不可以投保，举例说明如下：

唐女士想趁着年轻给自己购买一份重大疾病保险，首先得通过保险公司的体检，但是她有多年的乙肝大三阳携带史，不知道会不会被拒保。

一个保险公司的朋友告诉她,首先她得如实告知,最终视自己的体检结果而定,如果检查出来对身体影响不大,则会通过核保。

但同时可能会加费,她的朋友还劝她无论如何都应该试一试,可能现在不影响生活,但将来也存在一定风险。

审核主要是在保险公司的核保部通道,核保部审查,认为客户存在的风险性超出风险控制的范围,就会被拒保。

所以对于一些生过病再购买重大疾病险的消费者,一般会有一个观察期,一般为两年,如前面例子中的李女士,在两年后如果检测出还有慢性胰腺炎的话,那么被拒保是合理的。

对于重大疾病的续保,和其他险种一样通过柜台或者银行转账,一般缴费时间有60天宽限期,在宽限期里,保险公司承担的保险责任不变。

超过宽限期会以保单现金价值自动垫付或者合同暂停。如果消费者不想合同失去效力,可在两年内交清保费申请合同复效。

※ 知识延伸

有人说,有了社保那么重大疾病险就不再需要了,这个说法必然是错误的,那么它们之间存在什么差别呢?

- 社保只能报销一部分因疾病引起的医疗费用,而对因意外伤害引起的医疗费用则不能报销。

- 社保只对在工作期间发生的意外伤害和意外医疗进行一定比例的赔付。

- 社保都没有身故赔偿。无论是因为意外还是疾病,身故后只返还当时个人账户的金额,数额较少。

- 社保医药的报销比例不高,一些进口药和营养药是不能报销的。

- 社保有起付线的限制,医药费用的自付比例和金额相对都比较高。

对于没有拥有医保的人来说，重大疾病保险显得尤其重要。对已拥有医保的人来说，重大疾病保险是一种必要的补充，是一种质量的保证。

第63项 投保重疾险需要注意的问题

投保重大疾病险是一件慎重的事情，上一节已讲解了它可承保的对象，那么接下来就是为自己选择一份适合的重疾险。我们在选择时一定要注意，因为这不只是个选择题，它对以后的理赔也至关重要。

※ 事例故事

谭女士，28岁，在2017年为自己购买了一份重大疾病保险，每年按时缴费。在今年假期，她去医院做了一个全身检查，其他一切都还好，只是在检测最后发现，在淋巴处有个肿瘤，最后医生确诊为淋巴癌。不过幸运的是，只是初期，可以做手术，不影响以后的生活。

手术后，她打电话给自己的保险代理人，向保险公司报案，最后保险公司经过审核通过，药费总计花掉3万元，保险公司赔付药费及后期调理费等总计8万元。

上例中谭女士能顺利实现理赔，首先与保险代理人是分不开的，再者是自己注意了一些投保事项，包括条款里关于早期的淋巴癌是可以理赔的。

※ 知识看板

就像我们在服装店挑选衣服，对于五彩缤纷的裙子，有的喜欢长裙、有的喜欢短裙，有的喜欢暖色系、有的则喜欢冷色系，都是裙子，却有不同的选择，重疾险也是如此，需要按一定的标准来进行选择。

- 根据生理特点选择，如女性可针对一些偏重女性的疾病险投保，男性也是同样的道理，一般应有心血管、器官性疾病及老年性疾病病种。

- 保额一般确定在10万～20万元，每隔3～5年可调整一下保额。

- 购买时根据自身的经济实力选择，目前市场中主险为重大疾病保险缴费是较高的。

● 投保前要考量保险公司的理赔服务及代理人专业度等。

● 仔细阅读保险条款，哪些疾病能理赔，哪些免除，看好之后再签字。

● 老年人不适合购买重疾险，年龄与保费成正比，年龄越大，所交保费和保额差不多，甚至会超出保额。

以上几点是我们在投保重疾险时需要注意的，那么在现实中该如何购买呢？举例说明。

李女士，25岁，在成都一家广告公司做企划，月收入3 500元，公司为其交了社保。因一个姨母患了乳腺癌去世，所以于是李女士打算给自己购买一份消费型的防癌险。

她了解到一份防癌险，和卡单一样，一年一期，自由续保，保额为10万元，保费为450元。一旦确诊为原发性肝癌、胃癌、胰腺癌、结肠癌、子宫内膜癌、乳腺癌和卵巢癌等，保险公司将给付相应的保险金。

后来代理人还告诉她，应该为自己购买一份女性的重疾险，但重疾险才是重点。代理人根据她的情形，给她推荐了一款保额为10万元，年缴费为1 400元的女性险，它可以对防癌险承保的疾病之外的女性常见疾病起到保障作用。

如上例中的李女士就是根据自己的生理特点投保的防癌险，针对女性疾病的投保要比广泛的投保节约成本，而且保额合适，针对性强。但是唯一的遗憾是，这种保险对其他疾病没有保障，如果其他器官有病变，如心脏方面的问题，则不会得到理赔，此时可以选择其他辅助品种的重疾险，最终实现组合式购买，达到低消费、高保障的目的。

同样的道理可用于男性和孩童重疾险的购买，在购买重疾险时，一定要在考虑了险种、保额、缴费能力以及年龄等各种因素后才去购买，千万不能跟风于市场或只接受保险代理人的推荐，在代理人的推荐下，自己也要经过思考才决定签不签单。

一般重疾险会有一个犹豫期，在 10 天内你可以决定是否退保，犹豫期内退保，保费会完全退还，过了犹豫期则会有一部分损失。

※ 知识延伸

在实际生活中，消费者会将疾病保险作为医疗保险，一般疾病保险和医疗保险是分开的，虽然都属于健康保险，但两者之间存在区别，举例如下。

例 1：李妈妈为孩子购买了一份寿险附加一份健康保险，保额为 10 万元，年缴保费 637 元。在 8 月时，孩子不断咳嗽，经医生诊断为支气管炎，住院花费 2 200 元，通过新型合作医疗报销 700 元，剩余的她通过该健康险报销了 90%。

例 2：唐先生为自己购买了一份重疾保险，保额为 20 万元，在一次感冒后，到医院检查，医生确诊为尿毒症，经过 3 个月的透析，病情稳定下来。后来他向保险公司申请理赔，保险公司经过审核，确认在理赔范围内，于是全额给付保险金 20 万元。

上例中的李妈妈给孩子购买的健康保险就属于医疗险，缴费期限较短，一般是每年续保，在续保时需要重新核保，不过也有一些保险公司会按照约定费率和原条款继续给投保人续保。

上例中的唐先生购买的属于疾病险，是针对大病的投保，缴费期限较长，为 15~20 年，保障终身或定期，而且保费也相对较高，一般会保证续保。但是相对保费的费率也会较高，当投保时，消费者一定要先弄清楚两者的区别，根据具体情况投保，避免以后出现理赔纠纷。

此外，在购买疾病险时，还要注意合同中对于重大疾病种类的规定，包括针对男性的重疾险、少儿重疾险、女性重疾险等，根据自身及家人需要购买。

第64项 案例分析——不同重疾险

前面几个小节介绍了重疾险承保对象、分类、投保注意事项以及不同人群购买等，本节将以具体案例分析如何购买重疾险。

※ 事例故事

唐先生今年 56 岁，以前总觉得自己年轻，身体一直健康，也没有患过重大疾病，于是除了社保之外就没有给自己购买过其他重疾险。

直到 3 月份，单位的一个同事因为肝癌住进了医院，才一周就花掉 5 万元，估计后期的治疗费用加起来需要 20 万～30 万元。这无疑是个巨大的数字，而社保医疗能报的却只是其中一小部分。

于是他找到一个以前一直劝他购买重疾险的保险代理人，打算给自己购买一份，但是他也担心自己年纪大了，体检不知道能不能通过，而且现在购买保费一定很高，他不知道该不该购买。

很多时候，当我们意识到某个人、某件事很重要时，再去追悔已经来不及了，购买保险也是如此。

当你悠闲地路过小饭馆却没有进去，当你感觉饥饿时，却需要排队，当你终于等到的时候，饭店老板告诉你，饭菜已经卖完了。而购买重疾险不同的是，当你排到的时候，保险公司这个老板会告诉你两个结果，审核通过，但是得加一定的保费，就好比以前 8 元的鸡腿现在需要 15 元；另一个结果是，体检不过，拒保。

※ 知识看板

市场上的保险产品很多，根据自身情况及家庭能力，可以选择购买不同的保险产品，针对性地购买。

王女士，32 岁，外贸公司职员，月收入 6 000 元，有社保，她主要想给自己购买一份重疾险,而两家保险公司业务员给她分别制定了不同的保险方案，具体如下。

- **险种**：祥悦定期重疾险。

- **保额**：重疾险 80 万元，其中一年期 50 万元；寿险 30 万元；意外险 50 万元+200 万元；医疗险：1 万元+205 万元。

- **保险期限**：重疾 60 岁，其他一年。

该重疾险方案的其他信息具体如图 6-1 所示。

保障类型	产品组合	保障时间	缴费时间	年保费	保额	保障内容
重疾险	祥悦定期	60 岁	20 年	3822	30 万	50 种重疾：30 万 10 种轻症：6 万 身故高残：30 万
重疾险	中国人寿 一年期成人重疾险	1 年	1 年	665	50 万	50 种重疾：50 万
医疗险	康宁住院保 2018 版	1 年	1 年	239	1 万	意外身故、伤残：10 万 住院：100/300 免赔，报销 90/100%
医疗险	如 E 康悦百万医疗 A	1 年	1 年	298	205 万	入住二级医院普通病房 1 万免赔，不限社保，100% 赔付 普通住院：100 万；癌症住院：200 万 癌症住院津贴：最高 5 万
意外险	中国人寿 高额交通意外险	1 年	1 年	90	200 万	飞机意外：200 万 火车轮船：100 万 汽车意外：30 万
意外险	成人意外险	1 年	1 年	160	50 万	意外身故、伤残：50 万 意外医疗：2 万 0 免赔，社保内报销 100%
保费：5274 / 年　重疾 80 万 (其中 30 万保至 60 岁)　重疾首年杠杆：1:78						

图 6-1　重疾险方案一的其他信息

以上就是王女士购买的一份重大疾病保险，特点是：多渠道产品组合，保费支出少，保证基本保额足够。

而另一家保险公司为她制定的重疾险购买方案，与上述的则具有一点的区别，具体如下。

- **险种**：安享康健 2018 重大疾病保险。

- **保额**：20 万元。

- **保险缴费**：20 年，月缴保费 974.7 元。

- **保险期限**：保障至终身。

- **重大疾病保险金的给付：** 在等待期后初次发生确诊合同约定重疾，可获赔付 20 万元。

- **特定高发恶性肿瘤：** 确诊的重疾为特定高发恶性肿瘤，可额外获得赔付 20 万元，共计 40 万元。

- **特定轻症疾病：** 如果王女士等待期后初次发生首次确诊合同约定 35 种特定轻症疾病，可额外获得赔付 6 万元/次，最多赔付 3 次，共 18 万元。同一种特定轻症仅赔付一次，两次特定轻症的首次确诊时间需间隔一年或以上。

- **特定轻症豁免保费：** 等待期后首次确诊特定 35 种轻症即可免交剩余保费，保障继续有效至终身。

- **附加祝寿金：** 生存至 75 周岁，且没有发生重疾理赔，可领取祝寿金 299 427.53 元，约等于 128%应交保费，主险疾病、身故保障继续有效至终身。

- **身故：** 交费期内身故：20 万元+299 427.53 元×身故时保单所在年度÷20。75 岁前（未领取附加祝寿金）身故：30 万元+90 053.93 元；75 岁后（已领取附加祝寿金）身故：30 万元。

- **大病管家高端版：** 确诊合同约定的重疾，我们将为王女士提供大病管家服务：知名三甲医院门诊预约、住院、手术协调，国内外权威医院专家第二诊疗意见，美国、新加坡优质医院就医咨询。

该重疾险方案的其他信息具体如图 6-2 所示。

被保人年龄	保障金额	保障期限	犹豫期	交费年限	交费方式
出生满28天~50周岁	1万~40万可选	保终身	15天	16年/20年	月交/年交
产品内容及条款：	《招商信诺安享康健重大疾病保险条款》 《招商信诺附加安享康健两全保险条款》可选 《招商信诺附加安享康健豁免保险费疾病险C款条款》可选 《招商信诺附加豁免保险费重大疾病保险B款条款》可选				
投保地区：	广东、北京、上海、天津、江苏、浙江、四川、重庆、山东、湖南、湖北、辽宁、陕西、河南、江西				

图 6-2　重疾险方案二的其他信息

虽然都是重大疾病险，但是由于家庭经济条件不同，规划也不同，总的保费不超过年收入的 10%即在合理的规划内。

上例两者都没超过总收入的 10%，保额不同，一个重疾险为 80 万，一个为 20 万元；保障的期限不一样，前者保障的是 60 岁，其中还有附加的一年期的各种险，后者是保障终身；前者保费年缴 5 274 元，后者年缴 11 696.4元，月缴 947.7 元。

但是两者有一个共同点，就是附加险，这是与寿险相搭配的。虽然后者缴费较高，但是理赔时给付也会相应增加，无论怎样，对于购买重大疾病保险，在年轻时候购买，花费较低，而且核保也容易通过。

无论是意外还是重大疾病险，都应该从年轻时期开始规划，在年轻时养成良好的理财习惯，强制储蓄。

据统计，世界上死亡人数 66%是由于重大疾病，而 30～45 岁患上重大疾病的概率超过了 50%。

有句话是这样说的，人不怕生病，但怕生不如死。还有一个等式是这样描述的，没钱＝绝症。一旦患上重大疾病，面临庞大的医疗费用，不是束手无策、不是放弃，而是从保险公司收回你的投资，让它为你的疾病埋单。

第7章

社保，你保了吗——社保的焦点

在当今时代，关于养老，人们常提的一个词，不外乎是社保，无论是城市还是农村，对于社保都有它的一套规则。相对来说，城市社保保障更全面，而农村社保就是养老和医疗。然而，无论是哪一种，都该关注几个问题，怎么交？怎么领？领多少？而本章将解答这些问题。

- ◇ 社保如何交,交多少
- ◇ 工伤理赔
- ◇ 失业保险金如何申领
- ◇ 保险待遇如何申报——生育保险
- ◇ 如何使用住房公积金
- ◇ 医疗费用如何报销
- ◇ 离职后，社保如何处理
- ◇ 城镇社保和农村社保谁划算
- ◇ 医保异地报销流程
- ◇ 2019年社保新政策
- ◇ 社保信息查询与理财

第65项 社保如何交，交多少

在城市工作的人都知道社保，每个人都在参保，然而，关于到底该缴费多少，缴费是怎样计算的，大多数人却并不知道。只知道一般公司给缴纳一部分，然后从自己的工资里再扣缴一部分。那么到底社保是怎么缴费的，缴费档次有几个呢？

※ 事例故事

小娟在医药公司做销售业务员，由于自己的勤奋及广泛的人际关系，她的业务做得很好，每个月的收入都不低于7 000元，公司承诺给每位员工购买社保，包括"五险一金"，但她一直不知道自己的社保具体缴纳情况。

直到上个月，当她打算办理公积金贷款时，才发现自己的公积金账户内存款金额不多，于是她去人事部询问关于她的保费的扣取情况。

人事部的同事告诉她，她的社保缴费基数是以底薪3 000元，而非她的实际工资缴纳的。因为她是销售人员，销售业绩不固定，而底薪却是固定的，如果社保基数缴费太高，那么相应的在工资里扣取的部分就会提高，工资收入就会降低，对她来说是不利的。

她觉得虽然缴费基数变低，但是只购买了三险一金。她与单位协商，希望提高缴费基数，购买正常的五险一金，可是最终无法达成一致，于是小娟提交仲裁，仲裁委判定单位按上一年度的月均工资水平补足相应的社保费用。

如上，小娟的情况不是个例，在很多单位，对于如何确定社保缴费的基数有不同的规定。是不是真的基数定低一点对个人来说就更实惠呢？需不需要根据人生的不同时段来调整缴费基数呢？

※ 知识看板

社保的缴纳一般分为两种情况，一是单位为员工缴纳，另外一种是个体人员参保。不同的类别，缴费多少不同，常购买的五险一金的缴费比例也不同。我们知道养老保险一般都是按百分比计算的，那么就会存在一个基数，那么这个基数该如何确定呢？以 2018 年四川地区为例。

2018 年 6 月初成都市公布了 2017 年全部单位职工平均工资为 65 098 元/年，四川省 2017 平工资为 71 631 元/年，按照养老保险最低档即 40%计算，成都市 2017 年养老保险缴纳基数为 2 388 元，上限为 17 910 元；医疗等其他保险（最低档 60%）缴纳基数为 3 255 元，上限为 16 275 元。若社保申报工资超过上述最低基数，则按实际工资据实缴纳。具体缴费标准以表格的形式简单介绍，如表 7-1 所示。

表 7-1 缴费标准

类别	缴纳比例		缴纳金额（养老最低 40%，其他 60%）	
	单位	个人	单位	个人
养老保险	19.0%	8.0%	453.72	191.04
医疗保险	6.5%	2.0%	211.58	65.10
失业保险	0.6%	0.4%	19.53	13.02
生育保险	0.8%	-	26.04	-
工伤保险	0.14%		4.56	-
大病保险	1.0%		32.55	-
合计	-		747.98	269.16

2018 年度单位缴纳社保的最低标准（养老 40%，其他 60%）为 747.98 元，个人缴纳部分为 269.16 元，每月共计 1 017.14 元。与 2017 年相比，单位缴纳总额由 687.79 元增加到 747.98 元，增加 60.19 元，个人由 249.05 元增加到 269.16 元，增加 20.11 元。

第66项 工伤理赔

漫漫人生，如果一个人可以活到 80 岁，除掉学生时代的 20 年，以及退休后的 20 年，那么就有 40 年的工作时间，按一天 8 小时的工作时间算，就有 11.68 万个小时，700.8 万分钟，4 亿 2 048 万秒。这么长的时间，我们不能保证在这过程中不受伤，那么在认定为工伤后我们该如何降低损失呢？

※ 事例故事

小张是一家新楼盘的销售人员，今年 6 月的一个晚上，他正在公司加班收拾一些文件。忽然听到大厅外有人呼叫救命，于是他跑出去，发现一名歹徒正在抢劫一位路过的女孩，于是他奋不顾身地冲了上去，但是在与劫匪搏斗时，被劫匪伤到了胳膊和大腿。

后来经过住院治疗，花掉 5 万余元医疗费，而劫匪也被警察抓到，但是劫匪声称无力赔偿小张的损失，于是小张只好向公司寻求工伤赔偿，但是公司以不在工作场所、非工作原因拒绝赔付，并告诉他只能向劫匪或那名女孩索赔，而现在，这两者他都无法索赔。

如上例中，上班期间因救人而受伤是否算工伤，能否得到理赔，还是在受伤之后还需要自己承担所有的损失呢？

※ 知识看板

当工伤发生后，一般会要求理赔，工伤赔偿一般需要经历 3 个阶段：工伤认定、劳动能力鉴定及劳动仲裁。而对于一些农民工来说，如果没有劳动合同、工作证等，则需要有与受雇单位的劳动关系证明。对于工伤的赔付，一般存在以下几种。

- **医疗费**：对符合工伤保险中治疗项目、药品类目、住院服务的标准，从工伤保险基金中支付赔偿。

- **住院伙食补助费**：按单位因公出差的 70% 补助，如需转院至外地的，到外地的交通、住宿费用也可以按因公出差的标准报销。

- **护理费**：当受伤后生活完全不能自理并且还在停职留薪期的，由单位负责，而当员工已经通过评残的，按生活能否自理，生活完全不能、大部分不能及部分不能自理的不同，分 3 个比例按上年度职工月均工资的 50%、40% 及 30% 不同支付。

- **误工费**：受伤期间一般算作停职留薪期，期间工资福利待遇不变，不过一般不能超过 12 个月，经劳动鉴定部门确认需要延长的可以延长，但不能延长超过 12 个月。

- **伤残金**：根据伤残的 10 个等级，赔付不同级别的伤残补助金。

- **死亡金**：职工因工伤死亡的，则会给付丧葬补助金、抚恤金、一次性死亡补助金等。

以上就是工伤赔付的一些具体内容，那么该怎么办理工伤理赔呢？

- 当事故发生后，单位应在 3 日内向当地社保机构报告，领取工伤申请认定表，30 日内向劳动局提出工伤认定申请。

- 伤情严重的，需要伤残鉴定书，评定伤残级别。

- 劳动局做出工伤认定，并给予单位工伤认定通知书。

- 单位将工伤员工的病历、医疗费用单据原件、出院证明及劳动鉴定结论通知书等，交与购买社保公司，办理理赔。

- 办理工伤理赔的时间一般在每月的下旬。

以上就是工伤赔付的一些内容，当然，不同的单位可能还存在一些细微的差别，虽然有这些赔付，但是当工伤来临时，不仅自己受伤了，而且使自己创造的价值减少了。所以无论在哪里，在怎样的岗位，都要细心、耐心以及小心。

※ 知识延伸

对于工伤的一般理解，是在工作期间因工作原因而受到的意外伤害或职业病伤害。在工伤保险中，一般可认定为工伤的常见情形如下。

- 在工作时间及工作场所，因工作原因或从事与工作相关的预备式或收

尾式的意外伤害。

● 在工作时间及工作场所，因履行工作职责受到的暴力伤害。

● 因公出差，受到的意外伤害。

● 在上下班途中，发生交通事故但是本人不负主要责任。

● 在工作时间、工作岗位，突发疾病或者在 48 小时内抢救无效死亡。

● 维护国家利益、公共利益而受到的伤害。

● 原在政府部门工作，并具有伤残证的，到现单位后，旧疾复发。

以上就是关于工伤的一些认定情形，对于一般的个体之间的雇佣、非法雇用的童工、违法犯罪、上班时间自杀或自残、上下班故意违章、办公场所打架斗殴以及酗酒等常见的一些情形都不能认定为工伤。

第67项 失业保险金如何申领

失业是人生的一个岔路口，所有人都可能经历。而作为非务农的人，无论是在工作中，还是在准备工作中，甚至从岗位退休的人，这一生可能都会经历失业，那么失业了，是不是意味着一无所有？其实，还有安慰奖——失业保险金。

※ 事例故事

张先生从 1990 年就开始参加工作，工龄已经接近 30 年了，和企业一同成长，在去年年底，公司裁员，裁掉 200 多人，而他就是其中之一。

年初的时候，一个朋友告诉他，自己也下岗在家，不过可以每个月领取失业金来补充一点家用，他听后，也去打听自己能领取多少失业保险金。

然而咨询的结果是，他所在的企业经历

过转制等变革，购买失业保险还不到一年，所以他无法领取失业保险金。

于是张先生只好努力地找工作，可是自己年龄偏大，加上没有什么专业的技术，于是在求职中四处碰壁，面试了四五家企业都以失败告终。

而自己还有妻子和孩子需要照顾，他想不通，自己一个工作 20 多年的人，却因为失业保险购买不到一年就失去领取资格，失业保险不是一旦购买，失业后就可以保障了吗？

张先生的例子告诉我们一个道理，购买了失业保险不一定就能领取失业保险金，还与购买失业保险的年限相关，那么领取失业保险金需要哪些条件呢？失业保险金可以领多少呢？

※ 知识看板

失业保险金，简而言之就是在单位依法给员工购买失业保险后，在员工离职后，由失业保险经办机构给失业人员在失业期间因为失去工资收入而作为一种临时补偿，对失业人员的基本生活进行保障。当然，对于失业金的领取需要满足一定的条件，具体如下。

● 失业保险的缴费在一年及以上。

● 非因本人意愿的原因中断的就业，一般是指用人单位提出的解除合同或公司破产、解散等，个人非自愿的失业。

● 已经办理失业登记，但是还有求职需求，一般是指失业后，到劳动就业中心办理失业登记，但是还在积极寻求就业的人。

以上一般就是指领取失业保险金需要满足的条件，那么失业保险金怎么领、领多久、领多少呢？对于领取的失业金额，一般作为基本生活的补助，所以一般以当地最低生活水平为准，不同的城市规定不同，以成都为例：

据《四川省失业保险条例》和省人社厅、省财政厅《关于调整失业保险金标准有关问题的通知》，从 2018 年 7 月 1 日起，四川各地失业保险金标准按照当地人民政府确定的月最低工资标准的 80% 执行，对应分别为 1 240 元、1 320 元和 1 424 元 3 个档次。

不同城市的生活水平不同，经济收入、工资水平也不同，所以具体数字也会存在差异，但领取时间大同小异。同样以成都为例：

- 1 年≤失业保险费缴费期限＜2 年，可以领取失业保险金 3 个月。

- 2 年≤失业保险费缴费期限＜3 年，可以领取期限为 6 个月。

- 3 年≤失业保险费缴费期限＜5 年，可以领取期限为 12 个月。

- 5 年≤失业保险费缴费期限＜8 年，可以领取期限为 15 个月。

- 8 年≤失业保险费缴费期限＜10 年，可以领取期限为 18 个月。

- 失业保险费缴费期限≥10 年，可以领取 24 个月。

失业人员重新就业后再次失业，缴费时间重新计算。领取失业保险金的期限可以与前次失业应领取而未领取的失业保险金期限合并计算，最长不得超过 24 个月。

※ 知识延伸

正如去银行贷款需要准备如收入证明、财务证明及身份证等，领取失业保险金，也需要准备一定的材料，如果材料准备得不齐全，办理起来会相当麻烦。那么在办理失业时，到底该准备些什么资料呢？

- **单位准备**：用人单位需要向社保局交付 4 种材料，解聘通知书和档案材料、失业证明、失业登记表和公司致社保局例行公文。

- **办理失业证**：个人携带户口簿、身份证、解除劳动关系证明、学历证明及近期免冠一寸照片两张等到失业保险经办机构办理。

- **领取失业证**：个人携带身份证原件、复印件、户口簿原件、近期免冠一寸照片 3 张、完成年检的失业保险缴费凭证、劳动合同复印件及合同解除复印件等。

对于失业人员来说，在失业保险期间，还可以拥有职业介绍、职业指导、职业培训等服务，失业人员可以到职业介绍机构提出就业的要求，一般由政府指定的或劳动保障部门或个人组织等开办的机构，机构里会介绍一些自谋职业、再就业或自主创业等的相关信息，还可以接受机构免费提供的职业培训，提高自己的劳动技能。

第68项 保险待遇如何申报——生育保险

当爱情走到一定的阶段，就会有婚姻，当婚姻走到一定的阶段，就会有爱的结晶。生儿育女，不仅是一种传统，更是很多人证明爱情的方式。她们呼喊"爱他就给他生个孩子"，然而在孩子来到这个世界前，都会有一定的风险，因此生育保险便在这时走进了千家万户。

※ 事例故事

小秦在一家医药公司做出纳，当时和公司签订的合同为3年，在合同期的第二年，小秦怀孕了，于是想申请休产假。

后来当她生下孩子，休息一个月后准备上班时，公司却通知她，她因为旷工，已经被开除了，她还不明白怎么回事，于是找到上级领导询问相关事宜。

经理告诉她，公司规定的产假为56天，而她却休息了90天，当产假到期，她仍未来公司上班，公司视为自动辞职。

这时她才想起自己没有看清产假日期，以为公司规定的和国家规定的休息假日一样。不过她认为即使这样公司也不能按旷工处理，于是向劳动仲裁部门提请仲裁。

仲裁会根据国家法律规定的产假休息不少于90天，而该公司合同中规定产假为56天，违反法律，属于无效合同，小秦有权享有90天产假，不能视为违约和旷工，公司应撤销除名的决定和补发按旷工处理的相关待遇。

如上例中，当由一个职工转化为准妈妈时，那么工作与宝宝就不可兼得

了，你不得不放下手中的工作、身上的职务以及工资待遇开始期待宝宝的来临，然而，在幸福过后，一系列的问题都将出现。那么关于生育保险，该如何正确有效地办理呢？

※ 知识看板

生育保险，相对来说，是国家对孩子和女性的一种爱护，它是指在职工生育期间给予的经济物质方面的帮助，包括给女职工提供生育津贴、产假、医疗服务等，以帮助她们恢复劳动能力，重返自己的工作岗位。那么生育险该如何报销呢？基本流程简单介绍如下。

①女职工怀孕后、流产或计划生育手术前，由用人单位或街道、镇劳动保障服务站工作人员携带申报材料到区社会劳动保险处生育保险窗口。

②工作人员受理核准后，签发医疗证。

③生育女职工产假满 30 天内，由用人单位或街道、镇劳动保障服务站工作人员携带申报材料到区社会劳动保险处生育保险窗口办理待遇结算。

④工作人员受理核准后，支付生育医疗费和生育津贴。

那么报销时，生育医疗费报销标准是怎样的呢？同样以四川为例：

● 确认生育就医身份后就医的医疗费用，由市劳动和社会保障局同医院定额结算（超过 1 万元以上的部分按核定数结算）。

● 异地分娩的医疗费用，低于定额标准的按实际报销；高于定额标准的，按定额标准报销。

● 一次性分娩营养补助费，正常产、满 7 个月以上流产，上年度市职工月平均工资×25%；难产、多胞胎，上年度市职工月平均工资×50%。

● 一次性补贴，在一、二级医院分娩的，每人一次性增加 300 元补贴。

这就是一般在申报生育保险时可报销的范围及标准，不过不同地区可能还存在细微的差别。

生育保险一般具有地方特色，具体的一些规定会存在不同，一般购买的生育险须在 12 个月以上，孩子出生后的 18 个月内。

对于产假的时间，女职工生育享受 98 天产假，其中难产的，增加产假 15 天；生育多胞胎的，每多生育 1 个婴儿，增加产假 15 天。怀孕未满 4 个月流产的，享受 15 天产假；怀孕满 4 个月流产的，享受 42 天产假。

其中生育津贴以女职工产前或计划生育手术前 12 个月的生育保险月平均缴费工资为计发基数。

第69项 如何使用住房公积金

凡是参加社保，都会有"五险一金"，五险即工伤、医疗、生育、失业、养老的保险，而"一金"，就是所谓的住房公积金。那么什么是住房公积金？到底该如何使用住房公积金呢？

※ 事例故事

章先生今年 32 岁，最近他看中了一套商品房，户型、环境、位置都非常适合自己，总价 72 万元，而自己手里只有 20 万元，对于剩余的 50 万元，他不知道该如何筹集，一个朋友告诉他，他可以选择商业住房贷款或者住房公积金贷款。

他知道商业贷款一般是指各大商业银行向购买或建造住房的自然人发放的贷款，而住房公积金贷款则是指在正常缴纳住房公积金后，在购房或建房时，申请住房公积金的贷款。

如果自己利用公积金贷款 50 万元，贷款 30 年，则比在相当的商业银行的贷款利息，可以节约 23.76 万元，而且每年可以从公积金账户提取余额来支付贷款本息。

最主要的是贷款手续简单，一般 10 个工作日就可以办好，而不像商业银行的贷款，一般需要长达一个月之久，而且还要经过各种审核，于是他觉得住房公积金贷款比较合适，但是他不知道自己是否具备办理公积金贷款的条件，他也不知道该如何办理。

如上例，在购房时，利用国家支持的住房公积金来办理贷款，是现在大中城市上班族购房常选的方式。然而，住房公积金贷款该怎么办，以及能贷款多少，很多人也许还不清楚。

※ 知识看板

住房公积金，简单来说，就是国家和单位针对住房给予的一种福利。一般在你的工作年限里，由自己按工资缴存一定比例和单位缴存一定的比例到公积金账户，它相当于一笔储蓄，只要发生购房需要，且在政策允许范围，可以按规定的限额和比例提取，对于账户里的住房公积金，一般会免征个人所得税和利息税。

当你退休时，个人账户的公积金还未完全提取，则可以一次性结算本息，作为养老金，利用公积金贷款时，利率相对于商业银行来说较低。

公积金一般可以用来租房、购房、还贷及异地购房，2018 年各地对于住房公积金都有一定的新政策。同样以四川为例，调整了住房消费类提取业务相关规定、明确了住房公积金异地转移业务管理规定、调整了离职提取业务相关规定。

成都住房公积金管理中心单笔住房公积金贷款最高额度为符合住房公积金个人住房贷款条件的两人及以上的职工家庭，单笔最高贷款额度为 70 万元，单职工家庭单笔最高贷款额度为 40 万元。

单笔可贷额度计算公式为：符合住房公积金贷款条件的两人及以上的职工家庭，贷款额度=（借款人公积金缴存余额+共同借款人公积金缴存余额）×20 倍×缴存时间系数（上限 70 万元）；单职工家庭贷款额度=借款人公积金缴存余额×20 倍×缴存时间系数（上限 40 万元）。连续正常缴存时间小于 12 个月的，时间系数为 0.5；连续正常缴存时间在 12 个月至 24 个月的，时间系数为 0.9；连续正常缴存时间在 24 个月以上的时间系数为 1；异地贷款缴存时间系数统一为 0.5。符合住房公积金贷款条件的两人及以上的职工家庭，可按缴存时间较长的一方确定时间系数。

大部分城市对于住房公积金贷款都设定了相关条件，各大城市的要求大致相同，具体以成都为例。

- 贷款比例最高不超过 7 成。
- 不高于按借款申请人及共同借款人的还款能力所确定的贷款额度。
- 借款人住房公积金上月正常缴存余额以成都公积金中心的认定为准，违规汇缴、补缴住房公积金不计入正常缴存余额。

符合上述条件的贷款申请，由成都公积金中心结合借款申请人信用状况、收入等因素综合评估确定最终贷款额度。

第70项 医疗费用如何报销

疾病就像一个黑洞，吸进去的不仅是自己的健康，还有物力、财力，小病伤身，大病伤身更伤钱。各种医保就在这时出现在了，来填补那个黑洞，那么，它们可以填补多少呢？是一个小角落还是全部？

※ 事例故事

汤先生今年 40 岁，是一家通信公司的职员，公司购买了五险一金，其中医疗保险费缴纳了 60 元，在今年 3 月，因为患上颅内动脉瘤，经过手术，在医院住院半个月。

出院后，他就带着一张"银行卡"，向社保的当地办事机构申请报销相关医疗费用。

那么这张银行卡是什么呢？国家为了推进城乡一体化进程，实现城乡医疗公平，2018 年将原来的农村新农合和城镇医疗保险并轨，统一合并为城乡居民医疗保险。最终居民手中的社保卡就是类似于银行卡的卡片，在卡片上记录了个人身份信息。

※ 知识看板

在新政策下，对于医保的报销具有了一些新规定，具体如下。

参保人员在定点医疗机构发生的符合规定的一次性住院医疗费用，其数额在统筹基金起付标准以上的部分，扣除个人首先自付的费用后，由统筹基金根据医院级别按比例支付。

- **医疗费**：对符合工伤保险中治疗项目、药品类目、住院服务的标准，从工伤保险基金中支付赔偿。

- **报销比例**：三级医院 85%；二级医院 90%；一级医院 92%；与医保机构签订了住院医疗服务协议的社区卫生服务中心 95%。

在此基础上，年满 50 周岁的增加 2%，年满 60 周岁的增加 4%，年满 70 周岁的增加 6%，年满 80 周岁的增加 8%，年满 90 周岁的增加 10%。根据年龄增加后的医疗费报销比例，不得超过 100%。此外还有成都居民医疗保险报销标准，具体如表 7-2 所示。

表 7-2　成都居民医疗保险报销标准

险种	医院等级	起付标准（元）	报销比例（%）			
			一档	二档	三档	学生儿童
居民医疗保险	一级医院/社区卫生服务中心	100	60	80	85	80
	二级医院	200	55	65	80	65
	三级医院	500	35	50	65	50
	乡镇卫生院	50	65	90	90	90
备注	1.市外转诊的起付标准为 1 000 元 2.门诊支付比例为 60%，一个自然年度累计门诊限额 200 元					

患重特大疾病后发生的医疗费用在基本医疗保险政策范围内报销后的剩余部分，符合大病医疗互助补充保险报销范围的一次性住院费用，由

大病医疗互助补充保险资金实行级距式分段按比例支付。

- 剩余部分在10 000元以下（含10 000元）的支付比例为77%。

- 剩余部分在10 000元至30 000元以下（含30 000元）的支付比例为80%。

- 剩余部分在30 000元至50 000元以下（含50 000元）的支付比例为85%。

- 剩余部分在50 000元以上的支付比例为90%。

一个自然年度内，大病医疗互助补充保险资金为个人支付的医疗费累计不超过40万元。报销门诊费用时，需要携带一定的资料，具体如下。

- 身份证或社会保障卡的原件。

- 定点医疗机构专科医生开具的疾病诊断证明书原件。

- 门诊病历、检查、检验结果报告单等就医资料原件。

- 财政、税务统一医疗机构门诊收费收据原件。

- 医院电脑打印的门诊费用明细清单或医生开具处方的付方原件；定点药店、税务商品销售统一发票及电脑打印清单原件。

- 如果是代人办理则需要提供代办人身份证原件。

而住院医保报销流程及注意事项如下。

- 入院或出院时都必须持医疗保险IC卡到各定点医疗机构医疗保险管理窗口办理出入院登记手续。住院时个人先预交医疗费押金，出院结账后多还少补。

- 参保人员住院后统筹基金的起付线：起付线各地标准各有不同一般为上年度全市职工年平均工资的10%，在一个基本医疗保险结算年度内，多次住院的医疗费累计计算。

- 参保人员因病情需要转诊或转院的，须经三级以上定点医疗机构副主任医师或科主任诊断后提出转诊意见，由所在单位填报申请表，经定点医疗机构医疗保险管理部门审核同意报市（区）社保机构批准后办理转诊（院）手续。

● 在定点医疗机构出院时，各定点医疗机构会按照相关政策计算医保报销金额和个人应该自付的金额，其报销金额由定点医疗机构和市区社会保险经办机构结算，个人应该自付的金额由定点医疗机构和参保人员本人结算。

我们要注意，转院限于省特约医院，其费用先由本人垫付，其报销标准要先自负 10%，再按本地规定计算可报销金额。

第71项 离职后，社保怎么处理

在各行各业永远存在一个永恒的话题，离职，无论是因为无法适应现有的环境还是有更好的去处，或是经历一次婚姻，还是养育一个孩子，种种缘由，导致你离开了原来工作的地方。可是如果一旦离职了，原有的社保是该带走还是丢弃？

※ 事例故事

小高，2015 年毕业后就在一家医药公司做销售员，前一两年由于工作努力，业绩挺好，领导也重视，最近两年因为自身疲倦以及长期应酬导致身体不太好，相对业绩较低，于是公司的经理常找他谈话，在一次和经理不愉快的谈话后，他毅然辞职，而且一气之下，还退掉了自己的保险。

最后，他拿到的退款却还不足 1 000 元，他很矛盾，公司交了近两年的保费，但是为什么退到自己手里却这么少呢？他把这事告诉了一个在保险公司工作的同学，让他给他分析一下。

同学告诉他，他得到的这些钱，只是退给他自己曾经所交的钱，也就是自己个人账户上的8%，而单位交的19%，则被国家收回到养老统筹基金里去了。特别是对于医疗险，医保钱可以累计刷卡买药或看门诊，长期积累金额还是不少的，所以退保是一个不明智的决定。

上例告诉一个我们道理，离职后尽量不要退保，而且有了新单位要尽量续上，否则，最终吃亏的是自己。在离职后是继续缴纳社保还是直接脱保好呢？不同的人有不同的声音，如果继续缴纳社保，需要办理哪些手续呢？

※ 知识看板

我们都知道，对于城镇参保的社保，一般存在养老、医疗、失业、住房公积金和工伤生育5个方面，那么在离职后，对每个方面该如何处理呢？

- **养老保险**：停止交费，形成缴费年限中断，个人账户积累停止，但只要时间不长对今后影响不大可选择个人全额缴纳，即不中断缴费把过去连同企业缴纳的部分一并自己缴纳；如果到外地谋职可以办理保险转移手续，到新的就业地区。

- **医疗保险**：医疗保险，也有个人账户，辞职后处理方法基本同养老保险，个人账户里的钱可以在当地继续使用。

- **工伤、失业。生育保险**：工伤保险、失业保险、生育保险都没有个人账户，辞职后保险自动解除，但失业保险只要缴费满一年，不是个人原因造成的失业，就可以领取。

- **住房公积金**：住房公积金，有个人账户，企业和个人缴纳的费用，全部形成个人账户总额，就如同银行的零存整取所有权属个人，辞职后只不过停止了存钱，但账户的钱还是你的，只要符合公积金提取规定，随时可以提取，以后也可以续交，不会作废。新下家，原单位应当自劳动关系终止之日起 30 日内，将个人住房公积金账户转移到新单位为职工缴存住房公积金。

以上就是对单位购买的社保，几大险种的转出说明，那么在转移时单位和个人需要做哪些事呢？

单位一般会将你与单位解除劳动合同证明、养老保险的个人账户登记卡、养老保险手册、单位养老保险增减人员登记表等提供到当地劳动社保局的养老保险科，将个人账户封存，记得向单位收回养老保险手册、养老保险个人账户登记卡以及个人账户封存单等。

个人在办理转移手续前，要将个人账户所欠的费用补齐，并且将要转移到的新地方的社保局的地址、新单位名称、开户行名称及银行账号等资料填写清楚，这样才能实现养老保险个人账户金额以及利息的续接。

在办理时，到当地劳动和社保部门下的社保中心个人缴费窗口，还要提供如个人账户封存单、失业证、再就业优惠证、养老保险手册、个人账户登记卡等，以自谋职业的身份办理续保，这样才能完成转移手续。

当然，如果在离职后，离职时间不是很长，目前还在找工作的，可以等找到了新公司，然后和新公司一起办理补缴，不过在补缴之前所产生的费用得自己全部承担。

一般在离职后，原单位就会办理停保手续，如果为城镇的当地户口，可到户口所在的街道办，以自由职业者的身份个人独立缴费，不过费用会相对高些，而对于户口非本地的，个人无法参保，可以到外来人员就业管理机构办理，或者寻找社保代理公司挂靠缴费。

※ 知识延伸

相对于办理续保，一些人也会选择退保，那么退保的材料该如何准备，退保手续该如何办理呢？

退保时需要填写完整的《退还个人账户储存额申请表》，注意在申请人栏处签名，还需一份个人身份证复印件、银行存折复印件。

一般来说，对于我国的养老保险，现在一般不允许退保，除非如出国定居、死亡、重复参加社保或达到法定退休年龄的，但是累计缴费还不满 15 年，不打算转入农保，一般只允许办理转移或续接，不建议退保。

对于缴纳的社保费用，一般会进入两个账户，个人账户和统筹账户，如果退保，只能领取到个人账户中的余额，金额较少，大多金额将会进入统筹账户，回归国家。缴纳时间和档次不同，能退到的费用不同，一般在几十元到几百元不等。对于社保的积累，用来专款专用，在工作期间提供工伤、失业、生育等的保障，在退休后可以领取养老金，甚至在自己百年归去后，还可以留给子孙后代，所以个人办理退保时，一定要谨慎。

第72项 城镇社保和农村社保谁划算

当卸去一身重担，儿孙绕膝，子女健康，是大多数人对老年的期许，很多人甚至在老年时去世界旅行，随性地潇洒生活。而这一切，就如新建一栋高楼，需要奠基才能在高楼看风景，大多数人对自己年老的规划一般都为养老保险，那么养老保险到底该如何购买呢？

※ 事例故事

小梁，博士毕业后被一家外商独资公司聘任为副总经理，给他的工资标准为每月1.2万元。不过经理也告诉他，由于公司是一家外资企业，所以，除了基本工资外，没有其他的福利待遇。比如"五险一金"等，所有的都需要自己购买，公司不会购买。

开始他想，公司的工资虽然挺高，但是没有社保，那么住院或者患上重大疾病，甚至将来的养老，该怎么办呢？但是他又想，自己才30岁，还年轻，一般不会有什么大病，对于养老的问题，现在考虑似乎太早，不如趁着自己还年轻，多积累些资本。

最终，小梁见周围的人都有养老保险，于是他也给自己购买了一份商业养老，每月从工资里支出1000元。

但是好景不长，几个月后，他在董事大会上，因为和董事长存在意见分歧，两人大吵一架后其被公司辞退，但是他不服气，于是向劳动仲裁委员会申请仲裁。

如上例中的小梁，公司以高薪取代了社保的购买，员工需要自己购买适合的养老保险，显然企业的做法是违反法律规定的，养老保险是国家为了保障职工退休后的基本生活，而建立的一种社会保障制度，是社保中的一项，是用人单位必须购买的，具有强制性，个人自己购买的商业险不能代替。

社保一般存在城镇和农村的不同，那么两者之间孰优孰劣呢？

※ 知识看板

对于城镇社保和农村社保的区别与联系，比较如下。

- **包含内容**：一般常提到的"五险一金"就是城镇的社保，而农村的社保则主要包括养老保险和农村合作医疗保险。

- **缴费方式**：城镇的社保，一般在职职工由单位和个人一起交纳，而农村社保一般由个人、地方政府和国家三方面承担，相对缴费比例较低，对于困难群众，政府部分或全额地为百姓代缴最低档次的养老保险。

- **缴费基数**：城镇的缴费基数一般根据城镇的人均工资水平来决定，随着收入增加，会进行相应的调整；而农村的收入水平不稳定，国家和地方政府扶持大部分缴费群众，而且可以按月份、季度、半年期等缴纳。

- **缴纳弹性**：城镇职工基本养老保险中，有规定的缴费比例、规定的领取资格、规定的支付标准，总体来讲是无太大弹性。而新农保里，农民可以根据自己的收入水平进行选择，同时允许地方增设缴费标准，可以向上增设，也可以向下增设，具体问题具体分析。

以上就是对于城镇社保和农村社保的一个简单比较，两者各有优劣，都体现了政府的扶持性，只是由于经济水平发展的不同，政府对农村社保相对扶持力度较大。

※ 知识延伸

对于农村户口来说，如果购买城镇社保会不会有什么限制呢？如果户口迁移后呢？举例如下：

小张来自农村，大学是在异地求学的，毕业后就留在了当地城市参加工作，但单位给员工购买社保时，他有一些疑惑，如果他将来回到本省工作，社保可不可以转出，如果转出，该怎么办理，是不是要重新缴费，而且听说养老保险缴费期是15年，如果缴费期限不满15年，可不可以领钱呢？他是农村户口，是购买农村社保还是城镇社保，还是两者都购买呢？

一般对像小张这样拥有农村户口，但是在大城市工作的职工来说，可以让公司购买城镇社保，缴费会高些，但是保障更全面，更适合城镇生活需求，农村社保可以不用购买，以免重复投保。

如果从公司离职，可以直接办理社会关系转移，具体操作请咨询人力资源部门。去另外一个城市，可以办理社保关系转移。如果回到了自己本省工作，办理社保转出即可。

社保中的"城镇职工基本养老保险"需要缴够15年，才能享受正常的职工养老保险待遇。缴费不足15年，可以补缴，也可转入城镇居民社会养老保险或新型农村社会养老保险，享受其社会保险待遇。一般参保都有社会保障卡，可在医疗、失业、工伤、生育时享受相应的社保待遇。

第73项 医保异地报销流程

对于中国人来说，看病贵、看病难的问题已经日益矛盾化，随着环境污染、生活压力、人口老龄化等问题的增加，更加剧了这一矛盾。

※ 知识看板

我们家人可能都遇到医保在异地报销的情况，一种是职工医保的异地报销，一种是新农合的异地报销，具体该如何报销呢？

首先是职工的医保异地报销，需要满足一定的条件。

● 已办理异地安置、探亲、驻外工作学习等外地就医登记备案手续，在异地医保定点医疗机构发生的医疗费用垫付现金情形。

● 省级参保人员经备案同意转医保定点医疗机构就医发生的医疗费用垫付现金的情形。

那么报销流程是怎么样的呢？具体如下。

● 费用申报单位、个人提交相关报销材料。

● 受理人员对提交的材料进行审核。

● 材料齐全的由初审人员进行费用审核、录入、结算并打印《省级单位医疗费用报销单》；不全的及时告知需补全的材料。

● 复审人员进行费用复审，打印《省级单位职工外诊、急诊结算凭证》后转入财务支付。

我们要注意临时外出、参保人员短期出差、学习培训或者度假等期间，在异地发生急症并需要就地住院治疗发生的医疗费用按照有关规定执行。对于新农合的医保，异地就医该如何报销呢？具体如下。

● 参保人携带农合证到定点医院就医。

● 经门诊医生或住院医生诊断之后，开具住院证明。

● 持新农合证到医院收费窗口缴费进行登记，并交纳治疗所需费用。

● 治疗完成后，持个人缴款单到出院结算窗口结算医疗费用并办理出院手续。

● 持出院证明、住院发票、新农合证以及参保人身份证到医院新农合窗口报销治疗费用。

据了解，2019 年，将在全国范围内统一城乡居民医保制度，这意味着城镇居民医保和新农村医保将过渡为城乡居民医保。这一制度的实施将简化医保报销流程，使医保异地报销更加方便。

※ 知识延伸

当然不是每一个人都用到医保报销，但我们不能保证永远不会生病。生老病死乃人生常态，因此，在平时的生活中，我们应该注意对于医保账户的管理，以备不时之需。那么该如何对于医保账户进行管理呢？简单介绍几点。

- **申请**：个人的医保账户一般由用人单位在职工入职时申办个人医疗账户结算卡。新参加医疗保险的职工自参保之日起 30 日内，由用人单位向社会医疗保险经办机构提出申请，并提供有关资料。

- **审核机构**：社会医疗保险经办机构接到用人单位为职工建户申请后，应当认真审核有关资料。

- **审核时间**：提交资料 15 日内为职工建立个人账户，并制发个人账户结算卡。同时在该卡内注入一定的资金。

- **工作调动**：如果参保人员调离本地，个人医疗账户资金随同转移，无法转移的可将个人账户结存额退还本人，同时注销个人账户。

- **医保卡丢失**：如同银行账户卡挂失一样，医保卡丢失以后应及时持有关证件到医疗保险经办机构或指定的单位挂失，医疗保险经办机构应当立即封存该账户。而 30 日内无法找回的应自费办理新卡。

- **医保卡的额外效用**：个人可持个人医疗账户卡在本统筹地区任何一个定点医疗机构和定点药店就医购药。

第74项 2019 年社保新政策

不管是富贵如李嘉诚还是平凡如你我，生老病死都是必须经历的。只是有的人或许慢一点，有的人快一点，而繁忙人世走一趟，最渴望的莫过于安度晚年，所以在 2019 年人们最大的震惊莫过于社保新政策，那么 2019 年的新政策到底为何让人惊讶呢？

※ 知识看板

日前，国家税务总局、财政部、人力资源和社会保障部、国家卫生健康委员会、国家医疗保障局视频会议部署，明确从 2019 年 1 月 1 日起，将基本养老保险费、基本医疗保险费、失业保险费、工伤保险费、生育保险费等各项社会保险费交由税务部门统一征收。

一般社保基数有上下限的规定，每个地方不一样。如果工资低于基数，按照最低标准缴纳，如果高于基数且不高于最高上限，则按照实际工资据实缴纳，如果高于最高上限，则按照最高上限缴纳。

这就意味着如果你的实际工资 10 000.00 元，却按 3 082.00 元的工资基数交社保，这是不对的！从社保费由税务部门统一征收以后，这种情况将会改变。之前按 3 082.00 基数交时，到手工资是：8 785.30 元，如果按照 10 000.00 元基数，到手工资为 7 457.00 元。

※ 知识延伸

在 2018 年 4 月 22 日，人力资源社会保障部宣布，正式签发首张全国统一的电子社保卡。此前有部分城市先行试行，让用户可以把社保卡"放进"手机中，支持用支付宝办理社保查询业务。

电子社保卡该如何申请呢？简单介绍如下。首先是登录支付宝账户，然后点击"城市服务"按钮，如 7-1 左图所示；在打开的界面中将看到很多城市服务，点击"社保"选项进入电子社保办理页面，如 7-1 右图所示。

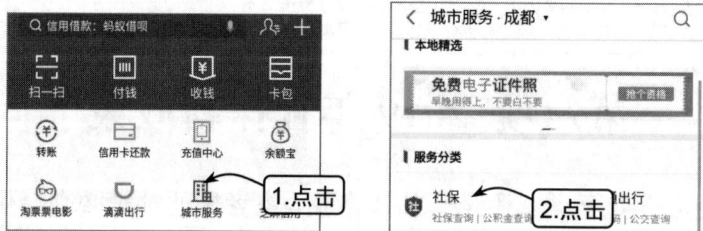

图 7-1

在打开的页面中选择"电子社保卡"选择，进入电子社保办理页面。同时我们需要进行授权，直接点击"确认授权"按钮即可，如图 7-2 所示。

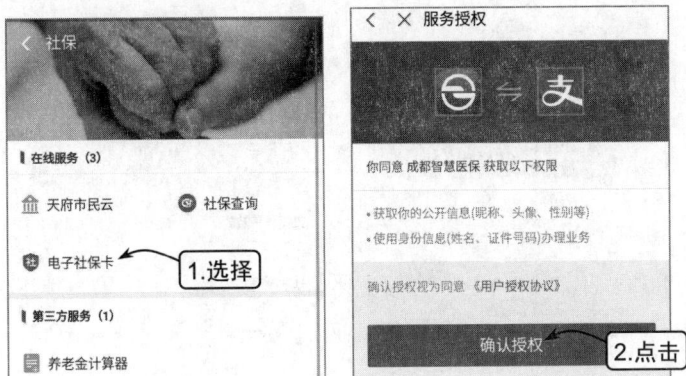

图 7-2

紧接着，我们需要对于相关信息进行验证，输入相应的验证码，输入完成后，点击"确认"按钮进入下一步操作，紧接着我们还需要对于相关信息再次确认，确认完成后，可点击"同意协议并绑定"按钮，进入下一步操作，如图 7-3 所示。

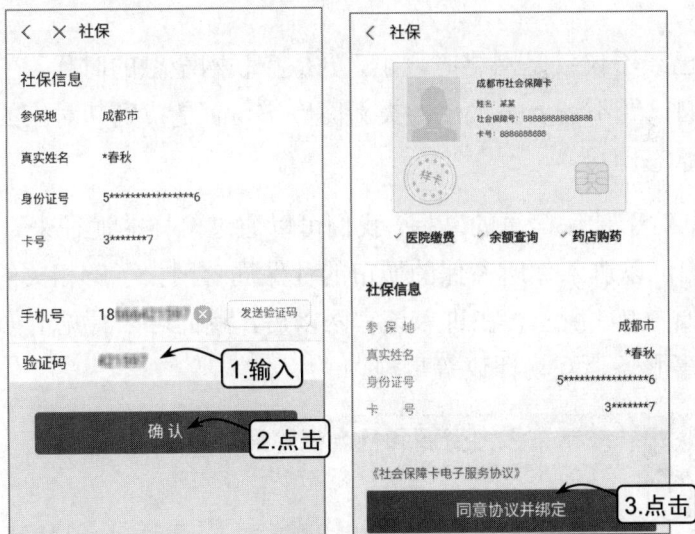

图 7-3

此时我们将看到系统提示绑定完成，如 7-4 左图所示，点击"查看卡详情"文字，在打开的页面中可以看到绑定以后的页面，如 7-4 右图所示。

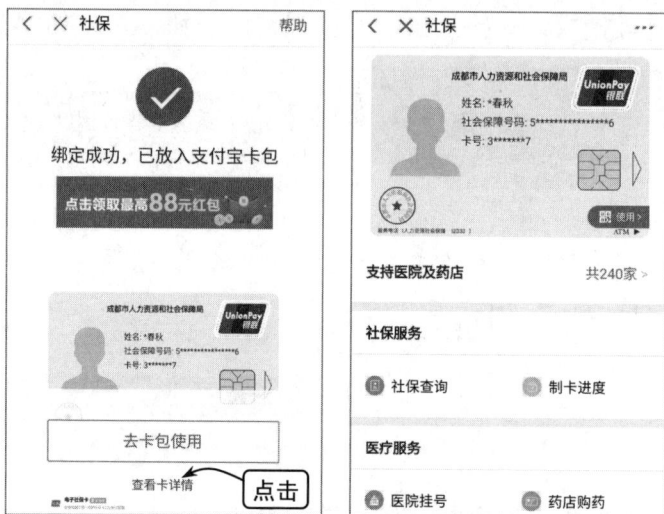

图 7-4

第75项 社保信息查询与理财

当今已经不仅仅是网络时代了，更是互联网金融的时代，在这样的大背景下，我们已经不需要去关注各类新闻频道，而是找到其对应的网站，了解其最新的状态即可。

那么，对于社保信息的掌握，我们可以通过怎样的途径来查询呢？一般来说，我们可以进入你所参保的城市的社保局官网去了解相关的信息，以成都为例，如图 7-5 所示，在进入该官网以后，我们可以看见诸如首页、政务公开、办事服务、互动评议等事项。

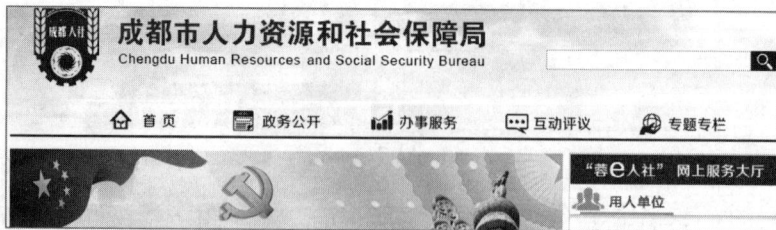

图 7-5

同时，我们在该页面的最右边个人用户菜单栏下，单击"个人社保网上经办"超链接，如 7-6 左图所示。

在打开的页面中可以输入我们的社保编号、密码及验证码等，如 7-6 右图所示。单击"登录"按钮登录成功以后就可进行相关社保信息的查询。当然在登录之前，我们首先要确定社保卡已经被激活。

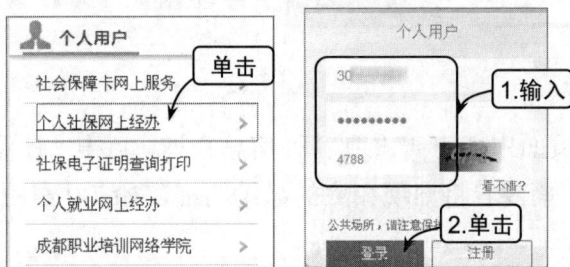

图 7-6

此外，我们可以在社保网关注一些新政策，如本市关于生育保险费率的调整，如图 7-7 所示。

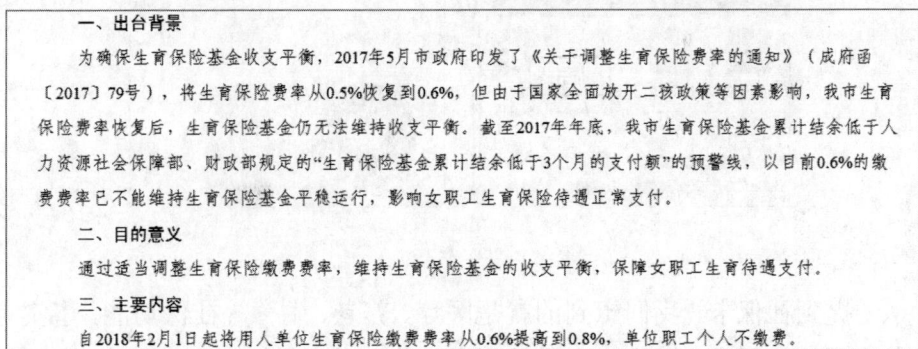

一、出台背景

为确保生育保险基金收支平衡，2017年5月市政府印发了《关于调整生育保险费率的通知》（成府函〔2017〕79号），将生育保险费率从0.5%恢复到0.6%，但由于国家全面放开二孩政策等因素影响，我市生育保险费率恢复后，生育保险基金仍无法维持收支平衡。截至2017年年底，我市生育保险基金累计结余低于人力资源社会保障部、财政部规定的"生育保险基金累计结余低于3个月的支付额"的预警线，以目前0.6%的缴费费率已不能维持生育保险基金平稳运行，影响女职工生育保险待遇正常支付。

二、目的意义

通过适当调整生育保险缴费费率，维持生育保险基金的收支平衡，保障女职工生育待遇支付。

三、主要内容

自2018年2月1日起将用人单位生育保险缴费费率从0.6%提高到0.8%，单位职工个人不缴费。

图 7-7

当然随着电子社保卡的推行，对于习惯手机操作的上班族可选择，通过支付宝里的电子社保进行相应的信息查询，操作如下。

登录支付宝页面，点击"城市服务"按钮，在打开的页面中点击页面上方的"社保查询"按钮可查询社保，或点击"电子社保卡"按钮，在打开的页面中的"社保服务"栏中点击"社保查询"按钮，如图 7-8 所示。

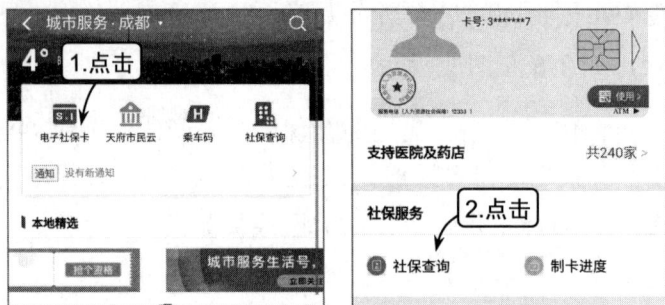

图 7-8

在打开的页面中即可查看到各种信息查询，点击"社保查询"按钮，如
7-9左图所示，紧接着将出现相应的缴纳明细，如7-9右图所示。

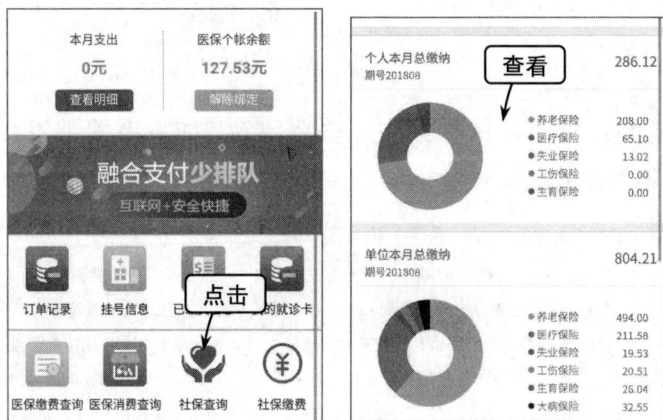

图 7-9

一提到社保卡，我们想到的就是医疗、养老、生育等社保功能。事实上，
现在使用的社保卡，简称为金融社保卡，融合银行借记卡与社保卡功能于一
体的多功能卡。它具有两大功能。

● **社保功能**：它具有原有社保卡的功能，个人基本信息及社会保障相
关信息记录、电子凭证和信息查询；办理和缴纳医疗、失业、养老、
工伤和生育等社保事务；查询劳动就业登记等各项业务；凭卡享受
医疗服务，自主办理医院预约挂号、住院登记以及医保定点药店购
买药品。

- **金融功能**：它具有银行借记卡的功能，具有现金存取、转账、消费、理财、发薪、缴费等金融功能，此外，金融社保卡还能缴纳和领取养老金等保险金，一张卡就能收到养老金、失业保险金、生育津贴以及工伤抚恤金等。

对于新型的社保卡一卡通，一般在银行就可以办理，原有的老卡也要求换新，简单以中行为例。中行金融社保卡具有几大特色服务，简单介绍如下。

- **覆盖全城**：中行遍布市各区的多家网点、自助设备、业内领先的智能柜台，全方位地为社保参保单位及个人提供便利。

- **首推预约挂号功能**：中行在 95566 电话银行、个人网上银行、中银易商 APP 和惠民金融 APP 开通了全市多家公立医院的预约挂号服务，参保人员利用互联网、移动应用等几十秒就能完成挂号支付。

- **首推换卡不换号服务**：当金融社保卡持卡人因卡片丢失、损毁等原因需要补换卡时，中行将按照原卡号补制新卡，最大限度减少持卡人更换卡的不便。

- **费用减免优惠服务**：免收开卡工本费、年费、小额账户管理费、挂失手续费，免费开通网上银行及手机银行，每月免收三笔跨行取现交易手续费，享有在手机银行转账减免手续费的优惠。

- **专窗优先及便民服务**：中行营业网点金融社保卡服务专窗优先办理申领、挂失与换卡业务，为大型企事业单位及有需要的特殊群体提供上门开卡、发卡及激活等服务。

- **专属定制理财产品服务**：定期面向金融社保卡持卡人发售专属高收益理财产品，收益率高于同期标准理财产品，满足金融社保卡持卡人的投资理财需求，助力财富增值。

中行金融社保卡功能丰富，办理方便，如果是本市社会保险参保人，通过单位代办或自行前往中行各网点即可办理。当然，现在的金融社保卡，除了社保和金融卡的功能，还具有如下的功能（不同地区的银行推出的功能可能存在不同）。

● 办理出国等各种政府业务

政务类使用事项纳入，涉及人社、民政、公安、卫生以及公积金等使用事项，具体包括就业、社会保险公共业务、出入境申请预约等。

● 用支付宝挂号

利用支付宝 APP，用户还可以方便的通过电子社保卡进行网上挂号，首先是在"城市服务"页面中点击"电子社保卡"按钮，如 7-10 左图所示，然后进入电子社保卡页面，在该页面点击"医院挂号"开始挂号，如 7-10 右图所示。

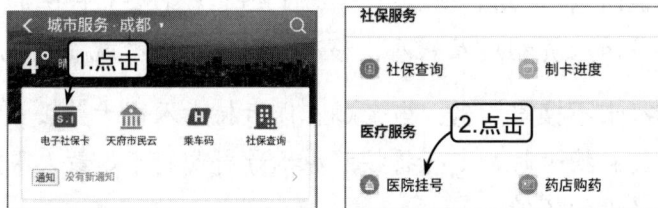

图 7-10

在紧接着的页面中，选择需要挂号的医院，如选择"四川大学华西医院"选项，如 7-11 左图所示，然后在出现的页面中选择需要挂号的科室，如选择"神经内科专科门诊"选项，如 7-11 右图所示。

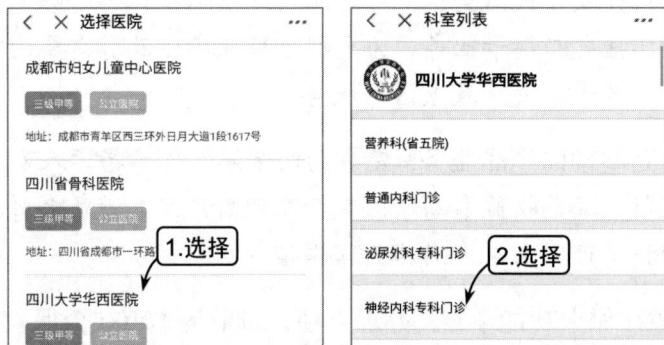

图 7-11

接下来出现的页面中，我们需要选择相应的挂号医生，如 7-12 左图所示（一般医生分各种级别，可以根据自己的需要挂号），在进入到的医生挂号页面中显示了有关于医生的主治级别、主治方向、就诊医院与科室、医生简介、坐诊信息等相关介绍，我们可以选择不同的日期进行挂号，如 7-12 右图所示。

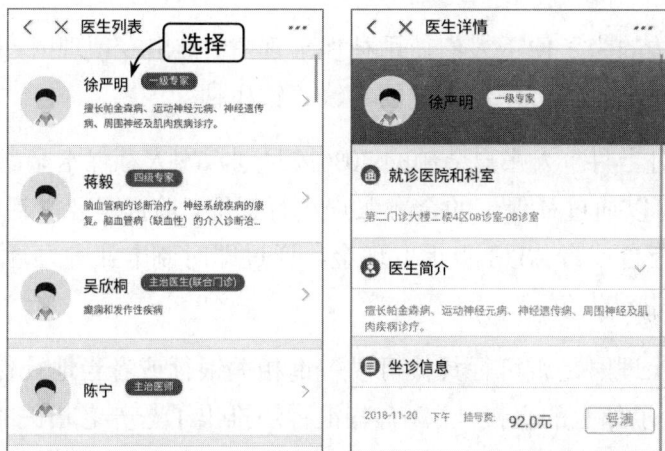

图 7-12

- 签约社区门诊

有些城市，持卡人与社区卫生服务中心"签约"，签约后可享受医保门诊统筹待遇。

- 购买商业险

从 2017 年 1 月 1 日起，上海市职工可使用个人医保账户余额为本人购买商业医疗保险专属产品。首批获准试点产品包括住院自费费用补偿和重疾两个产品。

- 等同图书馆借书卡

在广州，社保卡可以在图书馆自助添加广州图书馆读者证功能，添加了读者证功能后，在图书馆一卡通用。

- 等同公交卡

目前江苏、浙江、上海、北京等地区都已开通或规划开通社保卡刷公交的功能。

社保除了如上的功能，一般还具有直接理财的功能，每张社会保障卡都有两个账户，即社保账户与银行账户，这两个账户之间相互独立，账户内的资金不能互转，医保账户余额不能取出。

某行宣传的为了便于人们使用社保卡理财，推出专项理财产品，一元起购，即时赎回，人们可以让卡里的零钱"钱生钱"。

银行针对当月个人账户金额的 70% 按月划入本人社保卡金融账户，当我们参保后，可以通过社保卡的金融账户进行提取，前提是要激活该社保卡账户，可以在柜台或者 ATM 上提取现金，通过即时制卡业务办理的社保卡的社保功能 T+1 日生效。

当然如上理财是否可行具体可以咨询相关银行或者当地社保局，不能盲目地相信。除了如上的直接理财，有些银行还推出了与养老相关的理财产品，且与社保卡相关。

如中国银行某分行针对社保卡就推出了一款按天理财的产品"养老宝"，据了解，"养老宝"是中国银行与中银基金、嘉实基金合作推出的余额理财产品，目前有中银养老宝和嘉实养老宝两个产品，都支持手机 APP 购买。

据介绍，该产品每日分红，可以快速卖出，资金实时到账。老人只要在手机上安装了养老宝 APP 关联社保卡后，就可将每月发放的工资直接转入"养老宝"。如果急需用钱，可随时从"养老宝"中转出。

当前，各大银行推出的余额理财产品很多，但与社保卡关联，针对退休老人购买的余额理财产品"养老宝"，中银是第一家，它的收益远大于活期及一般的定期产品，且风险较低，资金取用灵活。

第**8**章

少儿险——给宝贝最好的礼物

如果你还不知道如何成为好父母，请让它来帮助你；如果你还在为子女挑选怎样的少儿险而烦恼，你该问问它；如果你担心有一天你突然离去无法照顾子女，你可以请它帮忙；现在就让我们一起去和它聊聊。

◇　购买少儿险的注意事项
◇　少儿险的分类
◇　意外、医疗——保障型少儿险
◇　教育、分红——理财类少儿险
◇　新妈妈如何为宝宝购买少儿险
◇　不可漏掉的豁免附加险
◇　注意短期少儿险的**自动续保**
◇　案例分析

第76项 购买少儿险的注意事项

孩子总能在无意间触及我们的内心深处，那份单纯、那份微笑，无论作为母亲还是父亲，我们最大的心愿无非是孩子能够健康、快乐地成长。可是人生不是一帆风顺的，现在有多少孩子因为意外而失去爸爸或者妈妈，所以你并不能保证你能看着他长大，更不能陪他到永远，可是你忘了你有个朋友会和你一起照顾你的孩子，哪怕有一天你已远去。

※ 事例故事

晶晶今年5岁，在她2岁时，妈妈在一次意外中去世，然后晶晶一直和外公、外婆生活，日常的一些生活费用由爸爸承担，3岁开始，晶晶就在当地的幼儿园学习。今年，晶晶的爸爸和同事再婚，晶晶就和爸爸、继母一起生活，但是在回家1个月后，晶晶在和小伙伴的一次游泳中，不幸溺水身亡。

外公在伤心之余，向保险公司报案，在晶晶1岁的时候，妈妈给晶晶投保了一份少儿险，妈妈去世后，投保人改为外公，受益人也为外公。外公请求保险公司支付保险金，但是保险公司却拒绝理赔，理由是外公对晶晶不具有保险利益。

双方无法协商一致。最后外公上诉至法院，法院判定，晶晶年幼，属于无民事行为能力的人，母亲去世后父亲就成为其唯一的法定监护人，而外公、外婆的照顾属于委托监护人，外公为晶晶购买保险是可以的，保险合同有效，保险公司不得拒绝支付保险金。

而作为拥有监护权的外公和爸爸，不是权利而是职责，因此不享有利益，都不能指定自己为收益人，因此这笔保险金只能作为遗产继承，而父亲是第一继承人，所以该笔保险金属于父亲。

如上例，妈妈为什么会想到给晶晶购买保险呢？当然是对晶晶的爱，想给晶晶多一份关怀，就算自己不在人世，保险也可以代替自己好好地爱晶晶，虽然最终晶晶也离开了人世，至少它对晶晶是一路相随的，如果晶晶能够健康长大，它就可以给晶晶提供教育金、创业金等。

※ 知识看板

有时候我们会给宝宝准备一份礼物，一件玩具或者一条碎花裙。但是它们都无法陪伴宝宝一辈子，宝宝总有长大的一天。而少儿险，却可以作为一份最佳的礼物，无论是成人礼物还是婚嫁金，都将是对宝宝最温柔的呵护。当我们为宝宝挑选礼物时，一定要注意以下事项。

- **投保年龄**：一些产品购买年龄为 0 岁，一般是指宝宝出生后满28 天。

- **保费设定**：保费支出不应过大，宝宝其他方面的花费也会很大，从家庭实际经济出发，合理规划，一般家庭的保费应计划在年收入的10%～20%最好。

- **不重复购买**：上学后的孩子会有学平险，一些福利待遇较好的单位还可以为孩子报销一些医药费，投保前先了解孩子已有的保险，再买商业险补充，如可以先完善社区的少儿医保再对少儿重疾险和意外医疗进行补充，做到不重复购买。

- **缴费日期**：日期不宜过长，一般给宝宝购买定期类保险，保障到宝宝成人即可，宝宝长大后会有自己的理财规划，可以不用考虑太长远。

- **先保谁**：先保大人再保孩子，父母是孩子的支柱，父母的保障才是对孩子最好的保障。

- **保额不超过限额**：以少儿死亡为给付条件的寿险类产品，累积保额不能超过 10 万元，超过部分保费就是白交，不会理赔；对不超过限额的保额，可根据家庭的经济状况逐年调整，不断补充与完善。

- **看清保险条款**：看清合同中的保险责任、免除责任及退保说明等，看清弄懂之后再签字。

- **购买豁免附加险**：购买了意外、医疗、教育储蓄险外，还应购买少儿保费豁免附加险，当有家庭变故，无法支付保费时，可以实现对宝宝的继续保障。

※ 知识延伸

不同的父母对孩子的关爱不同，但有一点是相同的，都想给宝宝最好的未来。对于购买少儿险，不同的家庭总有不同的理由，大体可归结以下几点。

- 保费相对成人购买会低些，年龄越小所交的保费越低。

- 被拒保的概率低，相对来说，年龄越小，宝宝的身体就越健康，疾病更少，越容易核保通过，避免以后购买中的加费投保。

- 强制储蓄，不因生活中的一些原因而花费掉留给宝宝的准备金。

- 可以为宝宝减轻负担，当宝宝将来成人时，保费缴费期已满，宝宝不需要再额外投入保费即可拥有一份保障。

- 为自己减轻负担，提前规划为宝宝准备好教育金，使宝宝将来能受到更好的教育，同时还可为宝宝准备创业金、婚嫁金等。

- 培养宝宝的责任感，养成良好的理财观。

我们不能时时刻刻陪伴宝宝，但是我们可以找个朋友，对宝宝传递我们的爱，帮宝宝渡过人生中每一次危机，让宝宝健康、快乐平安地长大。

第77项 少儿险的分类

我们知道给宝宝买少儿险这份礼物很重要，而且这份礼物还会陪伴宝宝很长的时间，那么我们该如何为宝宝挑选这份礼物呢？文文妈妈最近就在挑选礼物时遇到了麻烦。

※ 事例故事

文文妈妈最近有点烦恼，因为她想给3岁的文文买一份少儿险，但是她不知道现在这个时候买少儿险是否合适，而且她也不知道要买些什么险种，现在市场上少儿险种很多，更不知道该选哪种了。

每家保险公司都说自己的产品好，但是她不知道哪家更好，隔壁家的张奶奶告诉她，给孩子买一份少儿险不如买一份医疗险，这样如果孩子生病，还能报销一部分。

以前的一位同事告诉她，自己也给宝宝购买了一份少儿险。文文妈妈问她买了些什么，她说是一个保险公司的朋友给介绍的，有意外、医疗之类的，具体的她也不是很清楚，如果文文妈妈也想买的话，她可以叫她的朋友给文文妈妈也制订一份，不过每年缴费是挺高的。文文妈妈犹豫了，她不知道设计的保险能不能适合文文。

相信现实中像文文妈妈这样不知道自己该给宝宝买什么险的人有很多，他们也知道该给宝宝准备这份礼物，可是到底该如何选，却让他们很为难。最后，只在某一个保险代理人找到他们时，让代理人给他们做出一份少儿险规划。如果缴费在可承受的范围内或者有点高，且觉得为了宝宝值得，于是就接受了，也许他们自己都还没弄明白什么是少儿险，以及少儿险包括什么内容，更没细看保险条款、免除责任等内容。

※ 知识看板

少儿险，就是被保险人是未成年的孩子的一种保险。由于少儿不具备创造财富的能力，所以我国大多寿险公司都对身故保额规定了上限，一般规定最高理赔为 10 万元，但如果少儿险里面包含了重大疾病保险，则不受此限制。

在我国寿险市场上，少儿险可以分为 3 类：少儿意外伤害险、少儿健康医疗险和少儿教育险。一般购买时都是三者组合购买，不仅节约成本，更是保障全面。在少儿的成长阶段提供医疗与教育储蓄的准备，安全健康地成长是为人父母者最关注的事情。

● **少儿意外险**：简单来说就是针对日常生活中会造成孩子一些意外伤害而投保的保险，孩子因为对新鲜事物的好奇以及自我保护意识较弱，决定了其意外伤害发生率会比其他人群高，因此孩子意外伤害的保障应放在首位。

● **少儿健康医疗险**：是对易导致孩子出现的几种重大疾病投保的保

险，预防孩子在不幸患上重大疾病后，不会因为家庭经济原因，而无法得到快速、优质的治疗。

- **少儿教育险**：是对孩子将来的教育经费所投保的一种保险，它类似于分红保险，不过它的领取年龄有限，一般有孩子初中、高中到大学的教育经费，毕业后的创业金、婚嫁金等。

除了意外、医疗，孩子的教育也是父母的大事，这既是父母的责任也是义务。当今社会，教育经费是一个很大的数字，它要求父母为孩子的未来提前做准备，强制储蓄，确保孩子将来能获得足够的教育资金。那么现实中是不是所有的爸爸妈妈们都为孩子准备了足够的少儿险呢？看下面一个例子：

李妈妈家的宝宝已经 8 个月大了，会爬，更会抓东西。不料有一天，有客人到来，李妈妈去开门，结果宝宝就抓倒了桌上的热水壶。李妈妈赶紧将宝宝送往医院，最后因为烫伤花费下来近万元，可是由于还未给宝宝购买任何保险，所以医药费就得自己承担了。

上例中宝宝的意外是谁也无法预料的，无论是意外还是疾病，我们都无法控制它的到来，唯一能做的就是当它们来临时，能最大限度地降低损失。

※ 知识延伸

当我们已经知道需要给宝宝购买哪些商品时，我们就得找一家出售这些产品最好的商家，那么我们该如何选择保险公司呢？

- **清楚公司的类型**：在我国保险市场，除了存在财险和人寿两大类保险公司，还存在一些健康、养老、汽车专业保险公司，一般的购买者都会在各大寿险公司购买。

- **了解公司的偿付能力及财务状况**：在我国，消费者可通过保监会的相关网站或保险公司的官方网站来了解相关信息。

- **考查服务的质量**：一般考查保险公司的理赔服务质量和代理人服务质量，可通过同行业打听或者从购买过的客户那里了解相关信息。

- **险种价格比较**：同类险种价格，最低的保险公司不一定是最好的保险公司，最低的价格可能是因为理赔较困难或者保险公司本身实力雄厚，具体情况需要购买时了解清楚。

就像我们选择价格优惠同时商品质量也较高的生活超市一样，如果已经选好保险公司，那么就可以去选择宝宝的保险了。

第78项 意外、医疗——保障型少儿险

好动是宝宝的天性，他们会对眼中的新世界感到万分好奇，更会在无意间去验证，在验证中或许就会遭遇意外或者疾病，而这些我们都无法完全阻挡，既然如此那么我们就为宝宝买一把保护伞吧，让它和宝宝一起去面对这些风风雨雨。

※ 事例故事

张妈妈在宝宝 1 岁的时候，给宝宝购买了一份终身寿险，保额为 5 万元，同时附加了一份少儿住院的医疗保险，保额为 5 000 元。

在宝宝 2 岁的时候，有一次突然发烧，医生确诊为肺炎，在宝宝体温稳定以后，张妈妈打电话给自己的保险代理人，然后保险公司相关人员来对宝宝进行了慰问。在保险代理人的陪伴下，张妈妈准备了相关材料到保险公司去进行理赔，保险公司经过审核，对 3 000 元的药费进行了全额理赔。

如上例中给宝宝购买的保险，就是保障型少儿险的一种，除了医疗，我们还需要为宝宝考虑意外情况的发生。

※ 知识看板

保障型少儿险主要包括意外与医疗两部分，意外险主要针对未成年的孩子，因意外带来的伤残或者身故给付保险金的保险，而医疗是对还未成年的孩子，当出现一些少儿重大疾病时支付保险金的保险。

当我们为孩子购买衣服时，会根据孩子的年龄挑选，我们不会给 1 岁的孩子挑选 2 岁的衣服，购买少儿险也是同理，可从孩子的年龄出发，具体介绍如下。

- **0~6 岁**：此时孩子还处于婴幼儿时期，抵抗能力差，容易受外界一些流行性疾病的影响，此时可为孩子购买诸如住院医疗、住院津贴型的保险。

- **7~12 岁**：此时的孩子正处于活泼好动的时期，而且在父母及老师视线之外的时间会较多，意外伤害较多，此时应注意对孩子意外伤害的投保。当然，有条件的家庭，可以适当地为孩子规划教育险的购买，为孩子储备教育金。

- **13~18 岁**：此时是孩子渐渐长大成人的阶段，如果此时还未为孩子规划教育险，家长们可以不考虑购买教育险，此时购买教育险，保费相对会较高，可以考虑购买一些分红产品，每隔一年或两年领取分红从而代替教育险里教育金的支付。

※ 知识延伸

父母可以根据家庭情况为孩子购买保险，当孩子发生意外时可以减轻家里的负担，保障孩子，同时可以得到一定程度上的经济补偿。这类保险主要属于消费型的险种，可作为主险购买，也可作为附加险购买，保费较低，对一般家庭都适合，如某保险公司的 100 元/年的意外卡单。

医疗险也是保障型少儿险里的另一部分，在我国，很多孩子基本上处于无医疗保障的状态。我国的少儿疾病，主要是呼吸道和消化道的疾病，如肺炎、呼吸道感染、腹泻等，医生一般会建议住院，住院的医药费相对较高，因此在给孩子购买保险时，在主险外还应添加住院医疗和住院津贴附加险，这样可以在孩子生病住院时，获得 50~100 元/天的住院补贴。

对于重大疾病险，现在各大保险公司的重疾类保险产品，也可以为孩子购买，以前是只有成年以后才能购买，但是现在市场上也有一些专门针对少儿的重大疾病险，其中包括医疗的附加险，还包括意外、教育等组合式的保险，相对的保障会更全面、价格更优惠。

第79项 教育、分红——理财类少儿险

近年来，随着教育化带来的教育费用逐渐涨高，经济水平及家庭消费观念的改变，越来越多的父母将有限的资源投资在孩子的教育花费上，并提前为孩子做一个财务规划。

※ 事例故事

李先生，33 岁，销售公司职员，常年在外出差，年薪 5 万元左右，妻子是私企员工，年收入 3 万元，他和妻子都有社保，而且在市区购买了一套房子。

他们的宝宝今年 3 岁了。从打算送宝宝送入幼儿园开始，宝宝的教育就开始了，将来他们还希望宝宝能出国留学，于是现在就打算给宝宝做充足的教育储备。

他们本打算将钱存在银行，但是又觉得存在银行有很多不确定性，如利息较低、人民币贬值之类，于是在朋友的建议下打算给孩子购买一份教育险，但是他们却不知道该如何来给孩子购买这份教育险。

如上例中李先生的家庭，孩子还处于教育起步期，孩子的教育花费还不是最高的时期，最高的花费在高中、大学或出国留学等时期，这些花费都需要在前期做准备。教育险或者分红险，都是保障外的理财，而且强制储蓄，不确定性低。同时，除了考虑孩子，还需要考虑到大人，毕竟大人才是保障支撑的根本。

※ 知识看板

对于少儿的理财类保险，主要包括教育储蓄险和少儿分红险。教育险相对来说主要以储蓄和保障为主，定期定额地缴纳保费，到一定时期给孩子领取教育金，举例如下：

李先生给 6 岁的儿子购买了某保险公司的教育险，每年按期缴纳保费 8 000 元，缴了 10 年，那么可以给孩子领取的教育金如下：

- 在儿子 12～14 岁时，每年可以领取初中教育金 2 000 元。
- 在儿子 15～17 岁时，每年可以领取高中教育金 5 000 元。
- 在儿子 18～21 岁时，每年可以领取大学教育金 10 000 元。
- 30 岁，可以领取创业金或婚嫁金 50 000 元。

上例就是为孩子的教育投保，因为孩子还小，所以所交保费相对来说还较低，不过如果孩子在 10 岁以上，保费都较高，则可以考虑给孩子购买一份分红险来代替教育险。

少儿分红险，简单来说就是适合少儿购买的，每年作为压岁钱领取的一种理财保险，不同公司具体的分红不同。举例如下：

章先生为孩子购买了一份分红险，缴费年限为 10 年，主险保额 5 万，那么可为孩子的保障如下。

- **教育金总额**：5~30 岁，每年可领基本保额的 3%即 1 500 元成长关爱金，共计 3.9 万元；15~24 岁，每年可领基本保额的 30%即 15 000 元教育关爱金，共计 15 万元；18、21、24 岁，每年可额外领取基本保额的 30%，即 15 000 元学业有成金，共计 4.5 万元；30 岁，可一次性领取基本保额的 100%即 5 万元成家立业金。

- **保单分红**：每年享受保单分红，若按中档红利演示，至 30 岁累积红利共计 84 927.69 元（低档 87.65 元，高档 148 579.87 元）具体红利以保险公司公布为准。

- **保费豁免**：投保人身故、全残或患合同约定的 80 种重大疾病或 50 种轻症，免交剩余保费，宝宝继续享有保障至 30 岁。

从上面可以看出李先生和章先生为孩子做的教育规划，李先生为孩子购买的是教育险，保费相对较低，教育金在孩子初中时期就开始领取，在孩子成年后一次性领取完整。而章先生给孩子购买的是人寿险里的分红险，给孩子保障至终身，按照一定的保额的百分比领取相应的教育金和创业金，而且每年固定领取一部分分红，但是，就是每年的保费相对较高。

※ 知识延伸

每个家庭的收入不同，可以为孩子购买保险的支出也是不同的。那么我们该如何根据不同的家庭来做不同的规划呢？

● **家庭经济实力一般**：对于此类家庭，家庭收入除了维持日常所需，还能腾出一部分来做额外的安排，那么可以选择两个最基本的险种，意外险+医疗险，这样当孩子因意外受伤或疾病住院可以为家庭减轻一部分负担，同时能保障得到最好的治疗。

● **家庭经济实力较强**：对这类家庭来说，购买教育险只是对孩子的一份理财规划，解决孩子以后大学甚至出国留学的问题，那么此类家庭可以选择意外险+医疗险+教育储蓄险，在理财的同时更为孩子做一份成长期全面的保障。

● **家庭经济实力很强**：在这样的家庭里，对孩子的意外、医疗和教育等都在自己可支出的范围，那么可以考虑在基本险种下给孩子购买一份长远性的保险，可以考虑意外险+医疗险+分红险的组合方式，当然，如果有必要还可以在此基础上给孩子购买一份养老险，那么孩子一生的保障就都有了。

不同的家庭，不同的父母，却有同样的关爱，从自身家庭的经济状况出发，给孩子做一份合理的安排，给孩子准备一份属于他的礼物。

第80项 新妈妈如何为宝宝购买少儿险

初为人父人母，在享受宝宝带来喜悦的同时更会想到身上的责任与压力，通过购买少儿险不仅可以分散压力，还能更给宝宝多一份保障。可很多新妈妈都在疑惑，孩子还这么小，怎么买呢？若要买，该买哪些保险呢？

※ 事例故事

小娟，今年 28 岁，大学毕业后一直在北京奋斗，一年前和老公结婚，今年6月有了一个小宝宝，和大多数北漂族一样，通过自己的奋斗和父母的资助，她和老公在北京按揭购买了一套二居室，付了首付。

小娟每月工资5000元，老公每月工资8000元，年底会有2~3万元的年终奖，因为买房和宝宝的开销，现在就剩下2万元的国债和2万元定期存款，而她和老公每年还要缴纳6000元的商业险保费。

自从有了宝宝，她和老公就开始为宝宝的将来规划，不想让自己的宝宝输在起跑线上，于是小娟想给宝宝购买一份少儿险，但是她不知道一年该规划多少资金在少儿险上，不知道宝宝适合的险种有哪些。

像小娟这样的新妈妈有很多，不仅要学习如何做一个妈妈，还要考虑宝宝的将来，每个新妈妈都不想自己的孩子落后于人，于是在宝宝达到一定的年龄就开始送宝宝去各种培训班，如钢琴、舞蹈、绘画等，而且就连幼儿园也一定要选最好的，这些都将是一笔很大的花费，是从宝宝落地开始新妈妈就应该思考的问题。

※ 知识看板

新妈妈该如何给宝宝购买保险呢？是购买全险还是只买一份医疗险呢？宝宝在不同的年龄阶段的需求是不同的，但是都要遵循一个规则，能为宝宝购买的保险都将是在出生后满28天或者30天才能购买。

新妈妈在给宝宝购买少儿险之前，一定要注意两点，一是保费不要超过自己年收入的10%，二是给宝宝投保的保额不要超过10万元，即使超过10万元保额，多交了保费，超出的部分，一般保险公司也不会理赔。根据家庭收入的不同，可以做不同的规划，以具体家庭为例：

李妈妈刚刚给宝宝庆祝完满月，听朋友说给自己的孩子购买了少儿险，于是她也打算给自己的宝宝买一份，但是对于该拿出多少资金来购买，要买的险种都不是很清楚，于是在朋友的推荐下，一个保险公司的代理人给她做了以下3种规划。

方案一：家庭收入在 4~6 万元，可为宝宝选择意外险，保额为 1 万元；住院医疗险，保额 1 万元；重大疾病险，保额 10 万元。总花费为 2 600 元，是年收入的 7%，没有超出规定的 10%。此方案适合基本型的家庭，适合那些还存在房贷、车贷，在满足基本生活之余还有一部分结余的家庭。

方案二：家庭收入在 7~10 万元，可为宝宝选择意外险，保额 1 万元；住院医疗险，保额 1 万元；重大疾病险，保额 20 万元，年缴保费 5 000 元，占年收入的 7% 左右，也没有超出限额规定的范围。

方案三：家庭年收入在 15 万元以上，可为宝宝组合购买险种：意外保险，保额 1 万元；住院医疗，保额 1 万元；重大疾病险，保额 20 万元；教育险，保额为 10 万元，年缴保费 8 000 元，总计年缴保费 1.3 万元，占年收入的 8% 左右。

看完代理人的方案，考虑到家里的收入状况，李妈妈选择了代理人推荐的第二套方案，首先为宝宝考虑到了意外与医疗，但唯一遗憾的是还没有考虑到教育险，她打算等过一两年宝宝能上学的时候再把教育险给补上。

上例中的李妈妈为满月的宝宝购买少儿险，主要从家庭的经济状况、宝宝的需求出发，此时宝宝最需要的是意外和医疗的保障。随着宝宝一天天长大，宝宝会去上学，将来会上小学、中学、大学，甚至出国留学，这些花费将达到 60 万元以上，还不算培训费、生活费及其他的花费，所以给宝宝考虑教育险来减轻经济负担，保障宝宝能受到良好的教育是有必要的。

第81项　不可漏掉的豁免附加险

当在给宝宝购买少儿险时，千万别忘了购买豁免附加险，你永远不知道明天会发生什么，所以不管任何意外，你都要确保宝宝的未来有人埋单。

※ 事例故事

李先生为自己的宝宝投保了一份保额为 5 万元的教育险和附加重疾险，年缴保费 5 000 元，保险期限到宝宝 25 岁，双方约定在宝宝 18~21 岁每年领取 1.5 万元作为大学教育金，保险期满可一次性领取 4 万元。

然而到了第二年，李先生发现如果 5 000 元的保费投资到基金市场的话，那么孩子在 18 岁以后，领取到的资金会高于 15 000 元，于是他给孩子退了保，将 1 万元投资到基金市场。

第三年，李先生在一次意外事故中身亡，他对宝宝的教育计划就只有这 1 万元，假设每年的基金平均收益率保持在 10%，到宝宝 18 岁时，只可以拥有 45 000 元的收益。

但如果他未给孩子投保，那么根据教育险特有的保费豁免功能，在投保人李先生不幸身故后，将豁免以后各期的保费，那么同样的 1 万元投资在保险上，在孩子 18~25 岁，可以提供 10 万元作为教育金，对在 25 岁前患上的重大疾病还可以提供 5 万元的医疗费。

相信生活中有很多像李先生一样的家长，在给孩子购买教育险几年后，因为孩子一直未出意外或患上重大疾病，于是就将原本给孩子购买的少儿险退掉，用于其他投资，可是相比之下，少儿险重在保障，其次才是收益，就算最后在父母无法给孩子埋单时，它仍给孩子提供保障与收益。

※ 知识看板

保费豁免是指投保人不幸身故或患上重大疾病后丧失缴费能力时，保险公司将会免去投保人之后应缴纳的一些保费，而对孩子的保障，如重大疾病的保障、教育金的领取等都不会受此影响。具体举例如下：

李女士，30 岁，儿子今年 8 岁，为了孩子的教育，她和其他父母一样提前为孩子准备教育金，在代理人的推荐下，她选择了一款保额为 3 万元，缴费 8 年，每年缴费 3 800 元的保险，其中包括 200 元的豁免保费，儿子在 15~17 岁可每年领取 1 800 元作为教育金，18~21 岁，可每年领取 5 400 元作为大学教育金，满期还能领取现金红利总计 3.2 万元。

这每年 200 元豁免保费的缴纳就意味着，即使在缴费期内，当她遭遇任何的意外或者疾病，保险公司将为后期的保费埋单，而儿子的这些教育保障将不会因此受到影响。

不同的保险对保费豁免的收取不同，有的豁免条款仅仅只针对意外伤害，而有的豁免则将疾病排除在外，一般作为附加险与主险相连，它可以维护投保人和少儿的保障利益。一般保险条款上会写明豁免保费这一功能。

※ 知识延伸

除了在少儿险里的保费豁免，在其他的一些人寿险里也存在保费豁免。

5 年前，章先生为自己购买了一份养老保险，在代理人的推荐下还选择了保费豁免，但是在今年 5 月，他突发急性心脏病，幸好家人发现及时，送往医院，经过开刀治疗，痊愈出院。

但是经过此病后，他身体长期虚弱，医生建议长期休养，无法再继续工作，但是他又不想失去这份保单，于是他凭着鉴定中心的"完全丧失劳动能力"的鉴定证书，向保险公司申请保费豁免，保险公司豁免了两年的保费，两年后将再次对他的身体状况评估，来判定是否还需再豁免保费。

如上例中的章先生，保险公司同意了他的豁免申请，前提是在他购买的保险条款里存在这一条，保险公司暂时豁免两年的保费，因为无法完全确定其劳动能力的丧失是否为永久性的，若两年以后他仍无法从事任何工作，保险公司将继续提供豁免，直到缴费期满。对于保费豁免，我们一定要注意避免三大误区，具体如表 8-1 所示。

表 8-1　保费豁免的三大误区

误区	描述
豁免是免费午餐	我们都知道一个道理，天下没有免费的午餐，因此不管是以附加险形式出现，还是直接出现在主保险的合同条款中，投保人都要为这一额外保障支付保费，一般会在总保费的基础上增加 5%～10%
豁免是终身制	虽然"保费豁免"是一项人性化条款，但它不是终身的。如果交费期满、被保险人年满 65 周岁以及被保险人恢复部分工作能力，并能够工作生活时，只要满足其中任何一个条件，"保费豁免"就中止了
所有伤残都符合	一般豁免条件有 3 种，即全残、身故以及重疾。比如少儿险，因投保人全残，保费豁免的情况就常出现。但要注意的是，不同险种中"保费豁免"的具体内容千差万别，并非所有伤残都符合保费豁免条件

因此，当投保人在考虑保费豁免时，应具体问题具体分析，保险公司不是福利机构，天下没有免费的午餐，所有的拥有都需要付出相等的代价，要想拥有保费豁免的权利，那么同样就需要增加相应的保费支出。

还要注意，保费豁免不是一旦购买就能确保终身的，当投保人的缴费期满，如果具有相应的投保能力，那么此项特权是不会再享有的。同时不能将保费缴纳寄托在伤残上，不是所有的伤残都符合保费豁免。

那么是不是保费豁免就不需要了呢？一个东西好与坏，关键看你如何去运用，保费豁免就是这样的，如果运用得好，它将给我们带来一定的利益，那么，面对保费豁免我们该如何购买呢？可从表 8-2 所示几方面考虑。

表 8-2　保费豁免的购买考虑要点

要点	描述
明确买给谁	保费豁免一般可分为被保险人豁免保费与投保人豁免保费。前者一般是指被保险人自己丧失了劳动能力后，余下未交的保费可以豁免。而后者一般是指投保人完全丧失了劳动能力，保险公司豁免投保人其后应交的保费，使被保险人的保障权益仍然有效
父母双保	如果作为投保人的家长因意外而丧失了相应的劳动能力，将会连基本的生活都成问题，更不用说承担保费了，因此在购买保险时应考虑保费豁免，特别是父母给孩子购买的教育储蓄险，最好父母两人都作为孩子的投保人。那么只要其中一人发生意外而无力交费，余下各期保费都能免交
搭配险种	保费豁免一般是作为附加险存在，需要搭配在一定的主险之后，而"豁免保费"的利益保障就是免交保费，所以，"豁免"要附加在保费最贵、将来能返还的产品后面才最有利。所以在购买主险时，应考虑清楚，一般最好的搭配应该是养老险、子女教育金储蓄保险之后。而对于一般消费型的意外险、医疗险，它们的保费本身就很低廉，达到豁免要求时往往也已经达到合同理赔的标准，相对来说增加"豁免"保障意义不大
分清豁免类型	"保费豁免"一般有 3 种形式：一是作为单独的附加险存在，如友邦保险推出的附加保费豁免保险；二是作为附加险与特定主险相捆绑，如中意人寿的附加理财豁免保费定期寿险；三是作为主险合同的条款之一，如民生人寿推出的少儿险主条款中，就设立了保费豁免这一情况。所以我们需要具体问题具体分析，明确购买的类型

第82项 注意短期少儿险的自动续保

一些年轻的父母由于工作繁忙，如果没有代理人的提醒，那么可能会忘记每年保费续交的日期，也可能已经自动续保了还不知道，无论哪种情况，如果你曾选择自动续保而又打算退保时，一定要书面告知保险公司，否则容易产生一些纠纷。

※ 事例故事

刘女士曾为自己 5 岁的儿子购买了一份少儿险，包括意外与医疗，它属于一份短期消费险，保险期限为一年，当时在签订保险合同时，刘女士把自己的身份证号码、地址、工资账号等告诉了代理人，保费的缴费方式即为在她的工资卡上直接扣除。

在第二年的时候她不打算再续保，于是就不再管理此事，但是 1 周后，保险公司却给她寄来了自动续保的发票，她还没弄清怎么回事，直到看短信时，想起曾经保险公司发来一条短信，于是她翻开仔细阅读，才发现短信里提示，如果短信不回复就意味着没有改变，那么就将视为自动续保。

自己当时看着是保险公司客户部的来信，也没怎么注意，没想到就是这么一条短信，几百元就没了，金额不多，但是她感觉这里边总存在不公平性，如果她给孩子购买的保险金额是较大的险种，几千元甚至几万元的，那么会不会也就这样不知不觉地就被扣掉了呢？

如上例中刘女士给儿子购买一些短期消费型的少儿险的父母有很多，他们也遇到过这类情况，当不再续保时也没有告知保险公司，于是保险公司就认为自动续保了，第二年、第三年还是如常扣除保费，因为保费金额不大，他们也没有在意，那么我们可不可以避免这样的情况产生呢？

※ 知识看板

就短期类保险产品来说，在保险合同里，一般会将合同自动续约设置成默认的状态，除非购买者在第二年自动续约前主动到保险公司或者打电话给代理人要求取消续约，不然就将视为自动续保。

许多消费者在无意中都可能出现这样"被投保"的情形，在短期消费险里，主要是一些意外和医疗类的保险，如果当时自己没有仔细阅读过合同，而代理人没有讲清楚或者根本没有代理人，那么就容易出现这类情况。

在早期，这类保险的续保还会需要客户填写书面确认。但随着几年来保险市场险种的增加，投保的消费者越来越多，于是很多保险公司规定，只有当保单没有代理人的情况下才会派人以电话的方式确认，否则一般采取短信通知的方式，这就导致了上例中的情况出现。

那么面对如上的一些情况，消费者可以采取什么样的方式来维护自己的利益呢？

● 当决定不再续保时，要提交书面申请，或打电话给自己的代理人，否则对一些如养老险之类的保险，会自动扣缴保费至60岁或65岁，直到超出投保年龄。

● 投保时尽量不要提供工资卡，一般可以提供一张专交保费的卡，每年需要固定存钱或转账，当保险合同过了宽限期，卡上余额还不足以扣缴保费时，保险合同会自动终止。

● 购买一些短期意外险时，无论是宝宝的还是大人的，可以购买卡单式的，一般不存在自动续保的可能。

综合来说，自动续保对消费者来说有利有弊，它对繁忙的上班族来说，简化了缴费程序，还可以避免因为错过缴费日期而退保，而且对一些短期医疗来说，保险公司一般会在续保时进行第二次核保，若有自动续保功能，那么保险公司是无权拒保的。

自动续保会带来如上的一些纠纷，但同时我们也可以采取措施来避免因此而带来的一些损失。

第83项 案例分析

前面介绍了如此多的内容，做了那么多的准备，也许很多爸爸妈妈还是不知道怎么来给孩子挑选这份合适的礼物，那么本节将通过案例来具体介绍如何进行挑选。

※ 事例故事

秦女士，25 岁，在一家私营企业工作，月工资 3 000 元，她的宝宝今年 5 月已经 1 周岁了，虽然家里收入不高，但是她和其他妈妈一样，都希望能给宝宝购买一份保险。于是在朋友的介绍下，秦女士给宝宝购买了一份组合险，具体如下：

意外伤害险，保额 10 万元；疾病身故，保额 5 万元；住院医疗，保额 6 万元；门诊医疗，保额 5 000 元；住院津贴，100 元/天；少儿重大疾病险，保额 5 万元。总计花费 400 元/年。对秦女士来说，这非常适合自己的支出，不仅实惠，还能给宝宝全面的保障。

一些爸爸妈妈给宝宝保险的投资在 1 000 元以下，但更多的爸爸妈妈会给孩子做长期的规划，一般缴费都会在 1 000 元以上，有条件的家庭缴费甚至在 1 万元以上，那么对于购买少儿险在 1 000 元以上的，该如何计划呢？

※ 知识看板

不同的家庭因为选择的保险公司、代理人不同，家庭经济支出，宝宝的年龄等存在的差异，所以对少儿险的组合也会存在一些区别，举例如下。

例 1：张先生为宝宝（0 周岁）投保平安全能英才教育年金保险（分红型）基本保险金额 50 000 元，交费期为 10 年，年交保费 20 574 元，指定身故保险金受益人。则宝宝可以享有如表 8-3 所示的保障。

表8-3　张先生宝宝所享受的保障

产品	领取人	给付金额	领取条件
成长关爱金	宝宝	50 000 元×3%=1 500 元	宝宝自第 5 个保单周年日起每年到达保单周年日生存
教育关爱金	宝宝	50 000 元×30%=15 000 元	宝宝 15~24 岁保单周年日生存
学业有成金	宝宝	50 000 元×30%=15 000 元	宝宝 18、21、24 岁保单周年日生存
成家立业金	宝宝	50 000 元×100%=50 000 元	宝宝 30 岁保单周年日生存
身故保险金	妻子李女士	所交保险费与身故当时的现金价值两者中的较大者	宝宝身故

　　这类保险一般适合家庭年收入在 10 万元以上的家庭规划，在保障的同时更兼顾了理财分红，但是这类保险对一些年轻的爸爸妈妈来说，会比较有压力，那么会有和此类相似但是缴费较少的险种吗？

　　例2：王先生为自家刚 3 个月的宝贝购买了一份少儿险。其中教育金保额 10 万；重大疾病保额 20 万；意外医疗保额 2 万；住院津贴保额 150 元/天；交费方式：月交；交费期间：10 年，宝宝具有的保障如表8-4 所示。

表8-4　王先生宝宝所享受的保障

产品	给付金额	领取条件
教育关爱金	24 万	高中教育年金：15~17 岁，2 万/年；大学教育年金：18~21 岁，3 万/年；深造教育年金：22~25 岁，1 万/年；满期保险金：25 岁，2 万
重疾保障（附加险1）	最高 40 万	重大疾病保险金：20 万 特定重大疾病保险金：额外给付 20 万
住院津贴（附加险2）	最高 300 元/天	普通住院津贴，150 元/天，意外住院津贴：300 元/天；在每一保单年度内，住院津贴保险金累计给付天数以 90 天为限
意外医疗保障（附加险3）	2 万	对于社保范围内的医疗费用： 社保先报销的，赔付余下的 100% 社保未先报销的，赔付 80%

　　除了上表的保障，王先生宝宝还会享受如下保障。

- **身故保障**：如果被保险人在合同期间内不幸身故，按所交全部主险保费与其现金价值较大者给付身故保险金。

- **保费豁免**：如果投保人不幸身故或患合同约定的 65 种重大疾病，免交剩余保费，宝宝继续享有保障至 25 周岁。

- **增值服务**：保障期间，免费提供三甲医院背景医生电话咨询服务，包括病情预判、日常健康咨询及紧急情况专业处理等。

以上重疾保障、住院津贴，均为等待期后发生，依照条款理赔。合同附加险 1、2、4 的等待期为 180 天；因意外伤害导致身故、疾病、重疾没有等待期限制。这一类保险主要侧重在保障，包括发生重大疾病时对家里的减负，同时还有豁免条款，它保证了即使在将来爸爸妈妈无法正常缴纳保费时，也能保障宝宝未来的利益。

例 3：章先生为自己 9 个月的宝宝购买了一份少儿险，主要由主险和附加险构成，具体如表 8-5 所示。

表 8-5　章先生宝宝所享受的保障

项目	险种产品	保险期限	缴费期限	保费(元)
主险	平安少儿平安福 18 终身寿险	终身	20 年	3 936
附加险	平安附加少儿定期寿险	至 25 周岁年	20 年	140
	平安附加少儿长期意外伤害保险	至 70 周岁年	20 年	740
	平安附加少儿平安福提前给付重大疾病保险	终身	20 年	3 290
	平安附加豁免保险费重大疾病保险（2018）	与保险公司约定年	与保险公司约定	11.69
	平安附加少儿平安福恶性肿瘤疾病保险（2018）	终身	20 年	828
	平安附加少儿平安福豁免保险费疾病保险（2018）	与主合同一致年	与主合同相同	97.92

如上是具体的险种、保险期限、缴费期限以及缴费金额等，同时宝宝可享有的保障如下。

- **身故保险金保额**：48 万元，若身故，按身故时的基本保险金额给付身故保险金，合同终止。自驾车意外伤残或身故特别保险金 204 676 元，特定轻度重疾保险 94 000 元。

- **恶性肿瘤保险金**：46 万元，经医院确诊初次发生平安附加少儿平安福提前给付重大疾病保险合同约定的"重大疾病"中的"恶性肿瘤"后，保险公司按照一定的方式承担恶性肿瘤保险金责任。

- **少儿特定重大疾病保险金**：47 万元，若经医院确诊初次发生合同约定的"少儿特定重疾"，但此前未发生合同约定的"重大疾病"，按照基本保险金额给付少儿特定重疾保险金。

- **其他的见保险条款。**

此类产品，保费的起点较高，适合中高收入家庭，它主要侧重在保单的重大疾病保险，类似第二类分红产品，但缴费压力会大于第二类，三种类型的保险总结如下。

- 第一类主要侧重的是分红，是给宝宝规划以后的教育险，而且投入越高，那么将来可以领取的金额就越多。适合年收入在 10 万元以上的家庭。

- 第二类的少儿险比较大多家庭，它兼顾了意外、医疗、教育，属于综合保障型的产品，而且保费还在可接受的范围，当然，保费的多少还可以根据家庭经济状况来调整。

- 第三类少儿险，一般适合高收入的家庭，重点在于对于宝宝的重大疾病保险进行投保，它的资本投入也相对前两类较高，适合家庭年收入在 20 万元以上的家庭。

第**9**章

年金、万能险——安享晚年

对于晚年的安排，你是否认为拥有社保就已足够？退休后领取的养老金真的能保障基本的养老吗？如果除了养老之外你还想用剩余的资本来照顾后代子孙，还想和老伴去环游世界，社保能否足够？本章将对养老的另一种补助安排——年金和万能险做详细地讲解。

◇ 潇洒走一回——养老险
◇ 年金保险与银行储蓄谁划算
◇ 个人年金与联合年金
◇ 终身年金
◇ 最低保证年金
◇ 年金案例分析
◇ "万能"养老
◇ "万能"险如何计算收益
◇ "万能"险案例分析

第84项 潇洒走一回——养老险

大多老人把自己的储蓄投资放在自己的孩子身上，以备将来养老之用，因为中华古老的传统——养儿防老。

当然，也有一部分老人会把自己的积蓄放置于银行，更有一部分老人将自己的积蓄投资于保险，那么怎样的方式才是老人养老最好的选择呢？

※ 事例故事

张奶奶今年67岁，两年前将一笔20万元的储蓄存于银行，为5年期定期存款，准备以后养老。

但是今年3月初，儿子投资生意失败，张奶奶逼不得已取出存款，但是因为提前取出，就只能按活期利息计算，而张奶奶的养老金却不知道在哪里。

同样年龄的刘奶奶，由于无法购买养老保险，于是在两年前将自己的储蓄20万元存于保险公司，以存款的方式，利息相对银行较高，而且保险公司还附赠一份重大疾病保险。

当刘奶奶的孙子准备出国留学时，家里暂时无法周转，于是向保险公司保单借款12万元，并在半年后补上，合同继续有效，利息也不变。

对于张奶奶和刘奶奶来说，谁的养老能得到保障呢？谁的规划相对较好呢？谁能实现晚年生活潇洒走一回呢？

※ 知识看板

相对来说，存于保险公司的钱比较灵活，不像存于银行的定期存款，临时取出的话会损失一大部分利息，所以最好的养老方式是在年龄限制之前购买一份养老保险。

无论是子女为父母还是老人为自己投保，都要注意几个问题。首先，注意投保年龄，现在大多公司推出的商业险的养老保险年龄范围一般在50~60岁，不同险种规定不同；其次，商业养老险补助社保，保证将来的生活质量；

再次，选择带分红的养老险；最后选择以月、季或者年的方式领取养老金。

※ 知识延伸

现在一些老年人仍然购买一些投资理财保险以抵御通货膨胀，避免货币贬值带来的损失，同时降低购买股票带来的风险。

那为什么他们不将钱放置于银行呢？放在银行的钱会不会贬值呢？在解答这个问题之前，你首先需要知道什么是通货膨胀。

通货膨胀，简单来说就是指市场上流通的货币超过了实际需求，从而引起货币贬值的现象。当通货膨胀率过高时，银行就会采取提高存款利率的方式来抵制它，但是当存款利率赶不上通货膨胀率时，情况就很不乐观。

在那种情况下，你在一年前存的钱并不能购买一年后同样的商品，就意味着你的存款在缩水，将来能购买的东西也较少，即意味着你的货币已经贬值了，你的存款已经消失一部分了。

第85项　年金保险与银行储蓄谁划算

通过多年的拼搏，我们手里终于有了一些闲置的资金，于是我们就会开始考虑以后的养老计划，把钱存进银行的养老方式已不是第一选择了。现在大多数人都会给自己考虑购买养老保险，那么在保险超市里，该怎样挑选合适的养老保险呢？

※ 事例故事

王先生今年 40 岁，自己购买社保，但他希望在晚年不仅能保障基本的物质供应，还要能享受生活，于是在朋友的推荐下，给自己购买了一份养老保险。在这份养老保险里，年缴保费 2 万元，缴费 10 年，保费总计 20 万元。

那么他能怎样领取养老金呢？他计划从 60 岁开始分期领取，则每年可固定领取 1.5 万元，到 79 岁，总计领取养老金 29.88 万元，如果红利选择中档利率，则 79 岁时的红利累计 21.17 万元，总计可领取 51.05 万元。

如果他选择在 60 岁时一次性领取完，则可领取养老金 25.78 万元，到 60 岁的累计红利 8.09 万元，总计 33.87 万元。

如上例中王先生购买的就是一份年金保险，包括了养老与理财的功能，可以保证客户的资金安全，而且还可以享受保险公司分红，在一定时期里可以保持货币时间价值，保值资产。那么市面上还存在哪些其他的保险呢？

※ 知识看板

年金保险，一般是指由被保险人和保险约定期限，在约定的期限，以一定的年度周期给付给被保险人保险金的保险。但是它是以被保险人生存为条件的，如果被保险人死亡，则会停止支付。

在领取年金之前一定要交清保费，一般保险公司是不允许在缴费的同时领取年金的，对于年金保险的购买，举例如下：

章先生，30 岁，公司管理人员，年收入 10 万元以上，他最近为自己购买了一份年金保险，年缴费 1 万元，保额 1.26 万元，缴费 12 年，保障至他 74 岁，参考保险条款及利率，他大概计算了一下自己的收益，每年可以领取：$(75-21) \times 1\,511 \approx 8.16$（万元）。

红利可以领取 23.28 万元，在 75 岁时，可以领取 15.11 万元祝寿金，75 岁可享有 16.62 万元的风险保障，计算下来的实际总支出为保费-年金-缴费期间的红利=7（万元），总收益约为年金+红利+祝寿金=46.5（万元）。

如果章先生将这 12 万元投入银行，5 年定期转存，以利率 2.75%单利计算，75 岁的收益简单介绍如下，前 10 年本息和：12 万元$\times(1+2.75\% \times 5)^2$=13.65 万元，后 10 年本息和=13.65 万元$\times(1+2.75\% \times 5)^2$=17.66 万元，最后 4 年的本息和=17.66$\times(1+2.75\% \times 5)^2$=22.85（万元）。

从上可以看出，章先生同样资本投入下来，如果购买养老保险的话，年老时能领到的养老保险会更多些，虽然是以单利的方式计算，但是就算是以复利计算，银行存款 12 万元，20 年的利息也不可能达到 10 万元，所以，相比之下，购买养老保险会相对优惠些，除了红利之外还能多一层保障。

※ 知识延伸

现在保险市场的一些年金产品，相对来说和社保养老差不多，跨度时间会有点长，可能会达10 年或者 30 年，所以当我们购买时一般应考虑每年分红的年金产品，保证每年能领取一部分，除此外还应注意以下几点。

- **确定年金的领取方式**：现在保险市场关于年金的领取方式一般存在定时、定额、一次性领取。定时，一般是指到 60 岁或每年固定领取多少年金的方式；定额则是如每隔 5 年或 10 年固定领取多少年金的方式；而一次性领取则是规定时间，一次性领取完所有年金的方式。

- **适当的年金领取额**：对注重养老生活品质的人来说，要注意购买时选择一些每年年金领取较多的年金险，不同于社保，一些年金保险或有 10 年或 20 年的保证领取期限，避免如社保一样因为自身寿命过短而损失养老金。

- **慎选年金保险产品**：在保险市场的各大保险公司的年金保险产品，一般年金的领取时间会在 50 岁、55 岁、60 岁、65 岁等几个阶段，但也存在一些边缴边领取的年金产品，这类产品因为缺乏货币的时间价值，导致产品的现金价值较低，这对消费者来说是不划算的。

了解了这些年金的注意事项，做好了买前准备，那么现在就可以开始挑选一款适合你的养老产品了。

第86项 个人年金与联合年金

无论是单独为自己购买一份还是和自己的妻子（丈夫）一起购买，最终都是为了养老，为了在未来一样能享有高品质的生活，不因年老而失去潇洒人生的机会，是个人还是联合，该如何去抉择呢？

※ 事例故事

李先生今年 30 岁，是一公司的管理人员，他为自己购买了一份养老保险，具体如下：

这份保险包括 3 个部分，年金保险＋附加定期寿险＋附加豁免保费险，年缴 4.3 万元，缴 6 年，保额 10 万元，在他 36 岁时就可以领取年金，第一年为 5 000 元，每两年生存金递增 250 元，直到领取 1 万元为止，此时，每年领取的保额相等，如果他健康生活至 100 岁，还可以领取满期金 10 万元，累计 64.5 万元，低档红利 11.1 万元、高档 39.8 万元，对保险公司来说，红利一般是不固定的，随公司的经营利润的大小而有所改变。

如上例中的李先生在购买养老险时还购买了定期寿险、豁免保费险，在享受盈利分红的同时，还对身故或高残有了一定的保障，而且还购买了附加豁免的保费保险，那么当被保险人无力交费时，这份养老险仍然在保障他。

※ 知识看板

个人年金是指当被保险人只为一个人时，只有当个人生存时才给付保险金的保险合同；联合年金则是指以两个被保险人的生存为给付条件，给付期限为其中有一个人死亡。

联合年金保险一般是夫妻共同投保一份养老保险，以夫妻双方为投保人，但是这类保险的缴费、将来生存金的领取等，计算相对麻烦，所以一般各大保险公司推出的此类保险产品都较少。

那么该如何为自己选择一款年金保险呢？举例如下：

汤先生，30 岁，自己经营小本生意，月收入 1.5 万元左右，在代理人的推荐下，他在自己可支出的范围为自己购买了一份养老险，年缴保费 1.1 万元，缴费 20 年。

年金：他打算 50 岁开始领取养老金，每月可以领取 1 000 元，领取到 88 岁，总计为 33.6 万元。

贺寿金：当 88 岁时，还可以领取 8.8 万元作为贺寿金。

红利：以中档次利率计算，可领取红利 55.7 万元，三笔总计 95.1 万元。

总投入：22.292 万元；**总收入：**95.1 万元；**总收益：**72.080 8 万元。

从上例中来看，汤先生就是为自己购买了一份分红型的个人年金养老保险，和社保养老相似的是，也是每月领取。

对这样的养老保险，消费者活得越久领得越多，而且投入的成本越高，利润相对高些，这就和我们投资基金、证券、股票相似，只是风险相对较低，而且还有保障。

第87项　终身年金

我们不仅要对突来的意外、疾病做好准备，更要为长寿打下基础，当年迈时，不仅能够解决基本的温饱问题，更能实现红酒加西餐的潇洒，这一切的基础都在于你手里有足够的资本，以钱生钱一直是投资的王道，能不能以钱生钱，还能有保障呢？

※ 事例故事

刘先生今年 30 岁，除了社保外，他还给自己购买了一份终身年金保险作为将来的养老补充，年缴保费 10 万元，缴费期限 10 年，总计缴费 100 万元，保额 44.236 万元。

他的这份养老保险，领取年龄是在 50 岁，每年领取 5.1766 万元，养老金逐年递增，90 岁时，养老金可领取 9.8745 万元。

如果在 50 岁不幸需要专人护理时，可每年多领取一倍的养老金，即

10.3532 万元，90 岁时，可达 19.749 万元。

同时在 50 岁时，可以领取一笔红利 43.4974 万元，他的养老金总额为领取的养老金和红利，在不幸需要护理时，还有一笔护理金。

如上例中的这一类养老保险，缴费较多，如上总计达 10 万元，一般适合年收入 100 万元以上的家庭，但相对的，投入较多，则领取的也相对较多，而且相对于社保的补充，领取日期可以提前于社保。

※ 知识看板

终身年金，一般是指消费者可以一直领取年金直到死亡的一种年金保险。相对来说终身年金是一种针对长寿的人群的保险，保额高低可以适当调整，如果寿命超过了预期寿命，那么就将获得额外支付。

那么在如此众多的终身年金保险面前，我们该如何选择呢？举例如下：

李先生是一位事业单位的工作人员，今年 30 岁，已经拥有社保，但是他想将来自己的养老更有保障，于是又给自己增加了一份商业养老保险，保额为 1 万元，年缴保费 6 825 元，缴费期限 20 年，月交保费 568.75 元。

年金： 从 60 岁开始每月领取 1 000 元，保证领取 20 年，即 24 万元。

红利： 每年都有现金分红，采用累计生息的方式，以中档的利率计算，他在 79 周岁可获得的累积红利为 19.0757 万元，但一般公司的红利以公司的经营状况为准。

身故金： 如果他不幸在 60 岁前身故或高残，可以拿回已交保费成本。

像李先生这样的上班族，有自己的社保，能保证自己年老时的基本温饱，但是对于其他的花费还没有保障，于是在允许的支出之外，投入一部分资金在商业养老上，相对来说每月的成本也不会太高。

我们在选择终身型的年金保险时，首先，可根据自己的家庭年收入来做规划，家庭年收入在 5 万元左右的，可选择与上例李先生类似的终身年金产品，年缴费不多，但是能对社保起到补充作用。

　　家庭年收入在 100 万元以上的家庭可选择如刘先生购买的年金保险，缴费较高，但是年金领取较多，而且保障较高。

　　其次，无论是哪类家庭，都将关注年金的领取日期及保证领取日期，如上例中的李先生购买的年金，保证领取日期 20 年，避免因为寿命太短而无法领取到足够的年金。

　　再次，还要关注自己购买的年金保险的红利领取，一般会进行现金领取、累计生息以及一次性领取等，在购买时，双方可约定，一般累计利息和到年金领取日期一次性领取会更好地保障货币的时间价值，抵制通货膨胀。

　　最后，除了年金、分红外，还需关注的一个方面是对身故和高残的保障，这就是和股票、债券及基金等投资最本质的区别，对于终身年金保险的保障来说，保障期限为终身。

第88项　最低保证年金

　　也许很多消费者都会担心一个问题，如果购买了一份年金保险，但是如果还没到领取年龄就死亡，那么购买的年金保险是不是就亏本了？那些未能领取的年金保险还能不能领取？

※ 事例故事

　　张先生，35 岁，自己做点小生意，打算在 55 岁退休，于是他也给自己购买了一份养老保险，每年缴费 7 980 元。缴费期限 20 年，55 岁开始领取养老金，每月 1 000 元。无论 55 岁时，他是身故还是生存，保险公司都保证支付 20 年，20 年给付期满，保险合同终止。

　　当在 55 岁前身故，保险公司将支付身故保险金，以所交的保费累计之和或合同保证的现金价值孰高孰低来确定，取其高者给付受益人。

　　当他 50 岁领取时，总投入 17.535 万元，总领取 24 万元。当他 55 岁领取时，总投入 15.96 万元，总领取 24 万元。当他 60 岁开始领取时，总投入 13.64 万元，总领取 24 万元。

上例中的张先生购买的就是保证领取的年金，其年金的领取不随时间变化而变化，当他 50 岁、55 岁、60 岁领取时，能领取到的金额都相等，且无论在约定的年龄期限 55 岁时，他是生存还是死亡，都能拥有这笔养老金。

※ 知识看板

最低保证年金，就是一种为了避免因为领取人提前死亡，而丧失了年金领取权的一种年金保险，可分为确定给付年金和退还年金两种。

如上例中的李先生购买的年金保险就是确定年金，确定了一个最低保证年数 20 年，在 20 年里无论他是死亡或身故都可领取。

退还年金就是指年金领取人死亡时，而年金未能完全领取且还低于当初年金的购买价格，保险公司会以现金的方式，分期或一次性退还差额部分。

那么在生活中，我们该如何来选购这些能保证年金的保险呢？看下面的例子。

章先生，32 岁，月收入 5 000 元，年缴费 1 万元，缴费 20 年，保额 10 万元，还附加了意外伤害 10 万元、意外医疗 2 万元及豁免重疾险。

年金：在 55~80 岁，每年保证领取 1 万元，总计领取 25 万元。

祝寿金：55 岁领取 1 万元，70 岁领取 2 万元，合同期满奖励 5 万元，总计 8 万元。

红利：每年参与保险公司红利分配，但是合同期满还有特别的红利，按当今市场利率，总计红利 21.3 万元。

如果章先生在 80 岁前身故，未能领取的年金由指定的受益人领取直到期满，在合同生效后 90 天，当患上重大疾病，以后的保费可以豁免但保障还在。对意外伤害的最高赔付为 10 万元，因意外而导致的门诊、住院最高赔付为 2 万元。

上例就是最低保证保险里的定时定额领取，在 25 年里，每年固定领取 1 万元，而且它还附带了重疾险的保费豁免，当因意外无力承担时，保障仍在，这就解决了身故时，年金还未能领取完整的问题。

当购买最低保证年金保险时，年金的领取时间、金额都是固定的，只是相对来说年金的领取额不会太高，因为是固定而非浮动的。但从总体上来说，是不会亏本的，如上例的总投入为 20 万元，总收入为 54 万元，还不包括对身故和意外的保障。

第89项　年金案例分析

也许看完前面所讲的几种年金保险，你还是不知道该怎么挑选，那么现在就来看看在生活中该如何挑选合适的年金保险。

※ 事例故事

康女士，35 岁，年收入 10 万元以上，她最近给自己买了一份养老险，年缴保费 1 万元，缴费期限 20 年，豁免保费 370 元/年。

在 60 岁时，年金累计为 11.2051 万元，88 岁时年金领取为 53.5657 万元，每年以复利计算，累计红利 60 岁时为 10.349 万元，88 岁时为 39.1712 万元。

此外还存在固定的利益，31~59 岁可领取贺岁金 5.0576 万元，60~88 岁，养老金 15.1757 万元，60 岁可领取祝寿金 2.5582 万元，88 岁可领取长寿金 5.4652 万元，保障金为 17.442 万元。当投保人在合同有效期 90 天后，患上重大疾病，免交以后各期的保费。

上例不同于前面几种保险的案例，是因为多了豁免保费，在年金保险里还附加了重大疾病保险，不过这类年金保险一般会要求体检，体检审核不过就难以购买，那么在现实中有没有不需要体检的年金保险呢？

※ 知识看板

那么我们该如何在保险超市选购一份年金保险呢？举例如下。首先，我们需要登录相应的官网，如平安人寿官网，选择年金保险，如图 9-1 所示。

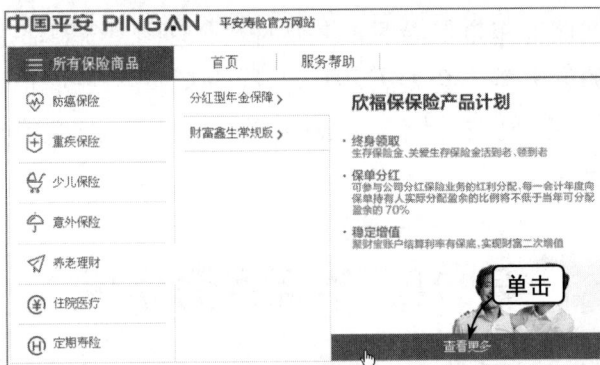

图 9-1

　　紧接着我们将进入产品页面，对于产品特点、保险责任、保障内容及给付说明等进行了详细的介绍，具体如图 9-2 所示。不同保险产品计划提供的保障内容有差异，不同情况下给予的保障利益有差异，具体以产品条款和合同约定内容为准。

保险责任	保障内容	给付说明
生存保险金	按月给付1倍基本保额至终身	60周岁的保单周年日（含）开始或交费期结束
关爱生存金	每个保单周年日给付1倍基本保额至终身	60周岁的保单周年日（不含）开始或交费期结束
身故保险金	所交保险费减去截止到被保险人身故之前最近的保单周年日（含）累计生存保险金及关爱生存保险金之和与现金价值的较大值	被保险人不幸身故
保单分红	以每年分红报告为准	保单有效
欣福终身寿身故保险金	60倍主险基本保额	被保险人不幸身故
年金	聚财宝17Ⅱ所交保险费－（累计部分领取+累计年金领取）和身故当时聚财宝17Ⅱ的保单账户价值的较大值	主险合同生效满5年后，被保险人仍生存

图 9-2

　　当然，我们还要看清产品中关于投保年龄、缴费期、保障额度、保障期、缴费方式以及犹豫期的介绍，具体如图 9-3 所示。

投保年龄	18-55周岁	交费期	10年
保障额度	500-20000元	保障期	终身
交费方式	月交/年交	犹豫期	20个自然日

图 9-3

如果李先生计划为自己投保平安欣福保险产品计划，交费 10 年、保障至终身，每月交费 1 824 元，10 年累计交费 218 980 元。儿子为小李，则他享有相应的保障如下。

表 9-1　李先生投保后自己及其儿子享有的保障

保险金	领取人	给付金额	领取条件
生存保险金	李先生	1 000 元（每月）	自李先生 60 周岁的保单周年日开始仍生存
关爱生存保险金	李先生	1 000 元（每个保单周年日）	自李先生 60 周岁的保单周年日开始后每个保单周年日生存
分红	李先生	以每年分红报告为准	保单有效
身故保险金（主险：平安欣福年金保险）	小李	所交保险费减去累计至保单年度初的生存保险金后与现金价值取大者	李先生不幸身故
身故保险金（附加险：平安附加欣福终身寿险）	小李	6 万	李先生不幸身故
年金（万能账户）	小李	按照约定的时间与领取比例给付	小李生存
身故金（万能账户）	小李	万能账户价值与（进入万能账户的保费-累计部分领取-累计年金领取）的较大值	李先生身故
生存保险金	李先生	1 000 元（每月）	自李先生 60 周岁的保单周年日开始仍生存
关爱生存保险金	李先生	1 000 元（每个保单周年日）	自李先生 60 周岁的保单周年日开始后每个保单周年日生存

对于该款年金保险的特色，可简单的总结如下。

● **月月给付**：60 周岁（含）开始或交费期结束后，按月给付 2 倍主险基本保额的生存保险金。

● **年年领取**：60 周岁保单周年日（不含）开始或交费期结束后，每个保单周年日给付 2 倍主险基本保额的关爱生存保险金。

● **保单分红**：可参与公司分红保险业务的红利分配，每一会计年度向保单持有人实际分配盈余的比例将不低于当年可分配盈余的 70%。

● **身故保障**：身故有保障，累计给付生存金、关爱金和身故金之和不低于所交保费。

● **资金灵活**：聚财宝万能账户可追加、可部分领取、可保单贷款，最多可贷款保险合同现金价值的 80%。

不同家庭的需求及缴费能力不同，可根据自己的家庭情况选择购买，但最根本的一个原则是提前为自己规划，年龄越大，成本也越高。

第90项 "万能"养老

我们一生总要经历不同的时期，单身、成家立业、退休，每个阶段的需求不同，那么能不能有一种保险，可以根据我们身处时期的不同将意外、重疾、教育和养老兼顾，不仅能拥有稳健的投资收益，还能保障将来的养老无忧，而且在自己的经济能力允许范围内？

※ 事例故事

吴先生为 1 岁的宝宝规划了一份万能险，使宝宝在拥有保障的同时更能拥有保证的投资收益。具体如下。

年缴保费 1.5767 万元，缴费期限为 20 年，总计缴费为 31.5 万元。

在孩子 15~17 岁时，每年领取 1 万元作为高中教育金，总计 3 万元。

在孩子 18~21 岁时，每年领取 2 万元，作为大学教育金，总计 8 万元。

在孩子 25 岁时可领取 4 万元，作为创业金。

持续缴费奖励：持续缴费 6~20 年，每年将获得基本保费的 2%作为奖励，在第 15 年，将获得年缴保费的 15%为额外持续缴费奖励。

在孩子 18 岁时，调高保额至 20 万元，重疾险保额调高至 18 万元。

在孩子 60 岁时，主要关注养老分红，将基本保额和重疾险的保额调低至 1 万元，实现投资理财。

在缴费期间，如果患上重疾，则可以豁免以后各期保费，且保险利益不会受影响。

如上例就实现了一种万能险，意外、教育、重疾、养老和理财等都实现了，投入的成本可以在不同的时期具体调整，几乎涵盖了宝宝一生的保障，这就是一种常见的万能保险，那么什么是万能险呢？

※ 知识看板

万能险，简单来说，和其他保障生命的保险一样，不过在此之外，它还是一种投资理财，保险公司会为投保人建立一个投资账户，有专家负责投资账户资金投资调动，并确保投资账户有余额，投保人的大部分保费用来购买保险公司设立的投资单位，而保单的价值和投资账户资金的业绩相联系。

万能保险的保费和保额比较灵活，可根据不同时期的保障需求弹性进行调整，可有最低的保证利率，又能有因为投资价值高而产生的高回报。那么万能险该如何购买呢？举例如下：

唐先生，25 岁，单身，年收入 6 万元，在一个代理人的推荐下，他为自己购买了一份万能险的终身寿险，年缴保费 6 000 元，保额为 12 万元，缴费期限为 20 年。

唐先生现在还处于单身期，将来还会经历家庭形成期、家庭成熟期、退休期等，那么在这几个阶段，他面临的保障、理财都将不同。

根据合同约定，他可以在压力最大的阶段，将保额提高到 15~20 万元，在签订合同的第四个年度，他每年可以获得当期应交保费的 2%作为特别奖励，特别是当经济拮据时用来缓交保费，还可以通过现金的方式直接领取。按中档的利率结算，到 60 岁时，保单的价值约为 48 万元，如果存于账户累计生息，保单价值可达到 111 万元。

如上例中唐先生购买的万能险，它适合一般的上班族，可以随着自己的收入调整保费和保额，而且还能保证账户里有一笔养老金。

万能险是在 2004 从国外市场引进的，根据中国保险市场具体调整的一款保险，能实现一个人一生一张保单就能解决不同时期需求的保险。购买万能险时要注意如下情形。

- **扣除的管理费用**：包括初始费用、保单管理费、贷款账户管理费、风险保险费和附加保险费等，在购买时要看清产品说明书和建议书，对其中的费用要充分了解，但一般缴费时间越长，费用扣除越少。

- **收益**：一般保险公司都会有保底收益，但是除此之外还要关注实际运行的利益。如某年的保底利率为 1.75%，而实际运行率为 3.875%。

- **缴费期限**：缴费灵活，可终身缴费，也可交一年保费后视情况而定。当账户价值高于最低限额保单时，可以用保单账户价值支付保费。

- **保费及保额**：根据所处的人生阶段，调整保费及保额，适应各个人生阶段的投资保障理财需求。

- **退保**：万能险由于初期会扣除各种费用，因此购买初期保单价值相对较低，一般适合长期持有，大概 10 年左右才能收回成本，所以在购买时，如果中途退保，可能会带来很大损失，因此要求在购买时考虑清楚。

当我们已经掌握以上几点注意事项后，那么就可以考虑给自己买一份万能险，实现一张保单保一生，无论投资利率的高低，最主要的是考虑它的保障，根据家庭收入多少确定投入比例，不仅享有保障还能实现如证券、基金般的投资，且有最低的保证利率。

第91项 "万能"险如何计算收益

在购买股票、证券、基金前都会计算收益，购买保险也应如此，当我们可以用数字表示无形的保障时，我们渴望知道这个数字的大小，而当这份保障里还存有投资收益时，我们更想看到这个代表投资收益高低的数字。

※ 事例故事

李先生今年 36 岁，年收入 15 万元以上，公司购买了社保，最近有代理人为他设计了一份能全面保障的万能保险，具体如下。

年缴保费 1.1 万元，身故保额 30 万元，附加重疾险提前给付保额 30 万元，附加意外伤害保额 20 万元、意外伤害医疗保额 1 万元、住院医疗 5 000 元，其中将保费的 6 000 元以上的部分放入投资账户。

按保底利率 2.5% 计算，保单里属于个人投资账户价值的部分为 20.7 万元，当把身故保额调至 20 万元，重疾险保额降至 15 万元，相应的个人账户价值增加，按中档利率计算，账户价值为 36.7 万元，代理人告诉他，个人账户价值就是投资收益。

如上例中的李先生，在他是家里的经济支柱时，给予最高的保障，拥有 30 万元的身故保险金、30 万元的重疾保险金，而随着时间推移，需求的转移，他可以将保额降低，重点关注养老和医疗，甚至在急需用钱时，可以从个人账户里提取一部分用来应急或者提高自己的生活质量。

※ 知识看板

对于收益的计算，是不是只能以总投入与总支出来计算呢？相对于证券、股票或基金的投资，它不只是红利的计算，还有一些无形的资产，一些隐性的保障，它们都可以算作收益的一部分，具体举例如下。

章先生，32 岁，自己做着小本生意，年收入 10 万元以上，没有其他保险，他只想给自己购买一份保险，而是能保障全面的保险，于是代理人给他做了如下的规划。

年缴保费 6 000 元，身故或全残保额 25 万元，重疾险 20 万元，意外保额 10 万元、意外医疗 2 万元、附加住院医疗 358 元，缴费期限为 20 年。

意外赔付：因意外引起的门诊、住院可报销 2 万元，100 元以下自付；意外伤残按 10%~100% 的比例赔付，最高赔付 20 万元，可续保至 65 岁。

身故赔偿：身故赔付在 25~45 万元的阶段赔付，85 岁时最高赔付 136 万元，90 岁时最高赔付可达 168 万元。

重疾赔付：男性的 28 种重大疾病，一旦患病，凭诊断提前赔付 20 万元或者保单账户价值的 105%，而且随着年龄大小可调整，在章先生 55 岁时，可赔付 20~26 万元，在 60 岁时，重疾险金为 25~34 万元，在 80 岁时，重险金为 57~105 万元。

投资收益：保底收益率为 1.75%，近年来平均收益为 4%，最高可达 5.75%，一般各大保险公司的利率都会在官网上公布。

养老金：假设按中档利率和高档利率来计算养老金，在 60 岁可领取 24~33 万元，70 岁时可领取 36~58 万元，80 岁时可领取 54~100 万元，90 岁时可领取 80~169 万元，具体以公布的利率计算为主，如果都不领取，可以作为遗产留给下一代。

持续缴费的奖励：奖励的前提是持续缴费，在持续缴费的第 5 年，奖励累计保费的 1%，第 10 年也相同，在第 20 年，奖励 1.5%，奖励可以用来缓交保费，也可以以现金的方式取出。

如上所述，无论是意外赔付还是重疾险赔付，都是这份保单背后的价值，它不仅局限于投资收益，这些隐形的资产一般都会在条款上注明是固定的，重点关注的应该是投资收益，即个人账户价值的波动，以及将来能领取多少养老金。

第92项 "万能"险案例分析

在了解了"万能"险如何万能后，面对保险超市来自各个公司众多的万能险，我们该如何去挑选一款合适的呢？本节将以案例的形式具体分析。

※ 事例故事

张先生，30 岁，年薪 10 万元以上，妻子 25 岁，年薪 3 万元。今年 5 月，他们有了一个小宝宝。他和妻子都有社保，还想给自己购买一张保单，既可以保障自己，但他还可以保障宝宝的教育，以及兼顾将来的养老，于是在代理人的推荐下，他购买了一份万能险，具体如下。

保费： 年缴保费 6 000 元，连交 10 年，在此后的第 6~8 年，每年追加 5 万元，身故或全残保额为 20 万元，附加重疾险保额为 20 万元。

教育金： 在宝宝 18~21 岁时，每年领取 1 万元，作为孩子的大学教育金。

婚嫁金： 在宝宝 25 岁时，可领取 5 万元作为婚嫁金或创业金。

红利： 以中档的利率水平计算，当他 60 岁时，保单的现金价值为 65 万元，80 岁时，身故保险金为 202 万元。一般保险公司会存在最低保证率，但投资收益是不确定的，因此实际的保单价值可能大于或低于这个数字。

像张先生这样，一张保单就解决了全家的后顾之忧，就像投资股票一样，在个人的投资账户追加资本投入，在某个保单的年度根据自己保障需求的增加或降低保费。

※ 知识看板

在购买之前，我们一定要跳过购买万能险的几大误区。

- **万能险等同于银行储蓄：** 将万能险作为储蓄的替代品的想法是错误的，银行利息计算是以本金为基数计算的，而万能险收益计算则以扣除管理费用外的保单的现金价值计算。在万能险的个人投资账户中，以每月计算的进入账户的利息参与投资，利滚利，前 5 年的费用扣除会较高，因此应作为中长期的投资。

- **万能险没有投资风险：** 万能险的投资对象主要是一些国债及大型基础建设等，能实现保底的收益，但是作为存在的投资账户，对市场利率、保险公司的投资收益率等都很敏感。

- **万能险适合所有人：** 在最初投资的 3~5 年，由于一些管理费用较多，收入不高甚至会出现亏损，因此万能险并不适合所有人，它一般适合有稳定、持续的收入，家里有闲置资金并打算中长期投资的人。

那么，在了解了误区后，我们该如何购买呢？看下面的例子：

百年星钻账户万能险，2018 年 7 月才开始销售的新品，第 1 个月表现就惊人的好，第一个月年结算利率 6%，保底利率也很高达 3%。我们需要仔细的阅读相应的保险条款。如什么是保单账户、保单账户价值、保单账户结算、结算利率和账户利息等，具体如图 9-4 所示。

1.1	保单账户	百年人寿于本合同生效日设立保单账户，用于记录本合同的保单账户价值。
1.1.1	保单账户价值	在本合同有效期内，保单账户价值随着扣除初始费用后的保险费、保单利息、保单持续奖励计入保单账户而增加；随着年金的领取、保单管理费的收取、保单账户价值的部分领取及相应退保费用的收取而减少。 在本合同有效期内，百年人寿每年会向您寄送保单状态报告，告知您保单账户价值的具体状况。
1.1.2	保单账户结算	在本合同有效期内，保单账户价值每月结算一次。保单账户结算日为每月 1 日。
	结算利率	百年人寿每月将根据公司实际投资状况，确定上个月的结算利率，并自每月结算日起 10 个工作日内公布。
	保单账户利息	百年人寿在每月结算日零时结算保单账户利息。保单账户价值根据本合同上个月的实际经过天数，按百年人寿本月公布的上个月的结算利率进行累积。 如果本合同终止，百年人寿在本合同终止时结算保单账户利息。保单账户价值根据本合同在终止日所在月的实际经过天数，按本合同约定的最低保证利率进行计算。

图 9-4

当然对于保单账户最低保证率、保单奖励、初始费用、风险保费以及保单管理费等信息进行仔细了解，如图 9-5 所示，不懂的可咨询保险业务人员。

1.1.3	保单账户最低 保证利率	最低保证利率指本合同保单账户价值的最低年结算利率。 **在整个保险期间内，最低保证利率为年利率 2.5%。**
1.1.4	保单持续奖励	若本合同在第 5 个保单周年日[1]时持续有效，百年人寿按照前 5 个保单年度[2]内累计已交保险费的 1%发放持续奖励； 若本合同在第 6 个保单周年日及以后各个保单周年日持续有效，百年人寿在每个保单周年日按照该保单周年日的前一个保单年度[2]所交保险费的 1%发放持续奖励。
1.1.5	初始费用收取	对于您自主支付的保险费，百年人寿按 3%收取初始费用后计入保单账户。 对于约定转入的保险费，百年人寿按 1%收取初始费用后计入保单账户。
1.1.6	风险保费	本合同不收取风险保费。
1.1.7	保单管理费	本合同不收取保单管理费。
1.1.8	部分领取	您在犹豫期后可以申请部分领取保单账户价值，申请部分领取需填写部分领取申请书并提供保险合同及您的有效身份证件，同时满足如下条件：

图 9-5

我们要注意保单周年日，假设保单生效日是 2018 年 1 月 1 日，则以后每年 1 月 1 日为保单周年日，第 6 个保单周年日为 2024 年 1 月 1 日，保单周年日的前一个保单年度即为 2023 年 1 月 1 日至 2023 年 12 月 31 日。

领取金额在百年人寿收到部分领取申请书之日起 30 日内向您给付,每个保单年度内累计领取的年金与该保单年度内累计部分领取的保单账户价值之和不得超过累计已交保费的 20%。保单账户价值按以下金额等额减少:领取金额/(1-退保费用比例)。

而对于退保费用,在保险条款里也进行了说明,具体如图 9-6 所示。

1.1.9	退保费用	您在部分领取或退保时百年人寿会收取相应的退保费用。
		部分领取时,退保费用为部分领取前后保单账户价值减少部分乘以退保费用比例;退保时,退保费用为保单账户价值乘以退保费用比例。
		退保费用收取比例如下:

保单年度	退保费用比例	保单年度	退保费用比例
第 1 年	5%	第 4 年	2%
第 2 年	4%	第 5 年	1%
第 3 年	3%	第 6 年及以后	0%

图 9-6

当然,万能险是可以领取相应的年金的,每个保单年度内累计领取的年金与该保单年度内累计部分领取的保单账户价值之和不得超过累计已交保费的 20%。在购买万能险时,我们要注意几点,具体如下所示。

- **保障的额度**:一定要了解清楚自己因意外或疾病导致的事故、全残的保障,在万能险里,一部分保费是用来购买保障的,一部分用来进行单位投资,而且有些万能险产品保障较高,有些则储蓄较强,购买时根据自己的偏好购买。

- **初始费用**:一般在 5 万元以下,初始费用可达 10%,5 万元以上可达 5%,但最多不超过 6 000 元。对于万能险的收益,在一次性扣除初始费用和支付保障的费用后,余额才会计入个人投资账户。

- **账户管理费**:和银行卡的管理费用一样,对万能险里的个人投资账户,保险公司也会从个人投资账户扣除一定的管理费用,所以可以询问他们的扣除费用一般是多少。

- **部分领取**:一般在个人投资账户里,由于投资初期账户余额较少,所以不能领取,但是到一定的年度,则可以领取,这时一定要问清楚何时开始领取、领多少以及怎么领。

- **退保费用**:如果在投保的前几年退保,在扣除相关的退保费用后,消费者可拿到手里的钱，就会比自己所交的保费少很多，严格来说就是亏本了，所以购买万能险后一般不建议轻易退保。

- **以往的收益**：除了保障，我们关注万能险的一个方面就是收益，那么在选择时，要关注不同保险公司的万能险的近几个月的收益状况，比较后再购买。

- **账户演示表**：一般各大保险公司的万能险都有一个未来账户价值演示表，假设在中、高、低利率下的收益状况，那么可以问清楚假设的这些利率是多少，还有近几年内利率的变动大小。

- **保险期限到期后如何领取**：当购买的万能险期限已到时，对于账户里的资金，要问清楚怎样领取，是一次性还是如年金一样多次领取。

- **现金奖励**：一些万能险会存在连续几年缴费后，以年缴保费的 1% 或 1.5% 返回到个人账户作为奖励，所以可以问清楚奖励的比例，这些细小的奖励，很多时候可以分担消费者个人账户的各项管理费用，甚至在经济拮据时，起到缓交保费的作用。

- **追加保费**：不同的保险公司的万能险对此规定不同，对于在银行购买的万能险，一般是一次性交清，以后一般不能追加，如果追加保费的话，就得重新购买一份，但一些保险公司的万能险是可以追加保费的。

万能险的保额一般起点也较高，而年金保险则可以根据自己的家庭收入适当地购买。但需要记住，无论是万能险还是年金保险，保费一般应控制在年收入的 10%~20%，超过的话可能会给家庭带来一定的负面影响。

但总体来说，它们都是一种投资理财的方式，都是为消费者以后的养老做准备，在使消费者拥有保障的同时，还能享有一定的投资收益。无论选择哪种保险，总的原则是从家庭出发，从收入出发，以最低的成本拥有最全面的保障。

第**10**章

分红、投资连结险——理财规划

如果你觉得股票、证券存在风险，基金、信托又不知如何着手，银行存款又担心货币贬值，那么或许另外一种理财方式会适合你，比如通过保险来帮你投资理财。

◇ 3种人群不适合购买分红险
◇ 多大的红包——红利分配
◇ 不同的家庭如何购买分红险
◇ 保单借款
◇ 特色理财——投资连结保险
◇ 怎样对投资账户进行管理
◇ 分红与投资连结孰优孰劣

第93项　3种人群不适合购买分红险

近年来，随着保险市场大门的打开，人们纷纷在保险超市挑选适合自己的保险产品，其中的分红投资连结险对曾经喜欢理财，如今对理财厌倦的人群来说，具有很大的诱惑力。在保障之外还有每年的红包领取，最主要的是没有债券、股票的高风险，却有高于银行存款利息的收益。这种保险让各种人群争相购买，但真的是适合所有人群吗？

※ 事例故事

刘先生今年65岁，退休后本打算将自己的积蓄存在银行，将来留给女儿，但是他又苦恼不能抵御通货膨胀。于是去年6月份，在保险公司代理人小张的推荐下，刘先生为女儿购买了两份可以抵御通货的分红险。一份年缴保费4 450元，缴费期限10年，保险期限15年；另一份年缴保费8 720元。

当刘先生细看自己的保险合同时才发现，第二份合同的到期时间是53年后，也就是自己118岁。当时代理人告诉他，享受利益是在81岁，他以为是自己81岁时，结果指的是女儿81岁。他现在不知道是该续保还是退保。

如上例所讲的刘老先生就是因为看中收益能抵御通货膨胀，于是就盲目地购买，分红险对于一般的老年人来说是不建议购买的，而他为女儿购买则是可以的，但是出现最后的纠纷就是因为他对分红理财的了解不够，以及没有看清条款。

※ 知识看板

当我们鞋子过大时，感觉随时都会掉下来；鞋子过小时，脚必定疼，总之就是不合适。而购买分红险是一样的道理，不适合的人群购买，那么理赔纠纷是必不可少的。在现实生活中，有以下3类人群是不适合购买分红险的。

- **在短期内需要大笔开支的家庭：** 分红险的变现能力相对差，若中途退保，可能会损失一部分钱，因为保险公司一般按保单的现金价值退保。

- **收入不稳定的家庭**：对收入不稳定的家庭来说，分红险会影响缴费能力。相对来说，分红险红利越高，成本投入就越高。

- **注重保障需求的家庭**：一般不建议购买，诸如老人和小孩，一般分红险注重对身故或全残的保障，很少可以附加重疾、医疗等。

分红险在保证保险期限到期时，保费返还，一般由各大保险公司进行投资理财，对保单的保值、增值都是很好的保证。保险公司一般会将可分配盈余的 70%分配给客户，但如果分红账户没有盈余，也就不存在红利的说法。因此，投资前应客观看待。同时也存在 3 类适合分红投资的人群，具体如下。

- **正打算为孩子准备教育金的家庭**：从孩子少儿起开始购买，在 10 年以后领取，那么会和银行的收益相同，甚至翻一倍，而且分红险具有强制储蓄的功能，不能中途取出用于其他投资，为孩子教育金的专款专用。

- **作为养老金的补充**：如果将分红险作为单独的养老金，为了保障晚年生活质量，那么投入成本是巨大的。而作为社保补充的话，缴费一般在收入的 5%~8%，而且选择缴费年限在 20 年以上最好。

- **政府或事业单位人员可选择的投资理财**：对于像公务员一类人群，一般不用担心晚年的生活质量，可以把分红险作为一种投资理财的工具。

不同的家庭有不同的选择，无论你属于哪类人群，关键是你怎样看待成本与收入。而分红险也是如此，适不适合你，应咨询专家。

※ 知识延伸

购买分红险后不能置之不理，分红险也有它需要注意的事项。

- **保险公司的红利通知书**：一般保险公司会给保单的持有人寄送红利通知书，关于红利分配政策、年度红利以及累计红利等。

- **自己联系方式的检查**：检查保单上关于自己的住址或电话等联系方

式的正确性，确保自己的保单是在一种可服务的状态，当联系方式有变动时，要及时告知保险公司。

● **检查保单的缴费情况和效力问题**：可能存在忘记保费的缴纳时间或者把缴纳保费的银行账户注销了等问题，从而导致保险公司的扣款不成功，使自己的保险处于一种脱离服务的状态。

● **注意保险公司的客服电话**：在没有代理人的情况下，或者无法与其联系时，可以拨打保险公司的客服电话，对保单的相关问题进行咨询。

● **仔细检查保单上需要签字的地方**：对于保单上的投保人、被保险人和受益人等需要签字的地方，如果发现未签名或者需要变更受益人的，需要和代理人或者公司客服部门取得一定的联系，然后进行修改。

如果你已经考虑好购买一份分红险，并且已经知道购买后该如何经营，那么现在就可以出发了，去保险超市挑选一款最适合你的产品吧！

第94项 多大的红包——红利分配

当选择购买分红险时，一个重要的亮点就是红包的领取，那么每年的红包有多少呢？保险公司的红利是怎么分配的呢？

※ 事 例 故 事

汤女士今年 30 岁，在外贸公司担任主管。几年前，在朋友的推荐下购买了一份分红保险，保额为 10 万元，缴费期限为 3 年。

在去年 6 月份，她收到了保险公司的红利通知书，告知她分配到的红利为 950 元；在 8 月份的时候保险公司又通知她将享受公司的特殊红利 290 元；在 10 月份的时候，享受第二次特殊红利 847 元。一年内享受 3 次红利分配，着实吓到了她，她怀疑自己的保单是不是已经无效了，这会不会只是个骗局？

　　于是她拨通保险公司的客服电话，工作人员告诉她，她的保单是有效的，公司今年确实有 3 份红利分配给客户，公司采取了年度红利和终了红利，当投资市场较好时，还会产生特殊红利回馈给客户。

　　她了解到该保险公司确实在去年创造了公司分红的历来最高纪录，并达到了行业的领先水平，公司秉持将 72% 的盈利让利于客户，于是才有三次的分红。

　　一般如上例汤女士的一年 3 次分红的情况很少出现，但也并非不存在。一般保险公司会在保单生效后的第二年度开始，给客户寄一份红利通知书，告知相关红利情况，如上例。当然，对于这些红利你可以选择不同的处理方式。

※ 知识看板

　　对于分红险带来的红包，一般可以有几种用途，交清增额、累计生息、现金领取及递交保费等，在填写投保单时可以自由选择。不过选择不同，那么红包的领取方式也就不同。分别举例如下。

　　例 1：小周和小杨是老同学了，一年前在其他同学的推荐下，她们都购买了同样的分红理财保险，保额、保费都相同。在今年 3 月份，当她们都拿到自己的红利通知书时，却大不相同。

　　小周的红利通知书上告诉她上年度的分红为 20 元，而小杨的红利通知书上却告诉她上年度的分红用来购买交清增额保险，保额为 50 元。对此，她们都不知道是怎么回事。

　　出现如上的情况主要是因为她们在分红领取方式上，选择勾画了不同的选项，这对于一些在投保时，由于缴费能力有限，选择较少的保额，或者随着通货膨胀，觉得自己的保额应该增加的消费者而言是适合的。

　　在生活中，还有一部分消费者在最初不会增加保额，而是选择另一种领取方式，现金领取，如下例。

　　例 2：章先生，今年 28 岁，在一个外资公司担任助理职务，几年前在朋友的推荐下购买了一份保额为 5 万元，年缴保费为 1 740 元的分红保险。在投保的第二年度，领取了第一份保单分红，红利较少，为 16.52 元；第三年度领取 21.92 元；在第四年度，也就是今年，领取红利 70 多元。

对于章先生这样投保的保额不高、年缴保费也较少的消费者来说，每年能领取的红包会较少，因为投入较少，去保险公司办理现金领取，手续复杂，金额也不高，一般不适合现金领取的方式，可以换一种领取方式，如下例。

例 3：吴先生去年给自己投保了一份定期分红险，保额 10 万元，缴费期限为 20 年，年缴保费 4 200 元，保险期限为 80 周岁。今年领取的分红为 70 元。当初他选择的分红领取方式为抵缴保费，因此今年他只需要缴纳保费 4 130 元，红利如此累积，他每年的保费都在下降。

对于一些每年领取的红利较少的消费者，而且觉得现金领取的程序麻烦时，都可以选择这样的红利领取方式，以减少每年新投入的保费成本。当然，除了如此减少成本外，还存在另一种生钱的方式，那就是累积生息，实现利滚利，如下例。

例 4：今年 28 岁的牛女士，为自己购买了一份保额为 10 万元，缴费期限为 3 年，年缴保费为 6.413 万元的分红险。在选择红利领取方式时，选择的是累计生息。

按照该保险公司常用的低档红利利率，那么当她 60 岁时，可累积超过 18 万元的红利；到 70 岁时，可累积约 30 万元的红利。当然，在通货膨胀的影响下，30 年或 40 年后的 18 万元、30 万元已经不如现今的价值，但是也是一笔不小的金额。而且，现今的钱无论投资在任何领域都难免不被通货膨胀影响。

如上对红利进行累积，或许每年看起来是很小的一部分，但经过日积月累，且在复利的计算下，多年以后它将会组成一个很大的红包，这对于不想现金领取也不愿增额或抵缴保费的消费者来说，是一种可供参考的选择。

※ 知识延伸

一般各大保险公司的红利处理方式会存在以上几种，但是也有个别公司只存在里面的两种或三种。而且如果在投保时未特别说明，一般保险公司会默认为累积生息的方式。但是如果你想变更为现金领取，该怎么办呢？

当然，红利转换后，投保人对于保险公司寄来的红利通知书的内容也要关注，如今年选择了变更领取方式，则要留意的内容也不同。

- **变更为累积生息**：如果今年变更，则要留意上一年的红利金额、储蓄生息的去年利息、截至今年保单周年日的累积红利多少。

- **变更为抵交保费**：注意关于本年抵交后还要补交多少保费，上一年累积的红利总额。

- **变更为交清增额保险**：上年红利能购买的交清增额保额。

红利的领取方式，对于保险公司来说，一般客户只要在保单的有效期内都可以申请变更，但是新的领取方式要在下一个红利的领取日才生效，如客户前 3 年选择了累积生息方式，3 年后选择为现金领取，则 3 年前的红利按累计生息方式处理，第四年及以后的红利按现金方式领取。

不同的红利领取方式适合不同的投资者，不存在孰优孰劣，关键在于是否合适。

第95项　不同的家庭如何购买分红险

不同的家庭需求不同，正如有的家庭需要一套房，有的家庭需要一部车，而有的家庭却只需要一个孩子。购买分红险时，因为需求不同，渴望的回报不同，那么在选择时必有不同。

※ 事例故事

25 岁的姜女士，今年 4 月，在朋友的推荐下，购买了一份分红保险，年缴保费 1.409 万元，缴费期限 5 年，保险期限至 70 岁。代理人告诉她，每年可以领取 1 000 元，可以领取至 70 岁，则到 70 岁后可以领取 4.5 万元，当她 70 岁时，可以一次性领取 10 万元。

而姜女士比较关心的是红利，对于红利分配，代理人告诉她，具体的红利以公司公布的利率为准，根据公司的经营状况。同时细看保险合同，自己还拥有在保险期间的身故或全残赔偿，一般身故或全残 10 万元，意外导致 20 万元，航空意外导致 40 万元。

她总的投资为 1.409×5=7.045（万元），总收益为 4.5 万元+10 万元+120 万元=134.5 万元。看着保单，她觉得自己的这份分红险，除了每年交的保费相对其他险种来说有点高之外，很全面地包括了各个阶段的需求。

上例中姜女士购买的分红险，也可以算作年金保险，除了红利之外，每年还可以领取固定的年金，同时还能对身故或全残有一定的保障，但领取的年金则不能满足养老需求，重点的关注还是在分红上。

※ 知识看板

不同的人群购买不同的分红险，投入不同的资本，回报也会不同，那么如何根据不同的家庭需求选择购买呢？

那么对于孩子，我们该怎样给他们购买分红险呢？举例如下。

例 1：李先生为自己 0 岁的孩子投保了一份少儿两全分红险，保额为 10 万元，缴费至孩子 18 岁，年缴保费 1.454 万元，保险期限至孩子 30 岁，则孩子享有以下利益：

生存金：在孩子年满 18、22、25 周岁时分别一次性给付 8 万元，作为生存奖励。

满期金：在孩子年满 30 周岁时，一次性给付满期保险金 6 万元。

成长保险金：如孩子不幸在 18 岁前身故或高残，每年给付 5 万元直到孩子满 18 周岁。

身故金：18 岁前身故，按所交保费的 120%给付。18 岁之后，按还未领取完的生存保险金和满期金一起一次性支付身故保险金。

豁免保费：投保人在合同生效后或生效 180 日后身故或高残，失去缴费能力，保险公司免交以后各期保费，但合同继续有效。

红利：每年领取，大小以公司公布的利率为准，到时会发放红利通知书。

如上例中的李先生为孩子购买的分红险,它和给孩子购买的少儿教育金相似,但是多了每年分红和成长保险金,此外还有身故或高残的保障,为宝宝购买分红险最主要的考虑在于,在保障的同时,还能解决教育金的问题。当然,一些有条件的家庭还可以考虑把宝宝的养老也算在内。

分红险对孩子的保障也不全面,还应该为孩子考虑一些意外、医疗、住院或少儿疾病等方面的组合投保。父母才是孩子的支柱,保护孩子前先保护大人,那么父母们该如何购买分红险呢?举例如下。

例 2:张女士在一家国营企业工作,年底的时候,企业奖励了 5 万元的年终奖,加上平时闲置的一些资金,总计有 10 万元的闲钱,张女士开始考虑将钱存于银行,但是又觉得存款无法抵御通货膨胀,投资股票吧,又不敢冒险。

在某保险公司代理人的推荐下,张女士购买了一份分红保险,一次性缴纳保费 10 万元,保险期限为 5 年,按公司最低利率计算,满期金为 10.75 万元,5 年的红利累积计息,在这 5 年中如果意外身故,可获得 12~20 万元的赔付。

她购买的这份分红险在 5 年期满后,除了可以领取满期金外,还可以进行年金转换,转换成 10 年、20 年或终身,可以作为自己的养老金。

上例中张女士购买的分红险就是一种较短期的分红险,类似于银行存款,但是投资收益却比银行利息高,而且还有额外的保障,但是这样的分红险时间较短,红利的累积也较低,如果期满后,一般建议转换成年金分红类。

在现实中也有很多喜欢投资理财的单身人士,那么他们该如何购买分红保险呢?举例如下。

例 3:李先生,今年 30 岁,单身,在对基金、证券投资理财之外,他还给自己购买了一份分红险,年缴保费 4 806 元,缴费期限为 20 年,保额为 10 万元,保险期限为 20 年。

当他 50 岁的时候,可以一次性领取满期金 12.4912 万元,其中包括满期金 10 万元,累计红利 1.9625 万元,终了红利 5 287 元。若在他 40 岁时,不幸身故或全残，可以领取 11.0089 万元，包括身故保险金 10 万元，身故保险金累计红利 8 398 元。

不同的家庭有不同的选择，无论是以孩子为主的家庭还是单身人士们，从自身经济收入出发才是根本，不盲目跟从，保险的根本在保障而非盈利。

第96项 保单借款

当我们的投资换来这一份份保单时，可不可以在急需用钱的时候，将这一份份保单转化为具体的资产呢？

※ 事例故事

张先生今年打算买房，但由于手里的现金不够付首付，于是他打算把前几年购买的几份保险退保。但是保险公司的工作人员却告诉他，中途退保不划算，而且自己也失去了保障，如果只是为了变现，那么他可以凭手里的保单向保险公司借款周转。

张先生在 4 年前购买了一份保额为 20 万元的重疾险，年缴保费 1.632万元，已经缴纳 6.528 万元，如果现在退保，按规定他只能拿回 4.56 万元，如果以后再投保，保费会较高，而且核保不一定通过。

如果他选择保单借款，则可以借到保单现金价值的 80%，即 3.648 万元，只要保单缴费有效，期满时，可通过偿还利息使借款继续，每次借款期限为半年，续借次数不受限制。他担心保单借款后，自己的保单会不会因此受影响，工作人员告诉他，在借款期内，保障继续有效，如出现意外，一样赔付。

在现实中，如上办理保单贷款的人较多，特别是对于那些保单现金价值较高的保单，投保人在急需资金时，可以用作周转，而不是去保险公司退保套现，曾经有商人投资千万元在自己的保单上，只是作为一种资金周转。

※ 知识看板

保单借款一般是指一些保险公司对其特有的一些保险产品提供的借款功能，它不同于银行的活期储蓄，随时可以借款提取而不会影响本金。

因为一般购买的如分红、年金或万能险等，投保期限都很长，若在投保人急需现金时退保变现，就会损失一部分本金，所以一些保险公司推出用保单作抵押，向保险公司办理贷款的服务，借款为保单价值的 70%~80% 之间。

那么是不是所有的保单都可以办理借款呢？办理保单借款需要哪些条件呢？

- **可办理借款的保单**：一般对于意外险、重疾险、投资连结险等，因为不存在现金的价值波动不可控制的状况，所以不具有质押贷款的功能。对于那些已经办理豁免保费的保单，也不可以办理借款，而只有具有储蓄性质的，如分红、养老及年金等保单才可以申请办理。

- **保费缴纳期限**：只有缴费期限在一年以上的保单才可以办理保单借款，只有保费缴纳在一定时间后，才会积累一定数量的现金价值，无论是否发生保险事故，积累的现金价值不会丧失，投保人可以要求保险公司以积累的现金价值实现债权。

- **保单的现金价值**：借款额一般在保单现金价值净额的 70%~80% 之间，每次借款金额不低于 2 000 元人民币。

- **借款期限**：一般不能超过两年，每半年到期，在保费正常缴纳的情况下，可以办理续借。

- **借款利息**：一般要按约定偿还借款利息，不同的险种借款利息有所不同，但是利息相对固定，当没偿还的利息等于或大于保单的现金价值时，合同终止。

当满足以上条件后，我们如何通过手中的保单来灵活变现呢？

- **办理时**：持有效的保单和个人身份证办理，一些保险公司还支持网上办理，因此足不出户即可办理，一般几天后即可收到贷款通知。

- **还款时**：可选择部分偿还或一次性全部偿还。选择部分还贷时，先还利息，再还本金。当贷款期满，无法偿还的利息及贷款将构成新的贷款，按最近一次的保单贷款利率计算，当贷款本利息已经高达保单的现金价值时，保险合同就会终止。

- **保障**：在保单申请贷款后，投保人除需要支付一定的利息外，依然享受原有的保障不变，该分红的分红，该领现的继续领现。

- **保单选择**：择优选择，一般选择如前面讲解的具有现金价值且现金价值稳定的保单。

- **贷款期限**：不同的保险公司规定的时间不同，一般有半年、一年、两年等，根据自己购买的保单的规定确定贷款期限。

保单借款，可以让自己手里的死保单变成活钱，办理的手续相对也较简单，不需要任何的抵押物，也不需要评估，更不需要任何的收入证明、财务证明,这部分现金价值本质上是属于投保人的,办理借款只是提前支取而已。

※ 知识延伸

近年来，越来越多的客户在急需资金周转时办理保单贷款。出于面子，往往不好向亲戚朋友开口，因此，握紧手中的寿险保单，去办理保单贷款就成为一个不错的选择，当然也有一部分消费者去银行办理贷款，那么两者间谁更划算呢？

- **贷款期限**：投保人办理保单贷款一般是半年为周期，只要按时偿还利息，可以续借，而银行贷款对确定的还款期限不能更改，到期需要还本付息。

- **抵押物**：保单贷款不需要任何抵押物，只要需保单合同，而银行贷款还需要提供贷款人的财务证明和工资收入等来保证有偿还的能力。

- **贷款利息**：保单借款时，利息可以随时偿还，一定程度上可以节省成本，然而银行借贷只能在约定的期限偿还，如果在这期间，资金未周转使用，利息成本相对会较高。

- **贷款到账时间**：保单贷款到账很快，有的保险公司能 1 天到账，而银行贷款需要对贷款人抵押物进行评估，一般 3~15 日到账。

● **贷款金额**：保单借款一般可自由确定，但是不超过保单现金价值的80%，而银行贷款一般按照贷款人的抵押物价值来确定。

以上就是保单借款和银行贷款的比较分析，两者谁较好，视情况而定，如果是一些小额的现金借贷，可以选择保单借款，不仅可以变现，而且保障仍在，最重要的是可以节省利息成本。对于一些大型的资金需求，在于你购买的保单的金额大小，小额保单一般也满足不了大量的资金需求，这时考虑银行借贷会更好。

第97项 特色理财——投资连结保险

对一些喜欢理财的人来说，购买保险时也需要关注风险，关注投资回报的高低，那么除了分红险带来的投资收益外，还有没有一种保险是高风险高回报，同时还有保障的呢？

※ 事例故事

李先生 30 岁投保平安聚富年年.周全保障计划：期交保费 12 000 元，连续交费 15 年，保单年度初交费；

投保时主险基本保险金额 20 万元，附加重疾基本保险金额 15 万元，附加无忧意外 13 基本保险金额 10 万元，附加无忧意外医疗（B）基本保险金额 1 万元。（附加无忧意外 13、附加无忧意外医疗（B）连续续保至 60 周岁；60 周岁时，聚富年年 12、附加聚富重疾基本保险金额均调为 1 万）；

假设保险期间的投资收益分别处于低、中、高三种水平，对应的年投资收益率分别为 1%、4.5%、7%。代理人告诉他，利益的计算以公司每年实际公布的利率为准，这只是根据以往的推断，实际利率可能会高些也可能较低。

也许很多人还没看明白，不知道什么是投资单位价值，它和分红险的分红有什么区别，其实这就是投资连结保险所具有的特色，那么到底什么是投资连结保险呢？

※ 知识看板

投资连结保险，简单来说就是保险和投资融为一体的保险，一般会设有保证收益账户、发展账户及基金账户等。在每个账户里，投资组合不同，收益就不同，风险也不同。

一般投资账户是不会承诺回报多少的，保险公司在收取资产的管理费后，投资收益和投资损失由投保人自己承担，因此购买投资连结保险就需要保户在追求高收益的同时还要具有较高的风险承受能力。在购买投资连结保险前，需要注意以下几个问题。

- **投资账户如何设定**：当保户缴纳保费后，保险公司会将部分或全部保费分配到投资账户，化为投资单位，账户的价值一般是投资单位数和相应的投资单位价格之积。

- **保额和保险责任**：投资连结保险除了是一种投资，还是一种保障，因此它的保险责任也存在对身故或高残等的保障，甚至一些还存在豁免保费的功能。

- **保费缴纳**：自由、灵活地选择保费缴纳，可根据不同时期的需求调整保额与保费。

- **管理费用**：投资连结保险在费用收取上一般非常透明，在保单上或者保险公司会告诉保户费用扣除的详细情况，可以在电脑终端查询。

在投保前，应仔细考虑是否该购买投资连结保险以及购买份额的多少，一般保户的投资收益和保险公司的经营业绩相关，只有当保险公司的投资业绩较好时，保户的收益才会较高。

※ 知识延伸

投资连结保险相对来说是一种关注风险与收益的保险，那么它和投资股票存在什么异同呢？

- **投资渠道**：相对来说，投资连结险的产品会更广泛一些，不仅可以买卖股票、基金、证券，还可以买卖国债、公司债、央行票据等。

● **买卖方式**：股票一般是由个人通过电话或者网上操作管理，而投资连结保险一般由保险公司的理财专家直接操作管理。

● **手续费用**：投资连结保险前期的管理费用会比较高，一般会在年缴保费的一半左右，而股票的手续费用则是根据成交的比例来收取。

● **持有时间**：投资连结保险的持有时间越久收益越高，打的是时间战，而股票则是可长可短，操作灵活，当市场形式不好时，可清仓出局。

● **投资回报期**：投资连结保险一般在 5 年后才能收回成本，最短也需要 1~2 年。而股票由于高风险高收益性，有的在当天就可以收回成本。

● **账户的管理方式**：投资连结保险一般会有 3 个账户，每个账户的投资对象不同，可针对股票、债券、基金分别投资不同的账户，而股票一般为个人的一个投资买卖的账户。

投资连结保险作为保险公司的一种较新的寿险，一般适合保户长期持有，它与股市中的涨跌、牛熊市无关。持有时间越长，收益越大，在投资外还额外有一份保障。

第98项　怎样对投资账户进行管理

我们知道在投资连结保险中，不同的投资选择以及风险考虑会存在在几个不同的投资账户中，那么如何分配各个账户中的保费比例，如何实现各个投资账户中投资单位价值的最大化，是我们在投资时需要思考的问题。

※ 事例故事

刘先生平时喜欢股票、证券、基金等的投资理财，在保险代理人的推荐下，他为自己购买了一份投资连结保险，一次性缴纳保费 10 万元，扣除了初始费用 1 700 元，然后剩余的 9.83 万元分别进入了他保单下的几个账户。

他购买的投资保险存在两个投资账户,分别为优越增值型和货币风险规避型。他选择了保费的 50%~80%分配到前者账户中, 主要用于投资股票、开放式基金、风险高的债券。

保费的 1%~60%放置在货币风险规避账户,用于投资在收益较稳定的证券或其他固定资产收益类产品, 低于 5%的比例投资到一些流动资产上。增值型账户可以转化为货币避险型账户,而增值的保单价值可作为孩子的教育金或将来的养老金。但账户的转换会收取一定的手续费。

如上例中,刘先生购买的投资连结保险,保险公司就分为两个投资账户,一个用于高风险高回报的投资,一个用于稳定收益的投资,而在每个账户分配多少保费用于自己投资,可以自己选择。当然, 分配的比例也可以转换。

※ 知识看板

在投资连结保险中,对于几个投资账户该如何管理呢?以某公司公布的账户管理说明如下。该公司对于推出的投资连结保险分为六大账户,不同的账户从账户特征、投资政策、投资工具、投资组合限制以及投资风险说明如表 10-1 所示。

表 10-1　六大账户说明

(一) 发展投资账户	
账户特征	稳健平衡型, 本账户不保证投资收益
投资政策	采用稳健的投资策略
主要投资工具	银行存款、债券、证券投资基金、债券回购
投资组合限制	投资于国债及银行存款的比例不低于 20%；投资于证券投资基金的比例不高于 60%。
主要投资风险	基金市场风险、利率风险、企业债券信用风险
(二) 基金投资账户	
账户特征	积极进取型, 本账户不保证投资收益
投资政策	积极参与基金市场运作
主要投资工具	证券投资基金、银行存款、债券及债券回购

（二）基金投资账户	
投资组合限制	主要投资于证券投资基金，同时兼顾对债券、债券回购、银行存款等收益型投资品种的投资，投资于证券投资基金的比例为 60%～100%
主要投资风险	股票市场风险、基金市场风险、利率风险及企业债券信用风险是影响本账户投资回报的主要风险

（三）保证收益投资账户	
账户特征	低风险收入型，保证投资收益率
投资政策	保证本金安全和流动性，合理安排各类存款
主要投资工具	银行存款、现金拆借
投资组合限制	投资于银行存款、现金及现金拆借，无投资比例限制
主要投资风险	政治经济风险、利率风险和通货膨胀等

（四）价值增长投资账户	
账户特征	稳定收益型，本账户不保证投资收益
投资政策	通过账户资产在债券、银行存款、基金上的优化配置，获得长期、稳定的投资收益
主要投资工具	债券、银行存款、证券投资基金等
投资组合限制	主要投资债券、债券回购、银行存款、债券型基金等，适度参与股票型基金投资；无投资比例限制
主要投资风险	利率风险、企业债券信用风险和基金市场风险

（五）精选权益投资账户	
账户特征	适合风险承受能力较高的人，本账户不保证投资收益。
投资政策	精选投资品种、积极主动配置账户资产
主要投资工具	股票、证券投资基金等
投资组合限制	投资于权益类资产+非权益类资产
主要投资风险	股票市场风险、基金市场风险

（六）货币投资账户	
账户特征	本投资账户为准现金类管理工具，不保证投资收益

（六）货币投资账户	
投资政策	采用短期金融工具稳健投资的组合策略并适时的变动
主要投资工具	债券型基金、现金、货币市场基金、短期债券、央票、债券回购以及银行存款等
投资组合限制	固定收益类资产平均到期日小于1年，无投资比例限制
主要投资风险	政策风险、市场风险、利率风险及公司业绩风险

如上图所示就是对于投资连结保险账户的各个账户的投资以及收益的简单说明，不同的保险公司可能设立的账户不同，但是对于账户的投资以及管理大同小异，我们应在购买时对于账户投资以及收益计算进行一定的了解。

第99项 分红与投资连结孰优孰劣

没有人会觉得自己的金钱已经足够，只会是差不多，够用而已。而对于一个善于投资理财的人来说，不仅关注自己拥有多少钱，还关注如何留住这些钱，并能以钱生钱，这就取决于一定的投资理财，不仅是传统的股票、基金、债券投资，在保险行业也存在两大类理财工具，即分红与投资连结，那么这两者谁更优质呢？

※ 事例故事

谭先生今年36岁，在外资银行工作，年收入30万元左右。妻子为一小型企业会计，夫妻俩都有社保，此外各自还有一份保额为30万元的重疾险。

谭先生平时喜欢投资理财，一般是股票、基金、国债等，大约总计53万元。同时还投资了一套价值300万元的三居室，由于今年以来证券及股市的波动，他开始担心自己手里的这些资产会在动荡中贬值，于是他开始寻求一种相对比较安全，但是也能实现风险回报的投资。最近在考虑给自己和妻子购买一份养老保险时，代理人给谭先生推荐了分红保险和投资连结保险。

如谭先生一样的家庭，家里有大部分的闲置资金，平时也喜欢投资理财，他们考虑的不仅是手里有多少钱，而且还会考虑这些钱通过一定的理财还能创造多少钱，并且在动荡的股市或债券市场中能保住多少钱。

一种风险相对较小但回报较高的投资，在投资理财之外还能拥有一份保障的理财投资，他们一般会考虑。然而，正如谭先生困惑的一样，到底如何选择其中一款最好的，则是仁者见仁，智者见智。

※ 知识看板

分红险和投资连结险到底该如何选择呢？孰优孰劣呢？具体说明如下。

例 1：李先生，35 岁，在一家外贸公司工作，年收入约 15 万元，他在保险代理人的推荐下给自己购买了一份分红保险，年缴保费 1.4 万元，缴费 5 年，保额为 20 万元，保险期限至 70 岁。他每年可领取 1 000 元的红包，至合同到期更可以领取 3.5 万元，在合同到期还可以一次性领取 20 万元。

在他 35~70 岁时，以保险公司 3 年的平均收益参考，累计本利和为 112.5 万元，具体红利以公司最后公布为准，他选择的红利是每年的累积生息。在合同期间，如果身故或全残，保险公司赔付身故或全残保险金 20 万元。

他的总投资为 1.4×5=7（万元），总收益 3.5+20+112.5=136（万元）。

以上就是市场流通中的一份分红保险，每年领取分红，而且满期还有满期金，在保险期内除了红利还有身故全残的保障，从投资到收益的初步估计，几乎是 20 倍的投资，那么投资连结是不是也一样呢？

例 2：章先生，35 岁，在北京某房产中介公司担任总经理，在大家都纷纷投资股票、债券、基金时，他为自己投保了一份投资连结保险，一次性缴纳保费 10 万元，保额为 20 万元。

在扣除初始费用 1 500 元外，剩余的 9.85 万元，分别进入投资账户下的 4 个账户，其中股票账户为 60%，债券账户为 10%，基金账户为 20%，混合账户为 10%，由于在初始投资时，回报率较高，超过 70%，于是章先生紧接着追加保费 50 万元。

如上就是投资连结保险的具体投资，此类购买者注重的是通过几个投资账户的投资，实现一定的投资收益，实现高风险高回报。

看过以上例子，分红险和投资连结保险一般存在以下的不同。

- **保单收益的来源**：分红保险的收益主要来源于费差益、死差益和利差益。费差益一般是指公司的实际费用低于预计费用的盈余；死差益则是保险公司实际承保的风险低于预计的风险而产生的盈余；利差益一般是指保险公司的实际投资利率高于保单的预定利率，从而带来的投资利润；而投资连结保险收益主要来源于投资账户收益。

- **收益分配方式**：各大保险公司的分红保险，一般会将70%的盈余分给客户，每年给保户发红利。而投资连结保险，保险公司在保户的投资账户每月收取一定比例的管理费后，剩余利润全属于保户。

- **费用的收取**：对于各大保险公司的分红保险，保险公司一般不会另外收取管理费用，而投资连结保险一般会按比例，每月收取投资账户的管理费以及保单的管理费等。

- **身故或全残给付**：对于分红险的身故或全残的给付，除了对保额的给付外，还要加上身故或全残保额随着时间产生的红利。而对于投资连结保险来说，一般保险公司会将投资账户的价值和保额的现金价值中的较高者，给付给保户。

- **退保给付**：对于分红保险的客户，退保时，可得到保单的现金价值和还未领取的累积红利。而对于投资连结保险的客户，会先评估截至退保前的投资账户的价值，计算保单现金价值，再给付给客户。

- **保单的透明度**：一般分红保险每年会以书面告知的形式告知投保人分红情况，投保人可随时了解保险公司的红利变动情况。而对于投资连结保险，保险公司一般会对扣除费用及比例、投资产品、投资价格等做详细说明，当然还有每个月公布一次投资账户的单位价格，以及年度报告。

以上就是分红保险和投资连结保险的六大不同点，本质的不同还在于两者承担的风险不同。一般分红保险投保人能被保证预定利率带来的固定回报，而投资连结保险一般是由投保人完全承担投资风险。到底该如何选择，视各人承受的风险的能力而定。

第 11 章

女性如何用"险"爱自己

对年轻的人们来说，最深刻的莫过于爱情，无论是苦涩还是甜蜜，都会有所经历，然后走进婚姻的殿堂。婚姻就好比你手上的一纸合约，在双方协商一致的情况下签字合作，共同经营一份叫作"家庭"的事业。然而，世事变化莫测，也许在某一天，某一方违反了合约独自离开，只留下一人。对于女人来说，有没有一个永远不会离开的情人呢？一定有，那就是专属于女性的女性险。

◇ 单身女性保险的爱
◇ 裸婚女性的爱情保险
◇ 离异女性如何买一份安全感
◇ 丁克女性常选的保险
◇ 全职太太对家庭的关爱
◇ 退休女性如何购买保险
◇ **自由职业女性如何投保**

第100项　单身女性保险的爱

　　单身人士中如花朵般的单身女性们，从花季雨季走向繁华的人生舞台，抒写自己的剧本，塑造不同的角色，经历不同的风雨。而在这时，会有一位知己对你不离不弃，给你永恒的爱恋，那就是保险。

※ 事例故事

　　张女士，单身职业女性，30 岁，一家销售公司经理，年收入 10 万元以上，有社保，但无任何商业保险，目前没有任何负债，金融资产一般是银行存款和基金，以及少量的股票，喜欢一些稳健低风险的投资。

　　张女士的父母都有自己的退休工资和基本社保医疗，无须赡养，所以保险也没引起她多大的重视，但是随着时间的推移，她最近考虑到了几个比较严重的问题。

　　张女士一直单身，而且工作性质又是销售，平时应酬较多，在饮食方面一般不怎么讲究，长期下来自己的身体有了不良反应，最近她感觉自己老犯胃痛的毛病。因为工作原因，长期出差，因此意外又是她不得不考虑的一个因素，特别是最近频发的交通事故。

　　在一位保险代理人的推荐下，她选择了一款保额为 20 万元的重大疾病保险，而且还附加了一份针对女性疾病特有的保险，同时根据她的收入情况，保险代理人还为她配备了一份分红保险，以每年领取分红的方式理财，到退休年龄和社保一样，领取养老金。

　　如上例中的张女士般单身没有家庭的负担，没有父母需要赡养的女性，最需要做的是照顾好自己，但是往往这样的人却是最容易忽视自己的一类人，所以如果你还未学会好好爱自己，就找个人来爱你。

※ 知识看板

　　对于活跃在各大行业的单身女性们，到底该如何购买保险呢？保哪些，怎么保，都是在投保前需要关注的问题。

首先是完善自己的社保，在购买社保的前提下，再考虑补充商业险。其实对于单身人士来说，应该考虑对现在和未来的规划。而就现在来说，首先就是意外、重疾和住院医疗等，将来就是子女教育及养老规划。在投保时，保费支出以自己年收入的10%~20%为准，花最少的钱享受最全面的保障。

在购买时，注意先购买保障型的，再考虑理财型的，投保顺序为意外、医疗、重疾、教育、养老，保单的生效日期前的观察期越短，对客户越有利。具体案例分析如下：

段女士今年24岁，单身，月收入3 000元，公司购买社保，但是自己没有任何商业保险，父母有自己的退休工资和社保，所以几乎无须担忧。今年在朋友的推荐下，她为自己购买了一份商业险，年缴保费3 010元，缴费20年，保险期限至60岁。

在此保险下，她拥有身故保障9.3万元，重疾保障9万元；女性保障疾病30种，观察期为90天；住院医疗，住院费3 000元，手术费1 500元，器官移植手术费1万元，与社保无冲突，报销比例为65%；住院津贴，每天30元；意外伤害保障19.3万元，意外医疗，100元以上，费用可报销80%；60岁可获得10.2万~15万元，包括满期金和累计分红。此外，她还给自己购买了豁免保费。

以上就是单身女性可参考的一个案例，不同的家庭需求，财务能力不同，所以选择也会不同，主要应该从以下几大方面考虑。

- **住院和重疾**：重疾险作为对社保的补充，可以设置保额在10万元左右，随着年龄增加而不断地调整，同时附带购买住院医疗、住院津贴，那么当小病住院时可以报销，当然还可以针对一些女性疾病投保。

- **意外身故和意外医疗**：对于不同的职业风险，保额设定不同，一般设定在10万元左右。对于意外医疗的保额，则一般在1万元左右。

- **投资理财**：保险理财，相对于银行存款来说，具有一定的强制性，而且相对来说，女性的寿命会高于男性，那么更应该提前规划自己的养老计划。可以选择如年金、分红以及万能等理财保险。

因为单身，所以对生活习惯不会太在意，加上工作压力大、应酬多，还有女性生理特质等因素，长期下来对身体健康不利。所以，对女性来说，健康保障是最应该考虑的。

单身女性们，在保险超市选购适合自己的保险时，一定要按需求购买和量力购买。不买保险糟糕，买错保险更糟糕。从个人出发，不盲目购买，一定要按需求购买，购买保险的合理费用约在家庭年收入的 10%~15% 之间，不能给自己带来压力，要保证缴费能力。

第101项　裸婚女性的爱情保险

近年来，裸婚已经成为一种时尚，吸引无数的单身青年们，但是没有任何保障的婚姻真能经得起风吹雨打吗？

※ 事例故事

小丽今年 26 岁，男朋友 30 岁，在恋爱 6 年后，两人步入了婚姻殿堂。小丽毕业后在一家企业做文秘，月收入 2 500 元，先生在一家学校任教，每月收入 4 000 元。

结婚时，没有喜宴、没有汽车、没有新房、没有钻戒，他们只给自己购买了一套大红的床上用品，请了几个好朋友吃了一顿饭，两人领证时，照相用了 20 元，领证 9 元，总体来说结婚成本不高。

在结婚前，先生给她算了一笔账，如果他们买一套郊区房，以均价 5 000 元计算，首付要 8 万元，装修保守估计 10 万元，家具家电 6 万元，一般的钻戒、婚戒 5 万元，喜宴选择中等酒店，如果预算 18 桌，总计 5 万元，拍婚纱照、租车、选礼物估计 1 万元，然后一次蜜月旅行，人均最低消费 5 000 元计算，总计 1 万元，以一般的婚车为准，需 10 万元，总计大概需要 46 万元，而在这里面，大多以最低成本计算。

而他们这次的婚礼，成本却在 3 000 元以下，不过先生承诺，将来一定会给她补办一个婚礼。

如上面小丽的例子，在婚姻里除了爱情，什么都没有，可是爱情的保质期能有多久呢？当先生功成名就的一天，他们的爱情是不是也就过期了呢？他们能不能为自己的爱情上一份保险呢？

※ 知识看板

对于裸婚一族，最大的财富就是爱情。可我们知道，爱情也会有风险，针对这份风险，我们可给它买一份保险，那么什么是爱情保险呢？

爱情保险在各大保险公司都会存在，它一般是指共享一张保单、共交保费，共同成为被保险人、受益人。保障双方的意外疾病或身故、意外伤残、养老等。当然，如果都买的是夫妻额分红保险，则在保障之外，还可以领取一定的分红。案例分析如下：

张女士今年 25 岁，月收入 3 000 元，先生 28 岁，月收入 5 000 元，两人在潮流的带动下也开始裸婚，听说推出了一项爱情保险，于是他们也购买了一份，用来守护他们的爱情。

夫妻双方互为对方投保，都为被保险人，年缴保费 6 270 元，缴费 15 年，总计 9.4 万元。张女士拥有身故保障 15 万元、重疾保障 10 万元、意外伤害 10 万元、意外医疗 1 万元、住院医疗 4.35 万元。先生拥有身故保障 49 万元、重疾保障 35 万元、意外伤害 60 万元、意外医疗 5 万元，住院医疗两人的保障一样。同时，两人都购买了豁免保费条款，就是当被保险人经确定无力支付保费时，免交以后的各期保费，合同仍然有效。

如上例，夫妻共同承担保费，会比相同的个人购保保费节约 10%~20%，如果是分红保险的话，两个人在一起走得越久，保单的价值就越大。

对于裸婚的女性来说，该怎样给自己的家庭安排一份保险呢？首先，应该考虑的是意外险，然后是重疾险，最后是将来孩子的教育险，在没有宝宝时保障自己和另一半，拥有宝宝时，把宝宝也考虑在内。

● **意外险**：在意外险的选择上，不同的家庭选择会不同，但总体上以定期的为主。如果夫妻一方经常出差，可以考虑各种交通工具的综合意外险，包括对火车、飞机、轮船等意外承保。当然，如果夫妻还喜欢经常旅游的，可以购买旅游意外险。

● **重疾险**：对于裸婚一族，在意外险之外，还要对一些重大疾病投保。对于裸婚家庭来说，对大病的抵抗力相对薄弱，工作压力大、饮食不注意、作息不规律等使大病也趋于年轻化，所以应该在适度的保额内，规划适当的保费，拥有一份保障。具体选择可参考第 6 章。

● **教育险**：裸婚一族，将来也会拥有一个孩子，那么在孩子到来之前，应该提前做好准备，要考虑到孩子从出生到独立过程中的经济问题，其中最大的支出就是将来孩子的教育费用。当然，此时还需要陪伴孩子长大的意外险、医疗险等，一般可以给孩子选择综合类保险，具体选择可参考"教育险"一章。

对于各大保险公司来说，一般规定同时存在，即只有两人夫妻关系存续期间，才能领取保险金。从某方面来说，也可以一定程度上维系夫妻的婚姻关系，这样才不会失去领取保险金的机会，特别是对于购买分红险的保户。

虽然是爱情保险，但如果爱情不在，已经无法共同生活，只要双方选择"拆分选择条款"，一份保单变为两份，保额也变为两份，各自保障，保险合同仍然有效，这就好像两人的生活从此分隔。

※ 知识延伸

用巧克力、玫瑰、项链来表达爱意的方式正在渐渐褪去光泽，近年来兴起一种新的表达爱意的方式，那就是为他（她）购买一份爱情保险，然而男女朋友相互之间购买的保险能否有效呢？

张女士在七夕之前为男友购买了一份人寿保险，一来可以作为即将到来的七夕情人节的礼物；二来她和男友打算出国旅游，也是多一份保障。经过两人商量，保单的受益人是她自己。购买时，代理人让他们出具了一个简单的指定申请，加上双方的身份证复印件。

后来，她按照合同要求缴纳保费，而代理人却告诉她，受益人不能为男友，也不能为自己，因为根据规定，受益人是被保险人的法定亲属，就意味着受益人只能为男友家人，除非两人有结婚证。

一般来说，由于男女朋友之间不具有保险利益，因此男女朋友之间订立的保险合同很难得到承保，但是对于一些保险公司，如果被保险人指定自己的男（女）朋友为受益人，具有合理合法的理由，保险公司根据具体情况或愿意承保，很多情侣或者新婚夫妻会给对方投保，作为一份惊喜。

一般来来，受益人是不签字的，但自己同时是投保人与被保险人的情况除外。但是如果以对方为被保险人，则需要被保险人的签字。

如果保单不指定受益人，那么保险金就会作为将来的遗产分割，一般对于投保人，特别是一些较高投资的投保人、被保险人，因为家庭关系复杂，因此不会填写身故受益人栏，或者填写自己的法定继承人。如果在被保险人身故时也未指定受益人的，保险金将按遗产进行分配。

第102项　离异女性如何买一份安全感

曾经两个人轰轰烈烈、海誓山盟，谁也不曾预料，在某个路口，各奔东西。有的女人痛不欲生，苦苦纠缠；有的女人仍然潇洒，过好一个人的生活。人生会有一个永不背叛的情人，只是她们没有看见生命中的那个永恒的情人，往往擦肩而过了。

※ 事例故事

汤女士今年38岁，自己经营一家服装店，年收入30万元左右，每月开销1万元左右。去年和老公离婚，目前无房也没有孩子，有5万元的银行存款，10万元基金。

在与老公离婚后，汤女士给自己购置了一辆15万元的汽车，以前已经购买过一份重疾险、意外险，最近她打算再给自己购买一份养老保险，以前她将未来规划在丈夫身上，现在她打算将未来交给保险。在代理人的规划下，汤女士选择了一份年缴保费 7.665 万元，保额为 10 万元，缴费期限 5 年的保险，保险至 88 周岁，她可以预算的财富如下。

生存金： 在投保的第二年，她可以领取 5 000 元，总计领 5 次；49 周岁开始，保证领取 1 万元，总计领 5 次；59 周岁后领取 1.5 万元，总领 4 次。

红利： 当 65 周岁一次性领取时，可领取 19.6172 万元，按不同的利率计算，中档领取 26.0993 万元，低档为 21.9370 万元，高档为 31.5889 万元。

养老金： 65 周岁后，每年领取 3 万元，一直到 88 周岁，总计 69 万元，按中档红利计算，累计为 144.4568 万元，高档为 231.6089 万元。

分红： 保险公司承诺将每年盈余的 70%分配给客户。

豁免保费： 如果因意外不幸发生身故或全残，将豁免保费。

上例中的汤女士，曾经将自己的未来交给丈夫，当丈夫离开时，她不得不将自己的未来交到自己手上，再从自己手上交到保险公司，而那一纸合约却是一种无形资产，不仅能保证养老，更是一种投资。

※ 知识看板

对于离异女性，该如何购买保险呢？一般会分为两种情况，一是离异后单身的，二是离异后有孩子的，具体以案例介绍说明。

例 1： 刘女士今年 30 岁，她和丈夫闪婚也闪离，月收入 6 万元，公司为其购买了社保，没有其他商业险，她打算给自己购买一份商业险。

一个保险代理人告诉她，根据自己的年收入，她的保费支出每年在 6 000~8 000 元，为年收入的 10%~20%，在合理范围。先给自己规划重大疾病险，保额在 10 万元最好；然后是养老，能计算的收益在 50 万元；把养老和重疾险以及意外险综合购买，节省成本，这样保费可以节约

10%~30%，可以选择一份保费在 5 000~10 000 元的组合式保险。

例 2：吴女士今年 30 岁，有个 2 岁的宝贝，在和丈夫离婚后，孩子和自己一起生活。她在一家私营企业做助理，月收入 3 700 元，每个月还贷 1 800 元，公司给其购买社保，前夫每个月支付给孩子 1 500 元，协定消费平摊。

一切以孩子为考虑，她给孩子购买了一份少儿险，年缴保费 6 000 元，缴费 15 年，保险至 60 周岁。在 15~17 岁时，每年可以领取 4 000 元，作为高中学费；在 18~21 岁时，每年可领取 1.2 万元作为大学教育金。

当孩子 60 岁时，可拥有养老金预计 17 万元，同时还拥有保额为 10 万元和 8 万元的身故和重疾保险，且同时享有豁免保费。当自己无力支付保费时，保险公司免交以后各期保费，但对孩子的保障功能继续有效。

如上例中，就是两种离婚女性在规划保险时的不同选择。例 1 在离婚后没有孩子，所以主要关注自己以后的养老，但是忽略了对重疾的考虑，特别是一些女性疾病。而例 2 中，因为在婚后还有孩子，所以一切考虑从孩子出发，却忘了大人才是孩子最根本的保障，所以应该在合理的支出范围内给自己考虑养老和重疾险。

无论是哪种女性，离婚后是有孩子还是无孩子，都应该考虑养老和重疾险，以及一些女性特有疾病险。但考虑养老险时，应考虑时间价值，做长期的投资，主要从家庭结构、预期寿命、退休年龄、退休后的资金需求、收入状况、资产状况以及通货膨胀率等考虑。在考虑养老时，一切以社保为基础，再补充养老保险。

而对于重疾险，因为女性体质的特殊性，以及人到中年，疾病的发病率也较高，所以应该考虑一些女性特有疾病的投资，具体的保费、保额根据自己的收入状况以及身体素质而定。在多家保险公司进行投保，总的保费比例不超过家庭年收入的 20%。

※ 知识延伸

随着社会的发展，女性地位在提升的同时，生活和工作的双重压力也越来越重。工作忙碌、紧张、夫妻关系等都不断的给女性施加压力，从而也使疾病对女性的威胁增强。因此，从某种程度上说，当代女性对保险的需求绝不低于男性，同时，也会越来越有能力独立自主地承担保费。那么，女性要不要购买保险？购买什么保险才合适？

很多保险公司专门针对女性特有的疾病而量身定做一些保险，一般建议女性可适当的考虑购买。如张女士购买的某款保险，是对于女性特有的疾病进行保险，如乳腺癌、子宫内膜癌症、子宫颈癌症、卵巢癌症、输卵管癌症及阴道癌症等，如图 10-1 所示。

保险责任

第五条 自保险期间开始且保险单载明的等待期满之日起（续保从续保生效日起），至保险期间终止之日止，被保险人经符合本保险合同第二十六条释义规定的医院（以下简称“释义医院”）初次确诊罹患下列一种或多种原发性妇科癌症，保险人按本保险合同的约定给付保险金。

（一）乳腺癌症

（二）子宫内膜癌症

（三）子宫颈癌症

（四）卵巢癌症

（五）输卵管癌症

（六）阴道癌症

本保险合同可承保上述一种或多种原发性妇科癌症，由投保人和保险人双方约定，并在保险单中载明。

自保险期间开始且保险单载明的等待期满之日内（续保除外），被保险人经释义医院初次确诊罹患以上一种或多种原发性妇科癌症，保险人向投保人无息返还该被保险人对应的保险费，对该被保险人保险责任终止。

图 10-1

当然随着社会的不断发展，保险公司也不断的推出更方便更综合的一些女性保险，具体如图 10-2 所示，针对 18~40 周岁的女性购买的女性保险，对于意外身故、医疗、乳腺癌以及其他妇科癌症等进行保障。

适用人群：18-40周岁的女性　　**保险期限**：1年

保单形式：电子保单　　**保险责任**：请阅读《守护天使E款保险卡适用条款》

保障项目	保险金额	保障范围
意外身故/残疾/烧烫伤	8万元	因意外伤害事故身故/残疾/烧烫伤的，我们将按条款赔付保险金；
意外医疗	1万元	因意外伤害事故发生医疗费用，我们将就其事故发生之日起一百八十日内实际支出的按照当地社会医疗保险主管部门规定可报销的、必要、合理的医疗费用超过人民币100元部分给付“意外伤害医疗保险金”；
乳腺癌保险	2万元	被保险人经诊断于本合同保险期间开始之日起30日后初次患“乳腺癌”（原位癌除外），我们将赔付乳腺癌保险金；
其他妇科癌症保险	1万元	被保险人经诊断于本合同保险期间开始之日起30日后初次患乳腺癌之外的“原发性妇科癌”（原位癌除外），我们将赔付其他妇科癌症保险金。

图 10-2

对于该保险，一般是以卡单的形式，每一被保险人投保守护天使 E 款保险卡保障计划以 3 份为限，多投无效。自助卡激活后的第 6 天保险开始生效，自助保险卡不接受挂失、撤保、退保、退货和加保。该类保险，网上投保也非常方便，登录官网，三步流程就可搞定。

第103项 丁克女性常选的保险

人世种种，千姿百态，因为想永享爱情的浪漫，因为恐惧，恐惧孩子带来的恐慌，因为压力，不想在房贷、车贷的背后还有孩子的压力，于是一些女性会选择丁克，她们没有孩子，她们认为与其养个孩子为自己养老，不如购买养老险。

※ 事例故事

秦女士，38岁，身体不好，最近都在家里休息。而先生41岁，是一个自由职业者，年收入在10万元左右，夫妻两人都有社保，此外还购买了商业医保，两人总计保费1.2万元。

夫妻二人属于丁克一族，没有孩子，没有债务，有经济适用房一套，目前出租中，而夫妻两人在离上班较近的地方租住了一套房子，以租养租，费用正好相抵，平时两人生活简单，都不喜欢购买奢侈品，每月消费大概在2 000~3 000元。

夫妻两人每年会出国旅行一次，花费在3万~5万元，每年给父母双方各5 000元，她每年看病需要5 000元，家里的存款有50万元，几乎都投入到股市里，只用于打新股，不参与股票买卖，因此收益稳定，和银行存款差不多。

随着人到中年，她和先生都想为自己的老年生活做一份安排，买一份保障，在没有孩子养老的情况下也可以安心养老，但是他们却不知道该如何安排资金，以及如何购买商业养老保险。

如上例中的秦女士一样的丁克女性们，有家庭，有爱人，就是没有孩子，家里有一定的积蓄，同时人到中年的时候，开始考虑给自己养老，那么对于这类女性来说，她们该如何购买呢？

※ 知识看板

在当今社会，随着女性地位的提升，越来越多的女性在各大场合都能独当一面，于是越来越多的丁克家庭、丁克女性活跃在生活的舞台。

丁克家庭是指一些受过高等教育的男女，在成家立业后，因为各种缘由，拒绝拥有一个孩子，选择一直过着二人世界的家庭。丁克家族与普通家庭最大的不同，就是不用"养儿防老"，但是他们和普通家庭一样，在年老时需要的医疗、生活费用都将占很大的比例，如果没有充足的养老保障，那么他们的养老将是一件令人担心的事，那么如何拥有一份保障呢？

唐女士，今年33岁，先生36岁。两人成婚9年，却一直未拥有小孩，也不打算拥有个孩子，是典型的丁克家庭。由于工作原因，夫妻聚少离多，她月收入3 000元，先生5 000元，每月生活费在2 000~3 000元，除去日常其他所用，一年可节余7.5万元。

单位都为夫妻双方购买了社保，而且还有保额分别为5万元和10万元的意外险，没有任何的商业保险。丈夫平时喜欢股票、证券等投资，拥有股票20万元，目前被套牢，10万元的开放式基金、5万元的货币基金。

保险代理人建议她给自己购买一份专门针对女性疾病投保的、保额为10万元的重疾保险，年缴保费在3 000元左右，具体产品可多做比较，同时可以附加购买一些住院津贴、住院费用的附加险，支出约为1 000元。

此外，针对养老，可以购买一份分红与年金相组合的养老保险，年缴保费1万元，缴费15年。在60~64周岁时，每年领取养老金3 756元，65~100周岁时，每年可领取7 542元，60周岁可一次性领取红利2.847万元，65周岁可领取红利2.6248万元，若生存至100周岁，则有祝寿金1.5048万元，合同终止。

以上案例就是告诉我们，一般丁克女性在购买社保外的商业险时该如何选择，除了和普通家庭一样的重疾险、住院补贴等，最根本的就是更需要的养老保障。

对普通家庭来说，没有充足的保障，还能养儿防老。而丁克家族，就只能把未来交到各种投资理财上，除了股票、基金和证券投资外，收益相对稳定的就是保险。对于如分红险、年金险及万能险等，除了养老，也是一种投资理财。

丁克女性，丁克家庭，除了在保险上投资，那么对于在股票、债券、基金等金融资产里，该如何配置呢？一般的金融资产，包括现金及现金等价物，银行存款和债券为代表的固定收益投资，证券、证券基金为代表的非固定收益投资。

一般家庭的应急准备金，现金或现金等价物，或活期银行存款等要大于等于可投资资产的20%，3~6个月的家庭支出是合理的。对股票不要盲目地追涨，购买基金可以"定期定额"投资，长期持有，当然可以拿出一定的比例进行基金定投，获得较高的回报率。

※ 知识延伸

在生活中，我们通过职业得到高薪，拼到车子、房子，甚至实现理想。但是有没有想过，我们也会因为职业风险面临无法预料的损失。到那时我们就需要将风险转移，而存在一种针对各种专业技术人员的保险，包括医生、会计师、律师或设计师等，即职业责任保险。

在我们日常生活中，职业责任保险一般由单位投保，如果是个体专业技术人员，则由本人投保，保险公司对被保险人在有效期内的索赔给付，赔偿额则是按累计额度计算，合同没有规定每次事故的限额。

究竟哪些人最需要职业责任保险呢？以下就是给职业风险的排序。

- 面临责任风险较大的法律从业人员。
- 工作责任风险较大的媒体从业人员。
- 主观与客观都无法控制风险的金融从业人员。
- 高风险的医疗美容从业人员。

在欧美一些国家，大多数单位或者个人都拥有职业责任保险，而在我国则较少，这除了与经济水平有关以外，还和风险意识相关，不过我国各大保险公司自 2001 年推出职业责任保险以来，产品不断创新，已经成为保险市场的一大特色。

第104项　全职太太对家庭的关爱

对于女人来说，婚后一般会有两种选择，一种是继续为事业奋斗，另一种是放弃事业为家庭而奋斗，前者称为女强人，后者则称为全职太太。作为全职太太，生活的重心在自己的丈夫和孩子身上，而她们对于家人关爱的最大体现，就是通过购买保险，为自己和家人寻求一份保障。

※ 事例故事

张女士，30 岁，曾是职场上的女强人，在有了宝宝之后，为了宝宝的健康成长，张女士把自己贡献给了家庭和宝宝，在家做起了全职太太，家庭年收入 18 万元。她为自己购买了一份养老保险，年缴保费 2.0603 万元，缴费 10 年，在 55 岁开始领取养老金，直到 99 岁，累计可领取 265 万元。

在 55 周岁开始领取，第一年领取 2.36 万元，账户余额为 46 万元，第三年领取 2.44 万元。账户余额为 47.42 万元。依此类推，在 80 周岁时，累计领取养老金 98 万元，账户余额 78 万元，合计 175.95 万元，账户余额都为现金，当家庭急需时，可取出。

如 55 岁前身故，返还保费加 5% 的单利计息。当 55 周岁后，保证领取 20 年。

以上就是一位全职妈妈给自己购买的保险，那么全职妈妈们该如何挑选保险呢？是如上只关注养老和人寿吗？还要不要考虑重疾、意外呢？

※ 知识看板

作为一位全职妈妈，不仅要对自己的未来进行规划，还应该考虑到自己的丈夫、孩子，为他们也做一份保障。不仅是考虑以后的养老，对于意外、疾病以及女性特有的疾病也要买一份保障。

对全职太太来说，给自己配备一份保险，夫妻共同承保，保证丈夫全心全意工作，而自己照顾好自己和孩子，那么全职太太们该如何购买保险呢？举例如下：

文女士今年 30 岁，先生是企业主管，有了宝宝之后，她就在家里照顾宝宝，在姐妹们的介绍下，她给自己投保了一份针对女性的保险。

年缴保费 1 119.7 元，保额为 5 万元，缴费 20 年，保险至 70 周岁。在 30~70 周岁时，身故或全残赔偿金 5 万元，在 70 周岁时，满期金 5 万元，但发生一些女性特有的疾病，如女性原位癌、系统性红斑狼疮等，可获得赔偿金 1 万元。

如上的文女士，她在给自己购买的保险里包括了身故、全残以及一些特有的女性疾病等，没有对意外、住院还有家人的保险进行考虑。针对全职妈妈，一般该如何制订一份保险计划呢？建议如下。

● **丈夫的意外险**：对全职太太来说，丈夫是家里的顶梁柱，所以给丈夫购买是重点，对他的保额一般是他年收入的 10~15 倍。

● **疾病险**：据统计，70% 以上的已婚女性，拥有各种不同程度的妇科病，各种女性疾病发病率上升而且趋于年轻化，可针对一些女性疾病投保，避免发病后给家庭带来巨大的损失。

● **教育险**：无论现在有没有孩子，给孩子的保险规划都应考虑在内，给孩子购买少儿险时，要考虑到宝宝的住院、医疗、意外以及教育金，特别是豁免保费。

● **家庭理财**：在家里有一定的闲置资金后，可以购买如分红、年金或万能等理财保险，抵御通货膨胀，而且还拥有相当好的保障。

对于全职太太们来说，丈夫是她们购买保险时的重点保障对象，在购买后，确定自己或孩子为受益人，这样当丈夫有任何的风险时，自己和孩子都有保障。对于自己，可以从女性特有疾病、孩子教育以及养老方面考虑。

※ 知 识 延 伸

在拥有婚姻后，有些女性会选择回归家庭，并不是她们不够优秀，无法在职场拼搏或者权衡不好工作与家庭，而是为了全身心地投入到丈夫和孩子身上，成为别人眼中的全职太太，就像一个管理者需要具备一定的经验。全职太太们需要满足哪些条件呢？

- 老公有足够的经济实力，能供房、供车、供养一家人。

- 老公心疼自己，不愿自己为工作所累，而且对自己不离不弃。

- 自己的工作并不理想，这一般也是很多女性选择回归家庭的原因。

- 身体不好，需要回家调理。

当然，不同的家庭可能还存在一些不同的原因。一般来说，现在都市白领们，大多还是选择当半职太太，实现家庭与事业兼得，在扮演一个好妈妈、好妻子的同时，还能够继续从事自己喜欢的工作。

相对来说，半职太太可以保持与社会同步，而且拥有自己的收入，有一句话说得好，"只有经济独立，才能人格独立，就算有一天和丈夫各奔东西，至少还有自己的事业。"

相对于全职太太来说，可以减少丈夫的后顾之忧，提高家里的生活质量，更关注全家人的身体健康，而且对于孩子的身心发展也是非常有利的，和孩子一同成长。

第105项　退休女性如何购买保险

对于一些含饴弄孙、与老伴夕阳西下的老太太们，或者一个人孤独地守在电话旁等待外出子女们一个问候的老人们，他们有的已经有足够的保障，但有的保障却是空白。那么在退休时期，还可不可以再购买保险呢？可以的话，一般适合购买怎样的保险呢？

※ 事例故事

刘女士今年56岁，是农村户口，没有购买社保，只购买了农村合作医疗。

今年，女儿给她购买了一份商业保险，包括养老、医疗两个方面。年缴保费6250元，缴费10年，保障终身，拥有一般身故金7.5万元，重疾保险金7.5万元，意外身故或全残10万元。

意外医疗包括门诊、住院、医疗等，总计1.6万元，费用在100元以上报销80%；住院津贴50元/天，其中门诊的免赔额为50元，报销75%，每年最高报销1万元；住院医疗免赔额为100元，报销85%，每年最高报销和门诊相同。

如上刘女士，已经到了退休年龄，购买社保是不可能的，但是需要的保障相对来说却是比年青人更多。因为她的整个身体结构处于一种下滑的状态，对疾病或意外的抵抗都较弱，对医疗、养老的需求会较大，所以可以在适当的支出范围内购买包含医疗、养老的商业险。

※ 知识看板

对于退休人士，一般分为拥有社保和没有社保的两类。对于拥有社保的人，无论是城市社保还是农村社保，对于养老和医疗一般都会有保障。但是对大病的保障，就需要自己再购买一份有针对性的商业医保，才能实现报销大部分医疗费用的保障。

张妈妈今年54岁，已经退休，月收入1200元，自己有存款8万元，她需要哪些保险呢？

对于这个年龄段的女性来说，她首先考虑的是自己是否拥有社保，不过一般是指以前已经购买的，现在准备领取养老金。现在已经不能再购买的，可以考虑商业的意外险和医疗险，报销门诊、住院及手术等费用。

张妈妈可以给自己考虑一份保额为8万元的重疾险，意外保障10万元，意外保险的保费计划在200~300元，或者购买短期的意外卡单也可以，每年100元。

而对于养老险，购买年金、分红或万能等养老保险已经不适合，每年保费相对较高，而且能领取的时间也较短，相对来说可以购买一份储蓄式的保险，像银行定期存款一样，一次性缴费 10 万元，定期 3~6 年，利息包括保险公司红利和本金产生的利息，相对银行存款要高。

此外还有对身故或全残的保障，有些保险公司甚至可以对保险期间的重大疾病具有保障，而且不需要体检。

※ 知识延伸

对于退休以后医疗、养老的安排，一定要在年轻的时候开始，所谓万丈高楼平地起。据统计，女性的平均寿命为 78 岁，男性为 73 岁，女性还可以比男性提前 5 年退休，所以对于女性来说，养老的时间会更长，那么除了购买保险，还存在哪些理财方式呢？

对于一个年轻女孩来说，22 岁毕业，55 岁退休，那么需要工作 33 年，如果能活到 85 岁，则退休后还有 30 年的养老时间。如果退休后要过上现在最低消费 3 000 元的生活，如果你现在 30 岁，则需要准备 314 万元退休金，如果你还想享受生活，那么就需要更高的资本。

对于一个 80 后的人来说，一般每月可投资 500~2 000 元，70%投资在偏股基金，20%投资在货币资金，10%购买保险，一般坚持投资 10 年或 10 年以上。

对于现在的 80 或 90 后，消费意愿比较高，"月光女神"到处存在，所以一定要养成强制储蓄的习惯，每月可以拿出几百元，对于保守型的客户，可以选择固定收益的基金、银行理财产品或证券等。

第106项　自由职业女性如何投保

职场上存在着这样一类女性，她们不愿接受朝九晚五的约束，不愿通宵加班，根据自己的爱好做些自己想做的事，却不会依靠任何人，而是可以自己养活自己。她们有的在家开网店，有的开家饰品店，有的经营一家服装店，她们或购买社保，或购买一份商业险。

※ 事例故事

张女士今年 21 岁，经营一家饰品店，月收入 4 000 元，她给自己购买了一份商业险，年缴保费 1 800 元，保额为 5 万元，15 年交清。代理人告诉她，她拥有如下保障。

身故或全残金：5 万元+累计红利+特别红利+关爱金。

重疾保障金：5 万元，初次确定合同列明的重大疾病。

红利：保单生效第一年开始计算，50 周岁时，红利账户金额为 3.6928 万元；60 周岁时，金额为 5.3907 万元；70 周岁时，金额为 7.42 万元；80 周岁时，金额为 9.8458 万元；90 周岁时，金额为 12.7452 万元。

关爱金：保单生效的第二年起算，保险公司给客户设立一个关爱金账户，50~90 周岁时，账户金额分别为 2.5617 万元、4.0828 万元、6.1002 万元、8.75 万元、12.202 万元。

特别红利：保单生效的第六年起算，50 周岁时，红利账户金额为 7 500 元；60 周岁时，金额为 1.7267 万元；70 周岁时，金额为 3.4998 万元；80 周岁时，金额为 6.6571 万元；90 周岁时，账户金额为 10.2242 万元。

年金：当她 55 周岁以后，以上所有的账户都可以转换成年金领取，作为自己的养老金。

以上就是一位自由职业者对自己身故、重疾和养老的安排，但相对来说，身故和重疾险的保额较低，随着时间的推移可以适当地提高保额。还有就是此保险缺少对意外险的安排，虽然职业自由，但是同样也有意外发生的概率。

※ 知识看板

对于自由职业者来说，一般收入不是很稳定，没有单位提供福利，创业艰辛，生活没有规律，整天忙于事业，常常透支身体。那么他们该怎样通过购买一些商业险，来弥补没有购买社保的遗憾，规避存在的一些意外或医疗的风险呢？具体举例如下：

张先生，自由职业者，已婚，还没有孩子，无任何贷款，家庭年收入

10 万元左右。他给自己规划了一份重疾险，年缴保费 5 000 元，保额为 20 万元，意外保险保费 100 元，保额 20 万元，住院医疗保额 1.6 万元，包括门诊以及手术等，住院补贴 50 元/天。

以上就是一个自由职业者对意外和医疗的考虑，但是对于养老没有考虑，那么作为自由职业者，怎样的保险计划才算全面呢？

社保是第一位考虑的，社保作为国家的一项政策支持，对最基本的生老病死进行保障，所以应该首先完善社保，然后再在此基础上完善商业险。

在商业险里，首先应考虑重疾险，然后必须拥有意外险。对于社保来说，一般群体覆盖面广，所以保障很低，需要商业保险的补充或根据自己所处的阶段来考虑。在创业阶段，应投保一些意外、医疗或重疾等，等到一切都稳定下来，应及时增加养老保险。同时，保费支出要适当，不能超出家庭的预算，一般建议在年收入的 10%~20%，同时保额应该是自己年收入的 10 倍。

※ 知识延伸

对于自由职业者来说，由于收入的不稳定性，因此在年轻时期就需要给自己考虑养老，那么自由职业者该怎样购买养老保险呢？

自由职业者可以选择购买个人养老保险，对于年龄在 16 周岁以上的，正常工作、身体健康的城乡居民，可为自己投保，可选择在 50、55、60、65 岁时领取养老金，可获得 10 年的固定年金领取。

如果被保险人在年金领取时身故，由受益人继续领取年金，直到 10 年期满。如果被保险人在缴费期限内死亡，可领取死亡退保金，对于保费的缴纳，可选择按年、季、月支付，月交保费在 20 元以上，年缴保费不低于 200 元。

如果缴费已满两年，需要资金周转，可向保险公司办理保单借款，借款金额不超过保单现金价值的 70%，借款期限一般为 6 个月，如果按期归还利息，则可以续借，如果借款本息达到了保单的现金价值，保单合同自行终止。在保单借款期间，保障不变。

第 **12** 章

把你的保险买成经典——案例分析

前面几章详细介绍了如何购买意外险、车险、家庭财产险、重疾险、社保、分红险、年金险、万能险、女性险等，看过之后，不知道你是否能很好地规划自己的保险呢？本章将通过案例分析的形式，告诉你怎么经典地买保险。

◇ 保障是关键——单身一族
◇ 保大还是保小——三口之家
◇ 理财与保障兼顾——事业有成
◇ 工薪阶层如何买保险
◇ 中产阶层及以上人群为什么爱保险
◇ 不同的年龄如何准备养老

第107项　保障是关键——单身一族

　　单身，相对来说各方面的压力都较小，对于刚走出大学校园的单身男女们，特别是女孩们，几乎是月光族的代表。而对于有一点积蓄后的单身青年们，他们适当地投资一部分在股票、基金或证券上，对于保险他们也会规划，可是对于该先买意外还是重疾，他们不确定，投资多少比例最好，他们也不确定，那么单身青年们到底该如何购买呢？

※ 事例故事

　　小吴，23 岁，去年刚大学毕业，在一家企业担任会计，月均收入 3 000 元，和大家一样，她也是典型的月光族，对于保险，她打算投入小部分为自己购买一份保障。

　　在代理人的推荐下，她给自己购买了一份健康险，年缴保费 2 662.5 元，保额为 11.9 万元，其中定期寿险 1 万元、意外 10 万元、意外医疗 5 000 元、住院津贴 2 000 元、手术费用 2 000 元，缴费 20 年，保障至 88 岁，而对于意外身故、医疗、手术等需要每年缴费，保障一年。

　　意外报销：身故赔付 10 万元；意外医疗对于已报销过的，剩余部分 100% 报销，从未报销的 80% 报销，每次不能超过 5 000 元上限，一年可多次报销；而对于意外住院和手术，已报销过的，剩余 90% 报销，未报销过的 70% 报销，每次不超过 2 000 元。

　　隔年领取：22～32 岁，隔年领取 503～559 元，合计为 2 632 元。

　　　　　　　33～42 岁，隔年领取 1 168～1 483 元，合计 6 571 元。

　　　　　　　43～52 岁，隔年领取 2 361～3 132 元，合计 1.3719 万元。

　　　　　　　53～65 岁，隔年领取 4 471～6 295 元，合计 3.2049 万元。

　　养老金：在 66 岁后，每年领取 1.0111 万～2.0872 万元，至 88 岁时为 34.4773 万元。

　　累计生息：对于隔年领取的金额，如果不领取复利生息，65 岁时可一次性领取 8.9623 万元，还要加上每年的递增分红。88 岁时，一次性可领取 68.9198 万元，其中还可以拥有保单贷款和豁免保费，每年的红利以公司的利率为准。

上例中的小吴，对于刚走出校园的她来说，收入不高，积蓄较少，但她们也需要保障。她购买的保险是一种组合式的保险，保障涉及意外医疗、住院、手术等，还包括了分红以及养老，是一种长期的投资规划。相对来说也较合理，每年缴费不高，但是保障全面，在以后积蓄增加后，可以调增保额。

※ 知识看板

单身人士，不管你是"一人吃饱，全家不饿"的年轻单身一族，还是年龄偏大的中年单身，共同的特点是还没有为家庭所累，但是仍然存在一定的风险，那么该如何在不同的年龄阶段选择合适的保险产品呢？

对于 20～30 岁的年轻单身族，应先考虑重疾再考虑分红。对于这个阶段的单身人士来说，正处于事业的拼搏期，绝对不能因为身体健康问题而影响工作，甚至给自己带来经济压力。可以较低的保费购买一份重疾险来转移风险，如还有额外的闲置资金，给自己购买一份分红险，在抵御通货膨胀的同时，为自己储蓄养老做准备。举例如下：

刘女士今年 24 岁，在一家食品公司做销售，月均收入 3 500 元，公司为其购买了社保，现在她想给自己购买一份重疾险，同时能兼顾医疗、养老等。她计划的是每年的保费花费在 2 000 元左右，但是面对如此多的产品，她不知道自己该如何选择，不知道哪种是最好的。

针对她的情况，考虑重疾险是好的，但计划的保费在 2 000 元左右，还要能兼顾养老的话，那么重疾险的保额就会很低，将来若因为重疾需要理赔，那能得到的理赔金也较少，所以她可以选择增加保费或者养老延后考虑。

她可以考虑将意外医疗、住院、手术及重疾组合购买，可以购买一份缴费 20 年的重疾保险，每年缴费 1 870 元，住院医疗 320 元，意外保障 380 元，总计为 2 570 元，其中后两者需要每年缴费，保障期是一年，那么她就可以得到如下保障。

- **疾病赔付**：重疾赔付金额 10 万元+1 万元（90%的比例报销）；疾病身故 10 万元赔付金；因疾病住院最高赔付为 1 万元，并按 90%的比例报销。

- **意外赔付**：意外身故 30 万元；意外医疗 2 万元，一种为 1 万元报销 100%，另一种为 1 万元报销 90%；意外住院津贴 50 元/天；意外伤残最高 20 万元。

- **满期金**：一次性给付 3.74 万元，合同终止。

相对来说，针对刘女士的缴费投入，重疾保险保额较低，只为 11 万元，但是兼顾了意外医疗方面，主要考虑到她职业的特殊性，销售人员，业务较多，那么意外伤害的概率相对于常年待在办公室的人群会较高。

对于 30～40 岁的单身人士来说，应首先考虑意外险，再者是重疾险，这时不仅是考虑自己，还要考虑给父母减轻负担，确保在意外和重疾下父母能有所保障，从家庭和需求出发，重基础保障，举例如下：

汤先生，单身，30 岁，月均税后收入 8 000 元，存款 5 万元，其他非固定资产 5 万元，有房产一套，价值 120 万元，每月还贷 2 500 元，无车贷，社保齐全，没有补充医疗险，也未购任何商业险。父母退休在家，养老金能维持基本生活，他打算给自己购买一份商业险补充社保，但不知道如何规划。

对于汤先生来说，主要面临几个缺口，一是重疾保障，社保对于重疾来说只是杯水车薪，随着年龄增加，压力增大，身体健康的压力也会加大，而他没有补充医疗，那么他可以考虑一个保额在 20 万元的重疾险，长期返还型的，此外还可附带平时的医疗住院或意外伤害保障等。

针对他的情况，可以考虑保额在 20 万元，42 种重大疾病 100%赔付，其中针对 7 种男性疾病 120%赔付，年缴保费 6 380 元，缴费 20 年。保险至88 岁，附加住院医疗费用 3 000 元，手术费用 2 000 元，住院津贴 60 元/天，在社保报销后，剩余的 90%报销，保费 260 元/年，每年续费。意外卡单，一般意外保额 20 万元，交通意外火车、飞机、轮船等总计保额 100 万元，保费 200 元/年，保障期限 1 年，他每年总计缴费 6 840 元。

不同年龄的单身人士需求不同、收入不同，那么对保险的投资也不同。在适当的年龄，对于单身一族，无论是哪个阶段，都是由青年向中年的过渡，因此，意外和健康是考虑的重点，在经济允许的范围内，还可以考虑养老。

※ 知识延伸

对于不同年龄阶段的单身人士来说，除了保险，他们该如何投资理财呢？比如股票、基金、证券等。对于 20～30 岁的单身青年，一般是从学生向社会青年的过渡。年轻，文化水平也较高，对新鲜事物兴趣强烈，追求时尚，但是经济收入相对较低，而且月光族较多，一般风险的承受能力较低。

除了通过保险转移意外、医疗风险外，对于自身的理财，一般会以保守投资为主，如银行储蓄，这个时期相对来说是为未来家庭积累资本，投资的目的不仅是获利，更在于积累资金。当然，还可以拿出一小部分用于高风险的股票、开放式基金或债券等的投资，这是相对于喜欢冒险的投资者来说的。

而对于 30～40 岁的单身青年来说，收入已经相对稳定，而且手里有了一定的积蓄，可以根据自身的情况进行投资，如基金定投、短期理财产品、债券、股票、基金以及银行存款等，多重投资来分散投资风险，同时一定要留出一部分资金作为活期存款，用作应急资金。

建议投资的比例可以是 10% 的资产用于保险投资，剩余资产的 5% 作为应急资金，55% 用于银行存款，10% 投资债券，10% 投资股票，25% 投资基金。当然，这只是一般建议比例，不同的风险爱好者可以根据自己的情况不同而相应地调整。

第108项　保大还是保小——三口之家

对于三口之家，无论宝宝是咿呀学语还是已经能分担你的痛苦，家庭、事业都处于起步上升阶段。对于大多数家庭来说，上面还有父母需要赡养，下面还有子女需要养育，家庭经不起大风大浪，他们需要足够的保障来抵御这些风险，那么在大家庭里是保大还是保小呢？

※ 事例故事

周女士今年 28 岁，先生 32 岁，今年 6 月份，他们迎来了可爱的宝宝。最近她打算给宝宝购买一份商业险，于是想到她和老公也没有任何的商业险，就找到保险代理人，想做一份 3 人的保险计划。

代理人给她做的保险计划如下，给她老公做了一份定期寿险，保额为 30 万元，附加重疾险 10 万元，附加意外伤害 20 万元，附加意外医疗 5 000 元/次，其中医疗费用无免赔额也无用药的限制，社保报销后剩余的 90% 报销，合计缴费 4 987 元。

而她自己的保险计划，保额和老公的一样，为 30 万元，针对一些女性重疾险的投保，保额 10 万元，意外伤害保额降低为 10 万元，而附加意外医疗、附加住院等不变，合计保费为 3 428 元。

对宝宝的计划则为少儿重疾险，保额为 2 万元；附加意外伤害险，保额 5 万元，附加意外医疗 5 000 元/次，附加住院医疗 5 000 元/次，其中也无免赔用药的限制，而且宝宝 5 岁以后，保费会相应地降低，其中还附加豁免保单，保障宝宝至 25 岁，25 岁时还可以一次性领取 2 万元。总计缴费 1 488.4 元。而她的三口之家的保费合计为 9 903.4 元。

如上例，爸爸作为家里的经济支柱，保额相对较高，在医疗费报销里，进口药和自费药都可报销，可补充社保。而且重疾险是返还型的，到期可以返还保额。此外，对女性和男性特有疾病的考虑也相对较好。

※ 知识看板

对于一般的一家三口来说，该考虑哪些保险呢？是先考虑分红投资理财还是意外疾病？是先给宝宝考虑还是先为大人考虑？具体以案例来分析。

程先生今年 32 岁，太太 28 岁，有个两个月大的宝宝，家里有车贷 5.28 万元未还，房贷 33.6 万元，太太辞去工作在家里带宝宝，程先生每月税后收入为 10 万元，贷款月供 3 000 元，程先生打算给自己买一个三口之家的保险，那么他该如何规划呢？

对于上例的程先生，他正处于家庭的成长期，花费方面从大额消费（如房、车等）到为家人的身体健康、宝宝的上学方面考虑。对于他来说，他是家里的主要经济支柱，他应为首要的保障对象，同时平时上班会驾车出行，交强险和商业险一定要充足。

考虑保险时，总的投保顺序是程先生、程太太、宝宝。先生重人身寿险、意外险、重疾险，而程太太则重重疾险、人身险、意外险，为宝宝投保时，重意外险、医疗险、少儿重疾险。根据家庭收入情况，他的保费支出每年应控制在 8 000～15 000 元。因此，程先生的人身寿险保额为 100 万元，意外险 100 万元，意外医疗 5 万元/年，重疾险 50 万元；妻子重疾险 20 万元，人身寿险 10 万元，意外险保额 20 万元；宝宝意外医疗 1 万元，住院医疗 1 万元，少儿重疾险 20 万元。

因现在妻子是家庭主妇，没有收入，那么妻子的意外险等上班以后再补充，也可以给妻子购买一份意外卡单，以每年缴费的方式，保障一般的小意外，一般花费在 100～300 元不等。

因此对于一家三口来说，首先应考虑先给谁投保，投保多少比例；其次是家庭保费的支出占家庭收入的多少；最后是组合式投资，实现保障实惠全面，实现成本投入的最大价值化。

首先，一般应先考虑寿险，它意味着一种家庭的责任，家里的顶梁柱优先考虑，儿童可不用购买。对于意外险和重疾险，也应着重考虑。在一家三口里，男性可以选择特有男性疾病投保，女性选择保障女性疾病的投保。对于一般的三口之家，家长们都在向着中年过渡，因此重大疾病保险不容忽视。

其次，无论是对于大人还是宝宝，意外险的考虑必不可少。相对来说，意外险的保费支出较低，一般为 100～500 元/年，包括意外身故、意外住院以及意外手术等的保障，可以选择短期的意外卡单，也可以选择长期的意外缴费。

再次，对于宝宝的保障，除了意外身故、医疗、重疾险等，如果家里有一定的闲置资金，还应该考虑宝宝的教育金，为宝宝提前做好规划。

然后，对于经济较宽裕的家庭，还可以考虑自己的养老，看自己对风险的爱好。对于风险爱好者，可以考虑投保万能险、投资连结险，而对于一般风险爱好者，则可以考虑年金保险、分红险等。

最后，对于家庭的保费支出，一般在家庭收入的10%～20%，但是根据自己的条件，如果家里房贷、车贷较重，可以适当降低比例，可调至5%～15%，一般在10%左右最好。在投保时，一般应实现主险+附加险式的投保，节约成本，同时实现多种保障。

以上就是对于一家三口如何投保的简单建议。总体来说，在一家三口中，一定要清楚先给谁投保，投什么，总支出多少等。总的保费支出不要给家里带来负担，一定是先保大人再保小孩，大人才是孩子最根本的支柱。

第109项　理财与保障兼顾——事业有成

人到中年，事业家庭都渐渐定型，个人的担忧不再是基本的物质生活，而是自身状况、财产增值、子女教育以及未来的养老等，不像年轻人那样只关注理财，也不像老年人那样，只注重养老保障，他们处于人生的黄金阶段，需要理财与保障兼顾。

※ 事例故事

章先生今年32岁，任建筑公司的项目经理，月均收入1万元，平时工作压力较大，应酬较多，酒席是家常便饭。长期的应酬，使他非常担心自己的健康问题，虽然公司购买了社保，但是社保对进口药和自费药限制很严，因此他想购买一份商业健康险来弥补社保的不足。

在代理人的推荐下，他购买了一份组合式的保险产品，年缴保费1.145万元，基础保额38万元，其中包括基础保额10万元，每年递增保额3%，到65周岁，保额为20.5万元，66岁可以领取养老金2.05万元，领取8年，即16.4万元，剩余的4.1万元，保障至终身，其中因意外导致的2级以上的伤残给付150%，最高给付30.75万元。

此外还包括住院津贴8种，肾透析、住院、严重烫伤、康复、住院急诊、急救医疗、特定住院手术费、每日住院津贴等，住院费用每次最高限额为 1 万元，床位费每天最高 200 元、医疗费 4 000 元、手术费 5 000 元，一年可多次报销，报销比例为 90%。

意外卡单医疗报销，意外医疗最高可报销 2 万元，报销比例为 80%，每日住院补助 50 元，意外身故、残疾、烧伤各为 5 万元。

在第二年，他因意外住院 30 天，医疗费 3.5 万元、手术费 8 000 元，那么他可以报销如下：住院津贴（100×30=3 000 元）+康复津贴（80×30=2 400 元）+急诊（50 元）+救护车（200 元）+手术补助（5 000 元）+意外医疗费（2 万元）+意外住院补贴（50×30=1 500 元）+住院费用（1 万元）=4.215（万元）。

而此次他总计花费为 3.5 万元+8 000 元=4.3（万元），可报销 4.215 万元，那么此次住院，他只需要支付 850 元。

如上章先生购买的健康险，在不计算社保医疗的报销比例下，上万元的医药费，总计只需要支付低于 1 000 元的费用，这相对来说是一项节约成本、节约开支的理财，而且此次购买的是组合式保险，不仅保障重大疾病，而且对于平时的住院也能起到很好的保障。

※ 知识看板

对于很多事业成功的人来说，无论是男女，在事业稳步上升时，身体都渐渐走形，体力、精力都大不如前，休闲娱乐之时，朋友间谈论最多的莫过于身体健康与将来的养老，那么对于健康该如何考虑，养老该如何安排呢？

对于将来的养老，重点关注以下 4 个方面：基本生活、品质生活、疾病控制、传承与避税。举例分析如下。

唐先生有两套房，每月租金收入在 1 万元以上，对于自己的养老，他决定以房养老。相对来说，以房养老存在不稳定性，当他急需大笔资金时，只能通过卖房获得，而以当今的房地产走势，如果急需变现，未必能有合理的回报。

对于唐先生来说，首先建议购买一份年金保险，安全持续，风险小，还有一定的保障。通过不断的积累，在退休的年纪和社保一样领取养老金，基本的物质生活需要满足的同时，还可对社保的养老进行补充，所以在退休前一定要完善自己的社保。

对于唐先生来说，如果自己能接受高风险投资，那么可以尝试除股票、基金外的投资，如投资连结保险、万能险或分红险等，保障晚年的生活质量。每个人都喜欢潇洒随意，去学习，去旅行，去弥补年轻时的遗憾，而这一切能否实现，在于是否有一定的物质基础作为支撑。

对于如唐先生一样的人群来说，需要完善自己的社保医疗做基础，再选择一份起到补助作用的重疾险，特别是针对男性重疾的保险。

人到老年，疾病多发、频发，治疗费用较高。这就需要在中年时或青年时提前规划，无论是自己的社保医疗还是重疾险，最好是做到两者相结合。如他可选择某保险公司的保险产品，保额为 30 万元，保险至 85 周岁，年缴保费 9 226 元，缴费 20 年，保障 41 种重大疾病，还包括男性的一些特有疾病，身故或意外保障金 20 万元。

第110项　工薪阶层如何买保险

相对来说，保险不是中产阶层及以上人群的专利。有时，保险对工薪阶层更为重要，因为工作、饮食及生存环境问题，一旦疾病意外来临，当他们面对巨额的医疗费用，只能是无钱可治、无药可医。因此从某种程度上来说，对于保险，工薪阶层显然更需要。然而，工薪阶层如何以手里较少的资本为自己做一份全面的投资呢？

※ 事例故事

汤女士今年 33 岁，是一位货车司机，月均收入 3 000 元。老公 36 岁，是一位修车工人，月均收入 3 500 元，未购买社保。由于考虑到人到中年容易患上重大疾病，于是她打算给老公购买一份重疾险。

代理人为她设计了一份年缴保费 2 395 元，每月 199.58 元，每天 6.56元的重疾险，保额为 10 万元，保险至 99 周岁，保 30 种重大疾病，确诊即给付 5 万元，每两年以现金的形式给付体检津贴 250 元，但满 70 周岁后，一次性给付 2.5 万元，99 周岁时，再给付 2.5 万元，合同终止。

如在 70 周岁前被确诊为不危及生命的恶性瘤，一次性给付保险金 1 万元；如果确诊符合被保险的重大疾病的恶性瘤，则按重疾保额赔付，当因意外导致自主生活能力丧失时，额外一次性给付 1 万元补助金。

如因意外或疾病导致全残，从被确诊为全残的首个保费缴费日期豁免保费，20 年的总投入为 4.79 万元，总收益为 15.1950 万元（5 万元+7 750 元+9.42 万元）。

上例中的汤女士，家庭年收入相对来说不高，没有购买社保，养老、疾病都没有保障，而且如果有小孩，还要为小孩的教育金担忧，而且自己作为货车司机，出现意外的概率也较高，她和老公都是家里的经济支柱，不仅应该给老公考虑重疾险，还得给自己考虑意外险，而且都是人到中年，如果没有任何的社保或农村合作医疗，对自己的重疾险考虑是不能落下的。

※ 知识看板

现在存在一些"职场穷人"，白天他们衣着光鲜，出现在不同的职场、不同的岗位，但是他们大多也是月光族，手里积蓄较少，每月需要还信用卡，是典型的负资产。对于他们来说，该不该买保险，如果买，买哪种合适呢？

对于这类"职场穷人"来说，他们大多相对年轻，一般容易对分红投资感兴趣，而对于重疾、意外、寿险等则关注较少。对很多人来说，当风险来临时，自己手里的保险却不能起到作用，最根本的不在于保险不保障，而是自己没选好保障。举例如下：

小吴，27 岁，大学毕业后在一家银行任职，由于大学期间学习的是金融专业，因此在工作后，他对理财产品也很感兴趣。和大家一样，他也是负资产，但是作为金融工作者，他知道借用资金实现投资回报。

在股市的跌宕起伏中，他对理财有了自己的总结。于是当同学给自己介绍一款重疾保险时，他看到了出售很火的分红保险，在投资收益以及分红回报的计算下，他年缴保费 8 000 元给自己购买了一份分红险。

在第二年的秋天，他感觉腹部疼痛，去医院检查时，医生确诊为肾癌。这对他和家庭来说都是个严重的打击，医生告诉他可以考虑保险理赔，但是当他翻开保单时，才看到购买的是分红险而不是重疾险。

家人最终欠下大笔负债，凑够了手术的钱，但是后续治疗的费用还不知道在哪里，而他购买的分红险现在对自己一点帮助都没有。当时他觉得自己身体很好，重大疾病离自己很远，而且从此后，他能购买重大疾病保险的概率很低，一般核保不容易通过。

如上例中的小吴，不是保险不管用，而是自己没有购买有用的保险，就像你并不能因为在雨天没有雨伞而淋湿了自己，就觉得雨伞不好一样。

对于职场的这类年轻人来说，有三大类风险影响自己的未来，那就是病、残、死，因此要针对这三大方面具体投保。在社保外，补足自己的意外险、重疾险、定期寿险。

- 首先主险为定期寿险，定期寿险主要是解决自己因意外或疾病不幸离去，留下年迈的父母，而给父母留一份保障的保险，可选择定期寿险为 20 年或者是自己收入最高的 30 年，那么当寿险到期时，自己也有足够的保障。

- 附加集意外身故或高残、住院医疗、门诊等的意外保险，一般可选择一份卡单式的消费型意外险，如网上购物一样投保，相对来说短期卡单式的意外险保费较低，一般为 100～300 元不等，而且有意外身故、意外医疗及意外住院等的赔付。

- 附加重疾险，在以寿险为主险的前提下，合理的支出范围内可以购买一份保费在 3 000～5 000 元之间的附加重疾险，合理投保，当以后收入增加后，再调增保额，这时购买的最大的益处就是体检容易通过，而且保费相对较低。

- 对于养老的考虑，根据自己的收入确定，可以根据手里的闲置资金先购买，当自己的收入稳定以后，再调增保额。

一般对于家庭收入有限的职场穷人来说，应该先从寿险、意外、重疾险购起。有了额外的资金后，再考虑投资理财型的分红险、万能险等。如果中途有宝宝了，在考虑自己之后还要给宝宝规划一份少儿险，为宝宝降低成长的风险以及将来的教育做准备。

※ 知识延伸

相对于家庭经济收入不高的"穷人"来说，如何为家庭规划一份商业保险呢？所谓"穷"人也有"穷"办法，现在的"穷"人不是"一穷二白"，一切都只是相对的而已。在保险产品的购买上，有如下 3 点需要注意。

- **选择消费型而非投资型**：对于收入不高的家庭，在选择保险产品时，一般建议选择消费型的偏保障型，如重疾险、意外险、养老险等，而非具有储蓄功能的分红险、投资连结险、万能险等。

- **对于购买现金返还的保险慎重**：保险最根本的出发点是在于保障，和其他金融产品的区别也在于保障，具有返还现金功能的保险产品一般是具有投资收益的产品，但相对来说，保费会较高。

- **分清定期寿险、终身寿险、生死两全保险**：一般终身寿险的保单具有保单贷款功能，被保险人身故后，受益人可以领取受益金；而定期寿险，保障一定时期的身故利益；生死两全保险则可在保险期间或期满后给付生存金。

以上是所谓的"穷人"们在选择产品时需要注意的，具体案例介绍如下：

张先生今年 30 岁，作为家里的经济支柱，他和妻子每月收入 6 000 元，有个 3 岁的宝贝，每月除了家庭开支之外，结余较少，他打算给宝宝购买一份保险，代理人给他提供了三种保障期限不同的同类保险产品。

一是每年缴费 582 元，保障 15 年，保额 30 万元的定期寿险；二是购买保额 30 万元，保障 15 年的生死两全保险；保费为每年 1.794 万元，满期返还 30 万元，在保险期间身故给付 30 万元；三是购买终身寿险，保额与保障期限都与前两者相同，只是每年缴费 1.05 万元。

如上例中的张先生，从家庭收入出发，适合选择消费型的，就是到期不还本的定期寿险，相对来说会更经济与实惠。虽然最终不能从保险公司拿回一分钱，但是可以集聚小钱来应对可能发生的保险事故，因为将来不存在现金还本，所以保费相对来说就会更低。

第111项　中产阶层及以上人群为什么爱保险

保险，相对来说最基本的功能就是储蓄与保障，然而对于中产阶层及以上人群来说，他们不需要通过保险来储蓄，也不需要通过保险来保障有钱治病，那么为什么还是有那么多中产阶层及以上人群买保险，而且高额投保呢？他们是怎样购买的呢？

※ 事例故事

在以前，有个很富有的农场主，他有两个儿子，有一天他把两个儿子召集在一起，他问大儿子，"你想要从我这拿去什么？"。大儿子回答，"父亲，给我你的农场吧。"他看了看大儿子，点了点头。然后他问小儿子，小儿子沉思了几秒说，"父亲，给我买一份保险吧，然后送我去国外。"

大儿子在得到父亲的农场后，就一心经营着农场，日子一天天过去，农场的收益也越来越好，而小儿子依然在学习，偶尔回家一次。

过了几年，一场大火烧毁了农场，所有的财富在顷刻间毁灭。而这时政府开始没收土地，农场再也没有了，大儿子的所有财富都没了，他只有在农田里劳苦一生。而小儿子因为自己的高学历加上自己的奋斗，生活和以前一样，而且当初父亲用一半的财富给他购买了一份保险，他从保险公司领取了大笔保险金，通过那笔资金，他开立了自己的公司。

如上例中农场主两个儿子的故事，两种方式都是对儿子的关爱及财富的传承。给大儿子的农场好比富豪们留下无数的财富给自己的儿子，然而当风险来临时，一切都将化为灰烬，所以一般应将这些资产的风险进行转移。

※ 知识看板

近年来，保险市场百万元、千万元的保单越来越多，投保人一般是企业老板或高管等，他们的年龄一般在 35～50 岁。

针对富裕的群体，不少保险公司推出"富人险"，而对于这类富人险，一般存在两层含义，在国外一般会存在资产的专门投资，类似家族信托，然而在中国还不存在，一般富人险是和普通大众购买一样，只是缴纳的保费较高，保额也较高。

对于现在富人们争相购买的保险，大多属于三年、五年期的缴费，而且终身返还的两全保险，不仅保生，也保死。从某种程度上来说，还可以减小保险公司的压力。当然，有些富人们会以自己的孩子为被保险人，一次性交清保费，达到合理避税，财富传承。举例如下：

李先生，30 岁，在年底分红的时候将分红资金投保了某保险公司推出的一款富人险，年缴保费 30 万元，期交 5 年，保额为 55.509 万元，保险至 88 岁，合同期满可领取满期金 205.3833 万元，保险期间身故给付身故金 150 万元，期间还有每年从保险公司领取的分红。

一般人投资保险，除了保障以外，还有以钱生钱。但对于富人们来说，他们的最终需求不是投资回报率，一个富人将自己的不动产留给后代子女，当子女结婚后，可能成为夫妻共同财产，而给后代子女购买保险或者给自己购买，指定子女为受益人，则所有的财产最终都属于子女，不需要共享。

对于这些高额保单，保费较高，相对于股票、债券、基金等是一种保守的投资，但是富人们为什么喜爱呢？一来避债，再者可避"遗产税"。所以"富人险"成为很多富人们作为自己资产保全的一种投资工具。

对于一些企业老板来说，将 20% 甚至更多的资金投在保险上的很多，对于重疾、养老等，他们认为几百万元对他们来说，是很小的一部分。

他们更担心的是因通货膨胀或国家政策调整，自己多年集聚的财富被稀释。不管我国最终是否会推出遗产税，他们都会提前做好准备。

刘先生，36 岁，和朋友做建材生意，为了规避投资风险以及可能会推出的遗产税，他对自己的闲置资金做了一份养老规划，购买了某保险公司推出的一份年金保险，作为将来的养老补充。

保额为 100 万元，年缴保费 128 万元，缴费期限为 3 年，从保单生效的第二年开始。

生存金：每年领取 5 万元直至 59 周岁；60 周岁后，每年领取 18 万元，总计可领取 655 万元；90 周岁一次性可领取 1 810 万元（累计生息 1 340 万元+红利 400 万元+现金价值 70 万元）。其中红利以近年来的平均利率计算，具体以当时保险公司公布的为准。

身故金：60 周岁前身故，退还本金 384 万元+每年领取的生存金+累计利息；80 周岁以后身故，退还所有的返还金以及本金和利息。

总投入为 384 万元，领取生存金总收益为 655 万元（生存在 60～89 周岁）、1 810 万元（生存在 90 周岁以上）。

对于天价的富人险，有些富豪们想说，爱你不容易。一般如果保额超过 70 万元，则需要填写财务问卷；超过 100 万元，需要提交财务证明。不仅要证明收入合法，而且在未来要有持续的收入能力，对于不同的年龄阶段，达到一定的保额就需要体检，体检不过，也不能通过核保。

如唐先生一样，房产的价值在未来不确定，而且不能保证能抵御市场通货膨胀，如果它作为一种财富传承，那么就是一次冒险，对于大额的资产转移，保险可以起到很好地合理避税作用。

※ 知识延伸

风险就像买彩票，不过它的中奖率比彩票高，中奖了也不会给你增值几十万元，反而可能会花掉你几十万元。对那些从事建筑、采矿行业的富人老板来说，他们往往会考虑将风险转移，因为他们的员工中奖率太高。

张先生开办了一家货物运输公司，他为他的 30 位员工购买了雇主责任保险合同，以降低在运输过程中的风险。根据合同约定，当被保险人身故时，赔偿 40 万元，伤残时最高赔付 48 个月。

投保后不久，公司员工小刘在运输的过程中，受伤住院，医药费总计达 10 万元。此外，因为公司还为员工购买了工伤保险，因此得到工伤赔付 7 万元，另外责任赔付 5 万元。通过保险公司的赔付，小刘最终养好伤并且继续回公司上班。因为拥有这两份保险，给公司分担了大部分风险。

雇主责任保险，是对被保险人所雇佣的员工，在雇佣期间从事相关工作时，因意外事故或者职业病导致的身故或伤残给予赔付的保险。其保险责任包含 3 方面。

首先，员工为长期工、临时工或季节工中的一种；其次，受雇在保单有效期，在保单列明的地点从事相关业务活动遭受意外或伤残；最后，因工作患上职业病而导致的身故或全残也在赔付之列。

老板购买雇主责任保险时要注意以下几个问题。

● 雇主责任险与工伤险是相互补充的，两者分开赔付。

● 60 岁以上的雇员的赔付金额会低于赔偿限额。

● 雇主责任险的受益人是雇主，而工伤险的受益人是雇员。

● 有多位雇员发生保险事故时，赔付有"双重限额"。

对一个老板来说，最关注的应该是企业的利润价值，财务稳定。而当员工发生意外时，企业难免会出现资金流动，遇到特大事故，还会有相当大的一部分资金流出企业，而这并不是商品的流通交易，能带回的回报，它是一种责任的承担，而这种责任是可以通过雇主责任保险转移的。

第112项　不同的年龄如何准备养老

我国的养老保险体系，一般由社会养老、企业年金以及个人商业养老保险 3 方面组成，然而对于养老金，"空账"数额较多，全国企业年金的参与度也严重不足，在中国老年化日益加重的背景下，很多人会问，对于将来的养老能不能养得起呢？作为不同年龄阶段的人群该如何购买呢？

※ 事例故事

张女士今年 26 岁，老公 28 岁，是一名军人，两人拥有现金资产 5.3 万元，金融投资 6 000 元，其他金融投资 1.5 万元，拥有一套房屋价值 80 万元，无贷款，家庭月收入 8 000 元，月支出 3 000 元，单位购买了五险一金，而老公拥有部队上的保险。

张女士希望给自己和老公制定一份养老计划，她打算 55 岁退休领取养老金。在明年要个宝宝，并为孩子做一份教育保险。于是代理人建议她，根据她的情况，主要考虑养老、育儿、资产增值等需求。离退休还有 29 年，对于自己的社保缴费，需在 29 年内加上工作以来购买的时间期限，总计达到 15 年，那么在退休时才可以领取养老金。

同时购买一份商业养老险，起到保障的作用，当然还可以通过基金定投，作为财富增值养老。同时她还考虑到生育宝宝，那么首先需要准备育儿金，根据她的实际情况，可以从现金资金 5.3 万元中拿出 1 万元作为定期存款，2 万元投资于债券基金，作为孩子的应急金，而对于剩余的现金，30%可以用来购买孩子的教育保险。

如上的张女士，年纪较轻，家里的负担也不重，不仅有现金资产，还拥有金融资产，自己和老公都有社保，而且老公有军队购买的社保，相对来说养老更有保障，而自己在家里没有负担前，应提前规划养老。

※ 知识看板

随着人口老龄化加剧以及生活水平的不断提高，养老成本相对在不断地攀升。如果一个家庭的月收入在 8 000 元，那么退休后生活费至少需要 5 600 元，不考虑通货膨胀及利息的情况下，20 年后退休需要准备上百万元的退休金。

完善的养老保障一般会有社会养老保险（30%）+企业年金（30%）+个人理财（40%），而社保只能满足基本的物质生活，生活品质则依赖于个人商业养老保险。不同年龄阶段该如何购买保险，具体以例说明如下：

例 1：张先生，28 岁，在一家广告公司工作，年收入 10 万元以上，他为自己购买了一份养老保险，年缴保费 1.1405 万元，缴费期限为 20 年，保额 10 万元。在投保后的第二年开始每次领取 2 500 元，领取 5 次；40 周岁后，每两年领取 5 000 元，领取 5 次；50 周岁后，每两年领取 7 500 元，领取 5 次；60 周岁后，每两年领取 1 万元，领取 2 次。

例 2：黎先生，40 岁，在一家事业单位工作，有社保，月薪 6 000 元，其中每月的 2 000 元来自于自己的一些兼职收入，年底公司还会有 2 万元的奖金，房贷每月 1 200 元，定期存款 15 万元，活期存款 5 万元。

在代理人的推荐下，他给自己购买了一份养老保险，保额为 10 万元，年缴保费 1.44 万元，缴费 15 年。从 60 周岁开始领取养老金，保证领取 20 年，可领取 25.2936 万元，可以领取至百岁。相对来说，越长寿领取越多。

此外还有红利，60 周岁累积红利 6.9073 万元。88 周岁时还可领取祝寿金 10 万元。如果在领取养老金前身故，除退还保费外，还额外赔付 10 万元。

例 3：小李为自己投保了一份保额为 80 万元的定期寿险，受益人为父母，当自己因任何意外身故时，父母都将获得 80 万元的赔偿金，经济上能得到一定的保障，他本来想给父母购买一份养老险。

但是代理人告诉他，父母没有任何养老保险，而现在已经过了投保的年纪，所以父母养老最好的保险就是自己能得到足够的保障。

如果老年人缺少一定的医疗，则可以适当购买意外险，如卡单式的意外险，投保年龄在 75～80 周岁，保障一年，不仅包括身故，还包括了附加意外医疗、住院、手术等。对于 45～50 岁年龄的人来说，如果选择重大疾病保险，则费用会在 6 000～10 000 元，而且缴费期限较长，一般为 20 年，所以老年人不合适。

例 1 和例 2 的养老保险，相对来说，都是一种年金保险，年缴保费也差不多。不过例 1 对养老金的领取以次数计算，相对每次领取的金额较少，而且是固定领取。而例 2 则是保证领取 20 年，领取时间较长，且在 88 周岁时，还有等同于保额的祝寿金。

而例 3 则是一份年轻人为自己投保，受益人为父母的保险，一般是对于父母年纪较大，而又未购买保险的，担心因自身存在的风险而影响父母养老的人群。

当今社会，独生子女越来越多，相对的养老压力也越来越重。相对于投资股票、房产等，养老保险的优势在于能够提供确定的养老金，能够保证长期、稳定的现金收益，同时能提供一定的人身保障。

无论哪种年龄阶段的养老保险的投保人，在选择养老保险时，对于返还时间、固定利息、满期金、本金安全性以及领取方式等都要关注。各大保险公司都推出集中投资连结型、万能型、两全型以及传统型等。

传统养老保险，一般有传统的年金产品；两全保险则是养老和分红兼顾；投资连结保险和万能险则类似于股票投资。但是相对来说，风险较低。传统型和两全保险保费相对较低，适合一般的工薪阶层的养老；而投资连结保险、万能险则适合风险承受能力较强的高收入人群，投入较高。

在养老金的领取方式上，比较灵活，可以自主选择在 50、55、60 或 65 岁领取，每年或者每月领取。无论哪个阶段领取，一般会保证领取时间，交费时，也可以选择一次性交清或者 5 年、10 年、20 年付清。总体来说，购买养老保险，越早购买越划算，投保年龄较小，缴纳的保费也较少，而且核保也容易通过。当然，如果投保人身体健康发生变化，保险公司也会要求增加保费，甚至拒保。

读 者 意 见 反 馈 表

亲爱的读者：

感谢您对中国铁道出版社有限公司的支持，您的建议是我们不断改进工作的信息来源，您的需求是我们不断开拓创新的基础。为了更好地服务读者，出版更多的精品图书，希望您能在百忙之中抽出时间填写这份意见反馈表发给我们。随书纸制表格请在填好后剪下寄到：北京市西城区右安门西街8号中国铁道出版社有限公司大众出版中心 张亚慧 收（邮编：100054）。或者采用传真（010-63549458）方式发送。此外，读者也可以直接通过电子邮件把意见反馈给我们，E-mail地址是：lampard@vip.163.com。我们将选出意见中肯的热心读者，赠送本社的其他图书作为奖励。同时，我们将充分考虑您的意见和建议，并尽可能地给您满意的答复。谢谢！

- -

所购书名：_____

个人资料：

姓名：_____ 性别：_____ 年龄：_____ 文化程度：_____

职业：_____ 电话：_____ E-mail：_____

通信地址：_____ 邮编：_____

- -

您是如何得知本书的：

□书店宣传 □网络宣传 □展会促销 □出版社图书目录 □老师指定 □杂志、报纸等的介绍 □别人推荐
□其他（请指明）_____

您从何处得到本书的：

□书店 □邮购 □商场、超市等卖场 □图书销售的网站 □培训学校 □其他

影响您购买本书的因素（可多选）：

□内容实用 □价格合理 □装帧设计精美 □带多媒体教学光盘 □优惠促销 □书评广告 □出版社知名度
□作者名气 □工作、生活和学习的需要 □其他

您对本书封面设计的满意程度：

□很满意 □比较满意 □一般 □不满意 □改进建议

您对本书的总体满意程度：

从文字的角度 □很满意 □比较满意 □一般 □不满意
从技术的角度 □很满意 □比较满意 □一般 □不满意

您希望书中图的比例是多少：

□少量的图片辅以大量的文字 □图文比例相当 □大量的图片辅以少量的文字

您希望本书的定价是多少：

本书最令您满意的是：

1.

2.

您在使用本书时遇到哪些困难：

1.

2.

您希望本书在哪些方面进行改进：

1.

2.

您需要购买哪些方面的图书？对我社现有图书有什么好的建议？

您更喜欢阅读哪些类型和层次的理财类书籍（可多选）？

□入门类 □精通类 □综合类 □问答类 □图解类 □查询手册类

您在学习计算机的过程中有什么困难？

您的其他要求：